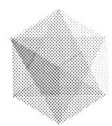

# Multikulti:
## Konflikte konstruktiv

Trainingshandbuch

## Mediation
in der interkulturellen Arbeit

*Verlag an der Ruhr*

# Impressum

*Titel:* **Multikulti: Konflikte konstruktiv**
*Trainingshandbuch Mediation in der interkulturellen Arbeit*

*AutorIn:* Petra Haumersen, Frank Liebe

*Layout:* ebene N, Mülheim an der Ruhr

*Umschlag:* Matthias Käding

*Druck:* Druckerei Uwe Nolte, Iserlohn

*Verlag:* Verlag an der Ruhr
Postfach 10 22 51
D-45422 Mülheim an der Ruhr
Tel.: 0208/439 54 50
Fax: 0208/439 54 39
E-Mail: info@verlagruhr.de
www.verlagruhr.de

© **Verlag an der Ruhr 1999**
**ISBN 3-86072-429-0**

Das Forschungsprojekt des Berghof-Forschungsinstituts,
das diesem Buch zu Grunde liegt,
wurde finanziert durch die VW-Stiftung.

Die Schreibweise des Textes folgt der reformierten Rechtschreibung.

Gedruckt auf chlorfrei gebleichtes Papier.

# Inhalt

# Einleitung

Der hier vorgestellte Materialband versteht sich nicht nur als Nach-
schlag-, sondern auch als Nachdenkbuch, das zum Dialog mit der
LeserIn einladen möchte. Es handelt sich um eine Mischung aus einer Präsentation von Methoden und einem Fachbuch, in dem die gerade vorgestellten Methoden auch immer wieder hinterfragt werden.
Diese Herangehensweise erklärt sich folgendermaßen:

- Uns war es wichtig, deutlich zu machen, in welchem Kontext die
  hier vorgestellten Methoden, Anregungen und Beispiele entstanden sind, um den LeserInnen eine Orientierung zu geben, inwieweit eine Übertragung auf ihre Praxis überhaupt möglich oder sinnvoll ist.
- Viele der hier dargestellten Methoden eignen sich *auf den ersten
  Blick* nicht zur Nachahmung. Methoden sind nie unschuldig. Oftmals wird den Anleitern einer vermeintlich einfachen Übung erst
  nach deren Erprobung deutlich, welche Wirkungen sie entfalten
  können. Deshalb war es uns sehr wichtig, die Überlegungen, die zu
  den Methoden führten, deren Zielsetzungen und die gruppen-
  dynamischen Folgen mit zu vermitteln.
- Es sind nicht die Übungen, die kompliziert sind, sondern deren
  Einbettung in und Anpassung an einen laufenden Gruppenprozess.
  *Auf den zweiten Blick* ergibt sich daraus für die LeserInnen die
  Möglichkeit des reflexiven Nachmachens. Unter Verwendung von
  Grundideen und Kernstücken der jeweiligen Übungen können diese
  dann auch wesentlich vereinfacht in anderen Gruppen durchgeführt werden.
- Es handelt sich um eine sensible Thematik. Interkulturelle Konflik-
  te sind wahrlich kein Spielfeld für ein beherztes ‚Probieren wir mal'.
  „Patentrezepte" für konstruktive Konfliktbearbeitungen galt es zu
  vermeiden. Auch aus diesem Grunde haben wir manches etwas ausführlicher beschrieben und erklärt.

⊚ Zu der Entwicklung von Methoden gehört auch die Entwicklung von Auswertungsverfahren. Diese lesen sich weitaus akademischer, als sie sich dann in der Praxis erweisen. Eben weil interkulturelle Konflikte an sich sehr komplex sind, ist eine gezielte und strukturierte Auswertung zu ihrem besseren Verstehen unerlässlich. Auch hier gilt, dass unsere Darstellungen von uns als Anregungen gedacht sind, die nicht unbedingt kopiert, sondern an die eigene Praxis angepasst werden können.

⊚ Für uns selbst war die Entwicklung der Methoden wie auch ihre praktische Umsetzung zusammen mit den TeilnehmerInnen ausgesprochen anregend, ja gelegentlich sogar ein Abenteuer. Die Intensität vieler Situationen, die nicht zuletzt auch dank der in diesem Buch vorgestellten Methoden entstanden, hat dazu beigetragen, dass wir uns sehr mit diesem Projekt identifiziert haben. Deswegen würde es uns besonders freuen, wenn sich der Versuch, unsere Erfahrungen für andere PraktikerInnen und ForscherInnen zugänglich zu machen, als anregend und instruktiv herausstellen würde.

Das Projekt, von dem dieses Buch berichtet, hätte es ohne die Finanzierung durch die VW-Stiftung mit ihrem Forschungsschwerpunkt „Das Fremde und das Eigene. Probleme und Möglichkeiten interkulturellen Verstehens" niemals gegeben. Wir möchten, auch im Namen aller anderen am Projekt Beteiligten, der Stiftung und ihren Mitarbeiterinnen und Mitarbeitern unseren aufrichtigen Dank bekunden für die uns eröffnete Möglichkeit, dieses Projekt durchzuführen.

# 1 Interkulturelle Mediation?
## Was ist das?

*„Kulturen sind die ultimativen menschlichen Stämme, und der
Kampf der Kulturen ist ein Stammeskonflikt im Weltmaßstab.
In der sich formierenden Welt können Staaten und Gruppen aus
zwei verschiedenen Kulturkreisen miteinander begrenzte, taktische
Ad-hoc-Verbindungen und -Koalitionen eingehen, entweder, um ihre
Interessen gegen Einheiten eines dritten Kulturkreises wahrzunehmen, oder zu anderen gemeinsamen Zwecken. Die Beziehungen
zwischen Gruppen aus verschiedenen Kulturkreisen werden jedoch
fast niemals eng, sondern für gewöhnlich kühl und feindselig sein.“[1]*

Dieses Zitat soll verdeutlichen, warum sich nicht voraussetzungslos
über interkulturelle Mediation sprechen lässt. Huntingtons zentrale
These: „Kultur und die Identität von Kulturen, auf höchster Ebene
also die Identität von Kulturkreisen, prägen heute, in der Welt nach
dem Kalten Krieg, die Muster von Kohärenz, Desintegration und Kon- **Kalter Krieg**
flikt"[2] erfordert zwar eine ernst zu nehmende Betrachtung, ist aber **Globalisierung**
(glücklicherweise) nicht die einzig mögliche Form, über die Folgen
des Prozesses der Globalisierung nachzudenken. Nimmt man
Huntington beim Wort, so lohnt es nicht, über Formen der konstruktiven Konfliktbearbeitung zwischen Angehörigen verschiedener ‚Kulturkreise' nachzudenken.

[1] *Samuel Paul Huntington; Kampf der Kulturen; München, Wien, 1996. S. 331*
[2] *ebenda. S. 19*

**Kulturneutrale Konfliktbearbeitung**

Der wohl weitreichendsten Frage, die im Rahmen unseres Projektes aufgeworfen werden kann: ‚Gibt es ein quasi kulturneutrales Verfahren, welches die Bearbeitung von interkulturellen Konflikten erlaubt, auch wenn mit ihnen Identitätsanteile der Akteure angesprochen sind?', wollen wir uns im Folgenden in drei Schritten nähern:

Zunächst wollen wir einen kurzen Überblick über das Konzept von Mediation geben. Anschließend widmen wir uns der Frage, was wir unter interkulturell verstehen, um dann zusammenfassend darzustellen, an welchen Punkten sich eine interkulturelle Mediation von einer 'normalen' Mediation unterscheidet.

 # 1.1 Einführung in die Mediation

**1.1.1 Wann und warum entstand Mediation?**

Mediation, also das Verfahren der Konfliktbearbeitung, um das es in unserem Forschungsprojekt ging, entstand in den USA gegen Ende der 60er-Jahre.

An seiner Wiege standen z recht unterschiedliche gesellschaftliche Bedürfnisse: Zum einen die vielfältigen, auf die Selbstbestimmung aller (amerikanischen) Individuen gerichteten Aktivitäten der Bürgerrechts- und Friedensbewegung. Aus dieser heraus entstand unter anderem die Idee zur so genannten „Alternative Dispute Resolution" (ADR), zu der auch Mediation zu zählen ist. Ausgehend von der Überzeugung, dass die von einem Konflikt Betroffenen ohnehin am besten wissen, wie seine Lösung aussehen sollte, wurde von der ADR-Bewegung die Ansicht vertreten, dass Konfliktparteien über die Lösung ihres Konflikts selber entscheiden sollten statt diese beispielsweise an ein Gericht zu delegieren.

Zum anderen gab es zu dieser Zeit in den USA eine stetig steigende Be-, wenn nicht sogar Überlastung des Justizsystems mit einer Fülle von Bagatell-Konflikten, eine Situation, aus der man vermehrt mithilfe außergerichtlicher Lösungswege herauszukommen versuchte. Es gab also zeitgleich zum politischen Impuls nach Selbstbestimmung eine objektive Notwendigkeit, dass möglichst viele der von Konflikten Betroffenen ihre Konflikte beilegten, ohne dazu den Rechtsweg einzuschlagen.

**Konflikte kann man nicht verhindern**

Wie alle Verfahren der Konfliktbearbeitung beruht auch das der Mediation auf der Anerkennung der Tatsache, dass Konflikte nicht grundsätzlich vermieden werden können. Es wird also bewusst nicht nach einer Geisteshaltung oder nach gesellschaftlichen Verhältnissen gesucht, durch die das Entstehen von Konflikten verhindert werden könnte, sondern es wird ganz pragmatisch davon ausgegangen, dass es Konflikte immer und überall geben kann.

**Konflikte gibt es immer und überall**

Die Verfechter der Mediation bzw. der ADR gehen in ihrer Ansicht zum Phänomen Konflikt aber noch weiter: Konflikte werden sogar als etwas prinzipiell Positives angesehen, weil oft erst das Ausbrechen eines Konflikts *allen* Betroffenen deutlich macht, dass es *unterschiedliche Interessen* gibt, die sich in ihrer Befriedigung gegenseitig auszuschließen scheinen. Konflikte machen sichtbar, dass die Beziehungen zwischen den Konfliktparteien anders als bisher geregelt werden müssen, und eröffnen so die Chance für Verbesserungen gesellschaftlicher oder auch zwischenmenschlicher Beziehungen. Statt ein unüberwindlich scheinendes Problem zu sein, wird ihr Konflikt für die Konfliktparteien zu einer gemeinsam zu lösenden Aufgabe.

**Konflikte sind positiv**

Nun wird jeder der Ansicht zustimmen können, dass Konflikte eine Chance für eine Veränderung und damit auch Verbesserung bereithalten; aber man kann und muss natürlich einwenden, dass Konflikte mindestens ebenso wahrscheinlich auch ein Risiko beinhalten. Nicht zuletzt wegen des mit Konflikten einhergehenden Eskalationspotenzials, der prinzipiell also auch immer gegebenen Gefahr, dass Gewalt und Krieg als Mittel zu ihrer – dann meist sehr einseitigen – „Lösung" eingesetzt werden, hat es immer wieder Utopien gegeben, die von einer Abschaffung von Konflikten geträumt haben. Leider war keiner dieser Utopien bisher ein Erfolg in dieser Hinsicht beschieden; deshalb gehen die VerfechterInnen aller gewaltfreien Konfliktbearbeitungsverfahren davon aus, dass es v.a. darum gehen muss, einen Umgang mit Konflikten zu praktizieren, der ihrer zerstörerischen Kraft die ihnen ebenso innewohnende Macht zur Veränderung mit gewaltfreien Mitteln entgegensetzt.

**Utopie der Abschaffung von Konflikten**

**Beherrschung der zerstörerischen Macht**

Der Schlüssel dazu sind bei Mediationen die *Interessen*[3]: Das Verfahren der Mediation geht unausgesprochen davon aus, dass sich auf der Ebene der Interessen der Konfliktparteien immer genügend Gemeinsamkeiten (oder doch zumindest nur Unterschiede statt Gegensätze) finden lassen, um die Gegensätze zwischen den Konfliktparteien überbrücken zu helfen.

**Gemeinsamkeiten**

---

[3] *In dieser Ausrichtung auf die Interessen der Konfliktparteien liegt der wesentliche Unterschied des Verfahrens zur Gerichtsbarkeit: In einer Mediation soll ein Ausgleich gegensätzlicher oder unterschiedlicher Interessen erreicht werden, in einem Gerichtsverfahren geht prinzipiell „Gerechtigkeit" vor den Ausgleich von Interessen, ungeachtet dessen, dass manchmal auch in einem Gerichtsverfahren ein solcher erfolgt.*

Wenn wir in Anlehnung an die vom Harvard-Konzept[4] benutzte Terminologie von *Interessen* sprechen, dann ist der Gegenbegriff der *Positionen* mitgedacht.

**Interessen**　　„Interessen" meint die Bedürfnisse, die die Konfliktparteien tatsächlich befriedigen wollen oder sogar müssen, wenn es sich um grundlegende Bedürfnisse handelt.

**Positionen**　　„Positionen" meint die – je länger ein Konflikt dauert, umso verhärteteren – Gebilde aus Argumenten und Forderungen, die die eigentlichen Interessen überlagern und zuallererst der Abgrenzung vom Konfliktgegner und der Abwehr von dessen Argumenten und Forderungen dienen.

Das Problem mit den Positionen besteht darin, dass sie – wie eine Stacheldrahtbarriere zwischen zwei verfeindeten Gebieten – dazu führen können, dass man sich selbst, die eigene Position und vor allem die diesen zugrunde liegenden eigenen Interessen überhaupt nicht mehr von außen wahrnehmen kann, weil man das eigene „Gebiet" gar nicht mehr verlassen kann, sondern sich aus lauter Angst vor dem drohenden Verlieren im Konflikt selbst „eingemauert" hat. So schneidet jede Konfliktpartei sich selbst von der Möglichkeit ab, zu überprüfen, ob die von ihr vertretenen Argumente und Forderungen immer noch ihren Interessen dienen oder ob sie sich nicht im Gegenteil zu einem Hindernis für ihre Befriedigung entwickelt haben. Denn erst, wenn man diese Stacheldrahtbarriere der Positionen hinter sich gelassen hat, kann man schauen, ob die eine oder andere Forderung aufzugeben den eigenen Bedürfnissen nicht eigentlich mehr dienen würde.

**Vereinbarkeit von**　　Es geht also in jeder Mediation darum, mit der gegnerischen Konflikt-
**Interessen suchen**　　partei über deren Interessen und die Vereinbarkeit dieser mit den eigenen Interessen ins Gespräch zu kommen, und zwar unmittelbar, nicht auf der Ebene der Positionen, durch die sie sich vorgeblich *aus*drücken und von denen sie so oft stattdessen *er*drückt werden.

Damit diese Bewegung weg von den Positionen und hin zu den Interessen gelingen kann, brauchen Konfliktparteien in den meisten Fällen Hilfestellungen, und genau die bietet ihnen das Verfahren der Mediation. Es wird ein Rahmen für ein Gespräch der KontrahentInnen geschaffen, für den jemand anderes als die Konfliktparteien selber die Verantwortung übernimmt. Dieser „Jemand" ist der oder die MediatorIn.

---

[4] *Fisher/Ury: Das Harvard-Modell, Ffm, New York, 1993*

Mediation wird, zunehmend auch in der Bundesrepublik Deutschland, in vielen Bereichen des gesellschaftlichen und politischen Lebens eingesetzt, beispielsweise bei

◎ Nachbarschaftskonflikten,
◎ Familien-, Ehe- und Scheidungskonflikten,
◎ Konflikten in der Schule,
◎ Konflikten in Organisationen, Betrieben und am Arbeitsplatz,
◎ Konflikten zwischen Bürgern und Behörden oder Investoren um bauliche Maßnahmen zumeist auf kommunaler Ebene, die für die betroffenen Bürger eine (Umwelt)Belastung nach sich ziehen könnten,
◎ dem so genannten „Täter-Opfer-Ausgleich" nach Strafgerichtsverfahren.

Darüber hinaus wird Mediation auch bei der Bearbeitung von innerstaatlichen oder auch zwischenstaatlichen ethnonationalen Konflikten angewandt; dann allerdings zumeist im Verbund mit anderen Maßnahmen.

## 1.1.2 In welchen gesellschaftlichen Bereichen wird Mediation angewendet?

Ziel einer Mediation ist es, eine so genannte „win-win-Lösung" zu finden, d.h. eine Lösung, die die Interessen *aller* Konfliktparteien weitestgehend befriedigt. Dieses Ziel geht über die gemeinhin als Alternativen vorstellbaren Lösungsoptionen „win-lose"-Lösung oder Kompromisslösung hinaus. Eine „win-lose"-Lösung würde bedeuten, dass eine von beiden Konfliktparteien ihre Interessen zu einem großen Teil oder sogar vollständig realisieren kann, während die andere ihre Interessen gar nicht oder nur zu einem sehr kleinen Teil durchsetzen kann. Am Ende der Auseinandersetzung stehen ein Verlierer und ein Gewinner. Ein Kompromiss ist sicherlich vergleichsweise positiver (wenn auch nicht für beide Seiten!), denn immerhin gibt es statt einem klaren Gewinner zwei, die ein bisschen verlieren und ein bisschen gewinnen. Die VerfechterInnen von Mediation erhoffen sich von dem Fokus auf die Interessen in diesem Verfahren, dass eine Lösung möglich wird, die auf der Ebene der „Positionen" gar nicht zum Vorschein kommen kann und an die deshalb niemand denken konnte: Eine Lösung, die beide Streitenden zu Gewinnern macht. Und die Erfahrung zeigt, dass sie damit verblüffend oft Recht behalten.

## 1.1.3 Welches Ziel wird mit einer Mediation verfolgt?

**win-win-Prinzip**

Schaut man sich nämlich genau an, welches die Interessen der Konfliktparteien sind, dann stellt sich sehr oft heraus, dass diese gar nicht gegensätzlich, sondern bloß unterschiedlich sind. Und dann lässt sich viel eher eine Lösung finden, die beider *Interessen* gerecht wird.[5]

### 1.1.4 Welches sind die Grundprinzipien der Mediation?

**Interessen müssen sich artikulieren können**

Ein Ausgleich von Interessen, wie immer er im Einzelfall aussieht, erfordert zuallererst, dass diese Interessen sich artikulieren konnten, und zwar wenn möglich dem/der gegenüber, der/die diesen Interessen im Weg zu stehen scheint oder auch real im Weg steht. Dafür muss es einen Ort, ein Forum geben.

Mediation ist deshalb ein Verfahren der Konfliktbearbeitung in einer direkten Verhandlungssituation, d. h., die Konfliktparteien sitzen sich im Normalfall in ein und demselben Raum direkt gegenüber. Allerdings sind – wiederum im Normalfall – die Konfliktparteien nicht allein miteinander. Bei der Suche nach einer Konfliktlösung werden die Konfliktparteien durch eine neutrale dritte Partei, den oder die MediatorIn, unterstützt.

[5] *Beinahe alle Konflikte, in denen Konfliktparteien um Zugang zu knappen Ressourcen streiten, erscheinen auf den ersten Blick als Interessengegensätze, die im besten Fall nur mit einem beiderseitigen Teilverzicht (Kompromiss) enden können. Sieht man aber näher hin und erkundet genauer, wer welche Elemente der strittigen Ressourcen wofür benötigt, dann lösen sich die Gegensätze manchmal unversehens auf und übrig bleiben einfache Interessenunterschiede.*
*Um ein sehr einfaches Beispiel zu geben: Wenn zwei Personen sich streiten, welche von ihnen die beiden vorhandenen Eier benutzen darf, um das Gericht zu produzieren, das von ihnen gerade geplant ist, so scheint es nur entweder einen Kompromiss (jede Person bekommt ein Ei) oder eine/n VerliererIn und eine/n GewinnerIn geben zu können. Stellt sich aber heraus, dass der/die eine von beiden Majonäse aus den Eiern machen und der/die andere Zimtsterne backen will, dann könnten beide 100%ig bekommen, was sie brauchen, denn der/die Majonäsekoch/köchin nähme die zwei Eigelbe, der/die KeksbäckerIn nähme die zwei Eiweiße. Oder es stellt sich heraus, dass der/die KeksbäckerIn sich eigentlich nur gewünscht hätte von dem/der Majonäsekoch/köchin gefragt zu werden, ob er/sie die Eier nehmen könne, woraufhin er/sie die Zimtsterne erst nach dem Wochenende gebacken hätte. In solchen Fällen hat das strittige Objekt für eine Konfliktpartei vor allem symbolischen Charakter und transportiert (oder eben nicht) die Anerkennung, die sie von der anderen Konfliktpartei haben möchte. Auch in diesem Fall lassen sich Lösungen denken, wo die Majonäse aus zwei Eiern hergestellt und der/die BäckerIn auf anderem Weg die Anerkennung bezeugt bekommt, die er/sie haben möchte. In jedem Fall: Solange beide Konfliktparteien auf der Position beharren, dass sie jeder beide Eier brauchen, ohne zu sagen weswegen und wofür, rücken diese möglichen Lösungen nicht ins Bild.*

Innerhalb dieses „Settings" gelten vier Grundprinzipien:

Das bedeutet, dass es nur dann zu einer Mediation kommen kann, wenn alle Konfliktparteien sich entschieden haben, sich auf das Verfahren einzulassen. Es heißt außerdem, dass alle Beteiligten einschließlich der MediatorInnen zu jedem Zeitpunkt in der Mediation entscheiden können, nicht weiter teilzunehmen. Dann endet das Verfahren automatisch – auch ohne eine Lösung.

**1. Die Teilnahme am Verfahren ist freiwillig.**

Das bedeutet, dass der/die MediatorIn zu keiner der Konfliktparteien in irgendeiner Art von Beziehung stehen darf, und dass gewährleistet sein soll, dass keine persönlichen Vorteile aus irgendeiner der möglichen Lösungsoptionen für ihn/sie resultieren. Das heißt außerdem, dass der/die MediatorIn zu keinem Zeitpunkt in der Mediation Partei zu Gunsten der einen und zu Ungunsten der anderen Konfliktpartei ergreifen sollte. (Passiert es dennoch, droht der Ausstieg der benachteiligten Partei und damit der vorzeitige Abbruch der Mediation.)

**2. Die dritte Partei ist gegenüber den Konfliktparteien und gegenüber dem Ausgang des Konflikts neutral.**

Das bedeutet, dass zumindest die Entscheidung über die von beiden Seiten als tragfähig angesehene Lösung ausschließlich Sache der Konfliktparteien ist. Viele MediatorInnen interpretieren diese Regel außerdem dahin gehend, dass von ihrer Seite auch keinerlei Lösungsvorschläge gemacht werden sollen. Aufgabe der MediatorInnen ist es hingegen, sicherzustellen, dass die Gesprächsregeln, auf die man sich für die Mediation geeinigt hat, auch eingehalten werden, dass alle Konfliktparteien ausreichend Gelegenheit haben, alle ihre Anliegen im Zusammenhang mit dem Konflikt vorzubringen und gehört zu werden, dass alle erdachten Lösungsoptionen auf ihre Realisierbarkeit hin geprüft werden und dass die letztendliche Lösung in geeigneter Form verbindlich festgehalten wird (häufig durch einen schriftlichen Kontrakt).

**3. Die Konfliktparteien sind allein verantwortlich für die Lösung, der/die MediatorIn ist ausschließlich verantwortlich für die Gestaltung des Prozesses.**

Das bedeutet, dass die MediatorInnen (und ggf. Co-MediatorInnen) sich verpflichten, außerhalb der Mediationssitzungen mit niemandem über das zu sprechen, was in der Mediation gesagt wurde und passiert ist. Die Konfliktparteien können ebenfalls Stillschweigen vereinbaren; in ihrem Fall ist das aber nicht Bedingung und oft genug (z. B. bei interethnischen Konflikten) auch schon deshalb nicht machbar, weil sie als Verhandlungsbeauftragte einer größeren Gruppe von Betroffenen an der Mediation teilnehmen und zumindest die Ergebnisse des Verfahrens an ihre Bezugsgruppe zurückvermitteln müssen.

**4. Das Verfahren ist vertraulich.**

**Chance der
Verbesserung der
Beziehungen**

Weil Mediation ein Verfahren ist, in dem die Beziehung der Konflikt-parteien, wenn auch nicht mit einem therapeutischen Anspruch, zum Thema wird, und weil das Schweigen, das oft genug infolge eines Konflikts entstanden ist, einer wieder entstehenden Kommunikati-onsfähigkeit der Konfliktparteien weicht, beinhaltet Mediation eine realistische Chance, über den akuten Konflikt hinaus auch der Bezie-hung der am Konflikt Beteiligten wieder eine tragfähige Basis zu verschaffen. Wegen dieses klärenden oder, wie manche MediatorInnen es formulieren, „heilenden" Effekts sind Mediationsverfahren auch ergänzend zu anderen Maßnahmen der Konfliktbeilegung sinnvoll, wenn absehbar ist, dass die Konfliktparteien auch nach Beendigung ihres Konflikts weiter miteinander leben müssen.

**Im Konflikt
miteinander**

Dies ist beispielsweise bei Eltern der Fall, die sich scheiden lassen, bei denen aber die gemeinsamen Kinder einen völligen Abbruch aller Beziehungen unmöglich machen. Auch ein Konflikt zwischen SchülerInnen innerhalb einer Schule oder Schulklasse ist meistens nicht dadurch zu lösen, dass man die Kinder aus der Schule oder Schulklasse herausnimmt. Und auch für Nachbarn in einem Wohn-haus oder -viertel, ArbeitskollegInnen innerhalb eines Betriebes, Müll verarbeitende Industriebetriebe mit ihren unglücklichen Anrainern, selbst benachbart liegende Staaten oder einander gegenüberstehen-de ethno-nationale Gruppen innerhalb eines Staatsgebietes, so ver-schieden ihre Konflikte sein mögen, stellt sich *in dieser Hinsicht* ihre Situation sehr ähnlich dar: Sie können sich nicht wirklich und dauer-haft voneinander fern halten, ohne sich dadurch selbst empfindlich einzuschränken. Sie können sich aber im Konflikt, zumal in einem verhärteten Konflikt, auch nicht einfach mit der bestehenden Situa-tion abfinden und die Sache auf sich beruhen lassen. Sie müssen eine Lösung finden, und Mediation soll helfen, dass die Lösung eine ist, die ihre gestörten Beziehungen wenigstens so weit wiederher-stellt, dass sie einen *gemeinsamen* Beschluss fassen können. Selbst wenn sie nur beschließen, wie viel Distanz zueinander sie brauchen, um nebeneinander weiterexistieren zu können – die Tatsache, dass sie sich zusammen darauf geeinigt haben, macht diese Lösung sehr wahrscheinlich tragfähiger und dauerhafter als eine, die andere, z.B. ein Richter oder in internationalen Konflikten eine auswärtige Macht, den Konfliktparteien überstülpen.

Mediationsschulen gibt es viele, und ebenso zahlreich wie diese sind vermutlich die Modelle, wie das Verfahren idealtypisch ablaufen soll. Allen gemeinsam ist aber, dass bestimmte Phasen durchlaufen werden sollen, um am Ende zu der angestrebten tragfähigen und dauerhaften Lösung zu kommen.

## 1.1.5
## Welches sind die Phasen der Mediation?

Diese Phasen sollen im Folgenden kurz vorgestellt werden:

| Phase | Inhalte | Funktion der MediatorIn (= M) | Zeit-anteil[6] |
|---|---|---|---|
| **0.** Die Einführungsphase | ⊚ Vorstellungsrunde<br>⊚ Präsentation der Grundprinzipien einer Mediation<br>⊚ Festlegung der Regeln, nach denen die Verhandlung verlaufen soll, und Einverständniserklärung aller Beteiligten | „DramaturgIn" und unparteiische GesprächsleiterIn;<br><br>M<br>K   K | Vorlauf, max. 15 min |
| **1.** Die „Was?"-Phase | ⊚ Nacheinander mit beiden Konfliktparteien klären, worum es ihrer Ansicht nach bei dem Konflikt geht; die andere Konfliktpartei muss zuhören ➙ Darlegung der Positionen<br>⊚ Nacheinander mit beiden Konfliktparteien klären, was sie in der Mediation erreichen wollen ➙ Abfragen der Ziele | „Die unparteiische, aber verständnisbereite Öffentlichkeit" und GesprächsleiterIn<br><br>M<br>K   K | 15 % |
| **2.** Die „Warum?"-Phase | ⊚ Nacheinander mit den Konfliktparteien klären, warum es ihrer Ansicht nach zu dem Konflikt kam ➙ Abfragen der Vorgeschichte des Konflikts<br>⊚ Zwischen den Konfliktparteien klären lassen, warum es zu dem Konflikt kam ➙ Klärung und Darlegung der Interessen | Hilfestellung bei der Ermittlung der Interessen hinter den Positionen<br><br>M<br>K   K | 35 % |

**Fortsetzung der Tabelle auf der nächsten Seite**

---

[6] Diese Werte gelten nicht für alle Modelle; sie sind an den so genannten „Harvard-Mediations-Zirkel" angelehnt, der gewissermaßen den Prototyp für Mediationen darstellte, wie wir sie im Rahmen unseres Forschungsprojekts untersucht haben.

*Fortsetzung der Tabelle von Seite 15*

| Phase | Inhalte | Funktion der MediatorIn (= M) | Zeit-anteil [6] |
|---|---|---|---|
| **3.** Die Optionen-Phase | ◎ Brainstorming der Konflikt-parteien zu möglichen Lösungs-wegen („Was wäre, wenn wir…") ◎ Realitätsüberprüfung aller entwickelten Optionen („Was wird passieren, wenn wir…") | „Ideen-GeburtshelferIn" und „kritische Öffentlichkeit" | 35% |
| **4.** Die Kontrakt-Phase | ◎ Entscheidung für eine von beiden Seiten auch nach eindringlicher Überprüfung für tragfähig gehaltene Lösung ◎ Festlegung der Schritte, um diese Lösung umzusetzen, ggf. auch Niederschrift als Kontrakt ◎ „Besiegelung" der Lösung durch Unterschrift unter den Kontrakt oder durch anderen symbolischen Akt | „Advocatus Diaboli" bei der Realitäts-überprüfung und ggf. SchriftführerIn bei der Abfassung des Kontrakts oder „ZeremonienmeisterIn" | 15 % |

Die leider gern unterschätzte Hauptfähigkeit von MediatorInnen besteht im Wesentlichen darin, die Konfliktparteien unter Beachtung der vier Grundprinzipien durch diese Phasen zu steuern und ihnen den Konflikt dennoch nicht aus der Hand zu nehmen und an ihrer Stelle eine Lösung zu präsentieren, die zwar möglicherweise objektiv „gerechter" ist, aber den Nachteil hat, nicht mit den Interessen der Konfliktparteien im Einklang zu stehen.

---

[6] Diese Werte gelten nicht für alle Modelle; sie sind an den so genannten „Harvard-Mediations-Zirkel" angelehnt, der gewissermaßen den Prototyp für Mediationen darstellte, wie wir sie im Rahmen unseres Forschungsprojekts untersucht haben.

Nach etwa diesen Grundprinzipien und Phasenmodellen wird Mediation in vielen Trainings- und Ausbildungsgängen in und außerhalb Deutschlands gelehrt und praktiziert.

## 1.1.6
# Abschließende Bemerkungen

**Problem Neutralität**

Insbesondere das Grundprinzip der Neutralität des/der MediatorIn ist aber durchaus insofern umstritten, als die daraus erwachsenden Anforderungen an MediatorInnen sehr unterschiedlich interpretiert werden.

Zum einen geht es dabei um die Frage: Sollen MediatorInnen ExpertInnenwissen für einen Konflikt mitbringen oder sollen sie bewusst über keinerlei solches Wissen verfügen? Diese Frage ist z.B. bei internationalen Konflikten bedeutungsvoll, weil diejenigen, die als VermittlerInnen infrage kommen, häufig als WissenschaftlerInnen oder DiplomatInnen auf das betreffende geografische Gebiet spezialisiert sind. Problematisch kann das werden, wenn sie deswegen schon detaillierte Vorstellungen darüber haben, wie Konfliktlösungen aussehen müssten, und vielleicht nicht mehr die geforderte Zurückhaltung gegenüber den Lösungsvorschlägen der Konfliktparteien aufbringen können. Aber auch in anderen alltäglichen Konflikten könnte Expertentum problematisch werden, wenn die MediatorInnen dadurch, statt die verständnisbereite, aber de facto erst einmal unwissende Öffentlichkeit zu repäsentieren, in die Funktion von SchiedsrichterInnen geschoben werden, deren Urteil man anerkennt, weil sie auf Grund ihres Vorwissens urteilsfähig scheinen. Dies ist fatal, weil es oft gerade die „unwissenden" Fragen sind, die helfen die unterschiedlichen Interpretationen der Realität seitens der Konfliktparteien für alle Beteiligten durchschaubar zu machen.

**Neutrale Steuerung**

Mit der geforderten Neutralität der MediatorInnen hängt aber auch ein zweiter Problemkreis zusammen. Mit der Neutralität eines/r MediatorIn kann realistischerweise nur die Art gemeint sein, wie er/sie das Verfahren steuert, sonst bräuchte man Übermenschen. Es kann also nicht gemeint sein, dass MediatorInnen keine Gefühle oder Meinungen zu den Positionen der Konfliktparteien entwickeln. Vielmehr kann es realistischerweise nur bedeuten, dass MediatorInnen es *sich selbst nicht gestatten* dürfen – und wohl auch von den Konfliktparteien nicht gestattet bekommen –, ihre Handlungen in der Mediation von ihren Gefühlen oder Meinungen *einseitig* beeinflussen zu lassen.

Das setzt allerdings voraus, dass alle Beteiligten zum einen sehr bewusst wahrnehmen *und* ihre Wahrnehmungen von ihren Handlungen trennen können, und dass zum anderen alle Beteiligten unbedingt zu jedem Zeitpunkt in der Mediation wahrhaftig sind. In einem solchen Denkmodell ist weder Platz für „blinde Flecken" der Wahr-

**Wahrhaftigkeit**

nehmung, wie sie etwa kulturelle Unterschiede bewirken können, noch ist die Möglichkeit taktischer oder strategischer Aktionen mitgedacht.

**Problem: Objektive Verstehensbarrieren**

Ohne dass es ausgesprochen würde, wird davon ausgegangen, dass prinzipiell jede/r Beteiligte jede/n andere/n Beteiligte/n verstehen kann, vorausgesetzt, die eine Bedingung ist gegeben, dass alle einander verstehen *wollen*. Diese Annahme (oder vielleicht auch: Illusion?) lässt außer Acht, dass es so etwas wie Wahrnehmungs- und Verstehensbarrieren geben kann, die durchaus nicht einem Mangel an gutem Willen geschuldet sind, sondern die der Zugehörigkeit zu einer bestimmten Nationalität, einem Geschlecht, einer bestimmten gesellschaftlichen Schicht, religiösen oder weltanschaulichen Gruppe etc. etc. zuzuschreiben sind.

Zugehörigkeit zu einer Gruppe bewirkt größere Vertrautheit mit den Zeichensystemen, den kulturellen Codes, die innerhalb dieser Gruppe gelten, als es Personen möglich ist, die nicht zu ihr gehören. Und so ist es durchaus denkbar, dass eine Konfliktpartei, die einer anderen Nationalität oder auch einer anderen Gesellschaftsschicht angehört als der/die MediatorIn, sich in einer Art ausdrückt, dass der/die

**Problem: Nicht-Wahrnehmung von Nicht-Verstehen**

MediatorIn nicht versteht, ja nicht einmal merkt, dass da etwas unverstanden geblieben ist, und so auch gar nicht nachfragen kann. Weil aber natürlich das Verstehen aufseiten der MediatorInnen das Steuerungsinstrument ist, das ihm/ihr sagt: ‚Diese Phase scheint mir abgeschlossen' liegt in diesem tatsächlichen Nicht-Verstehen eine potenzielle Fehlerquelle und eine Gefährdung der Neutralität des Verfahrens. Nur zu leicht wird eine Konfliktpartei, die ihrem Gefühl nach noch nicht alle ihre Anliegen vorbringen konnte, weil der/die MediatorIn gar nicht bemerkt, dass da „noch etwas" ist, dem/der MediatorIn unterstellen Partei für die andere Seite ergriffen zu haben. Je nach von dieser Konfliktpartei attribuierter Gruppenzugehörigkeit der MediatorInnen werden die entsprechenden Stereotype der Gruppe, der die Konfliktpartei sich in diesem Moment zugehörig fühlt, aktiviert. Man kann sich leicht vorstellen, was alles passieren kann, wenn ein/e MediatorIn, von ihrer Warte aus gesehen völlig zu Unrecht, der Parteinahme geziehen wird. Von Wut bis Verunsicherung bis hin zu Schuldgefühl und kompensatorischer Parteinahme für die vermeintlich benachteiligte Partei ist alles Mögliche denkbar. Nichts davon würde dem Anspruch auf Neutralität der dritten Partei wirklich entsprechen.

**Problem: Taktisches Verhalten**

Nicht weniger vereinfachend als die Verstehensillusion ist die Außerachtlassung der Möglichkeit, dass Konfliktparteien sich aus taktischen oder strategischen Überlegungen heraus in bestimmten Phasen einer Mediation nicht wahrhaftig verhalten. Es muss durchaus kein Widerspruch sein, eine gütliche Einigung mit der gegnerischen Konfliktpartei anzustreben und dennoch bei der Verfolgung eigener Interessen in einem bestimmten Moment den/die MediatorIn zu beschuldigen, sich parteilich verhalten zu haben, obwohl man selbst genau weiß, dass dies nicht stimmt. Das macht den Wunsch nach friedlicher Einigung mit der anderen Seite[7] noch nicht weniger echt. Es drückt u.U. lediglich die Sorge aus, die Mediation könne, wenn sie so weitergeht, zu einem Ergebnis führen, das man nicht will, dem man zu dem Zeitpunkt aber auch nicht mehr widersprechen wollte. Ein plötzlicher Zweifel, ein momentan auftretender Mangel an Vertrauen in das Verfahren kann sich sehr wohl dadurch ausdrücken, dass man dem/der MediatorIn mit einem vorgeschobenen Argument das Vertrauen entzieht.

# 1.2 Was genau meint interkulturell?

Bei dem Versuch, den Begriff „interkulturell" näher zu bestimmen, kommt man sich gelegentlich vor wie in einer Auseinandersetzung mit einer Hydra: Aus jeder vermeintlich erreichten Klärung können unversehens neue Fragen erwachsen, die ihrerseits wieder der Klärung bedürfen.

Von „interkulturell" zu sprechen, beinhaltet logisch, dass es um Unterschiede zwischen mindestens zwei Kulturen geht. Dies gilt so erst recht für die Situation eines interkulturellen Konflikts, um den es sich ja in unserem Projekt drehte: Schon das Vorhandensein eines Konflikts setzt voraus, dass zumindest unterschiedliche Interessen – zumeist in der Gestalt gegensätzlicher Positionen – vorliegen. Das Vorhandensein eines interkulturellen Konflikts setzt darüber hinaus voraus, dass es zwischen den Konfliktparteien außerdem einen Unterschied hinsichtlich ihrer kulturellen Zugehörigkeit gibt.

Das klingt klarer, als es in der Realität ist. Wenn diese beiden Voraussetzungen gegeben sind, kommen die eigentlich interessanten Fragen erst an die Oberfläche: Was genau meint kulturelle Zugehörigkeit? Welche Bedeutung hat dieser Unterschied denn wirklich für den vorliegenden Konflikt?

[7] also der Grundvoraussetzung für das Zustandekommen einer Mediation (siehe Grundprinzip der Freiwilligkeit)

**Kulturelle Zugehörigkeit**

Über die Frage der Definition kultureller Zugehörigkeit herrscht alles andere als Einmütigkeit, sowohl in der wissenschaftlichen Diskussion als auch im Selbstverständnis jeder/s Einzelnen.

Es gibt die Ansicht, dass die Zugehörigkeit zu einer *Nation* oder zu einem vornehmlich durch Religion und geografische Nähe geprägten *„Kulturkreis"*[8] alle anderen Gruppenzugehörigkeiten so nachhaltig bestimmt, dass sie die möglichen Gemeinsamkeiten etwa zwischen einem Automechaniker aus München und einem aus Bombay völlig in den Hintergrund drängt. Im Konflikt (und zwar in jedem möglichen Konflikt) sei der unterschiedliche Kulturkreis die mehr oder minder absolute Barriere. Diesen Ansatz bezeichnet man als kulturrelativistisch bzw. kontextuell.

**Kulturrelativistisch**

Es gibt die gegenteilige Ansicht, dass die Gemeinsamkeit zwischen den beiden Automechanikern selbstverständlich Unterschiede aus ihrer nationalen kulturellen Zugehörigkeit überwindet. Grundsätzlich lässt sich zwischen menschlichen Wesen immer genügend Gemeinsamkeit herstellen bzw. finden, um im Konfliktfall zu einer gütlichen Einigung zu kommen. Dieser Ansatz heißt universalistisch.

**Universalistisch**

Die „Kulturrelativisten" gehen wohl eher davon aus, dass das Verfahren der Mediation in jedem anderen als seinem Entstehungskontext, also in allen Kulturkreisen außerhalb des westlichen, nicht funktionieren kann. Vertreter der universalistischen Position würden eine solche Einschränkung rundweg ablehnen, da das Verfahren grundsätzlich auf jeden anderen kulturellen Kontext übertragbar sei, und zwar prinzipiell auch in jedem Einzelfall.

Wir sind mit Ulrich Beck der Ansicht, dass beide Positionen, die kontextualistische wie die universalistische, ihre Berechtigung haben, zugleich aber wenn absolut behauptet eine Verkürzung darstellen. Statt also zu hoffen, dass der Hydra irgendwann einmal die nachwachsenden Köpfe ausgehen, versuchen wir mit immer währender Neugier auf die neuen Fragen einzugehen, die jeder neue Konfliktfall aufwirft.

**Stetige Neugier: Jede Problematik ist anders**

Für uns lässt sich das Problem, was denn einen Konflikt zum interkulturellen macht, nicht generell beantworten, sondern man muss immer wieder aufs Neue sagen: Es kommt darauf an.

Worauf, das versucht der nächste Abschnitt näher zu beleuchten.

---

[8] *Huntington unterscheidet sieben Kulturkreise: Sinisch (konfuzianisch und chinesisch), japanisch, hinduistisch (oder auch indisch), islamisch (schließt die arabische, türkische, persische, malaiische Kultur ein), westlich (Europa, Nordamerika, Lateinamerika?!?, Australien und Neuseeland), lateinamerikanisch und afrikanisch. Vgl. dazu Huntington, a.a.O., S. 57 ff.*

In diesem Abschnitt wollen wir Ulrich Becks Brückenschlag zwischen Kontextualisten und Universalisten nachzeichnen.[9] „Der Universalismus hat den Nachteil, seinen Standpunkt anderen aufzuzwingen, aber den Vorteil, andere einzubeziehen, ernst zu nehmen. (…) Auf der anderen Seite sind Relativismus und *kontextuelles* Denken unverzichtbar, weil sie den *Respekt vor der kulturellen Differenz* schärfen und den Perspektivenwechsel reizvoll und nötig machen."[10] Beide Posititionen sind verabsolutiert in ähnlicher Weise blind für die Wahrheit des anderen. „Dort blockiert das in die eigene Gewissheit eingebaute Fremdenbild, hier die unterstellte Unmöglichkeit, überhaupt den Standpunkt des anderen verstehen zu können."[11] Beck bemüht sich, auf das *entweder – oder* zu verzichten und das *und* als Verbindung zwischen Universalisten und Kontextualisten zumindest gedanklich möglich zu machen.

**Ulrich Becks
Brückenschlag**

Er schlägt vor, zwischen exklusiven und inklusiven Unterscheidungsarten zu unterscheiden:
„Exklusive Unterscheidungen folgen der Logik des Entweder-oder. Sie entwerfen die Welt als Neben- und Unterordnung getrennter Welten, in denen sich Identitäten und Zugehörigkeiten ausschließen. Jeder Zwischen-fall ist ein Zwischenfall. Er irritiert, skandalisiert, erzwingt Verdrängung oder Aktivitäten, die die Ordnung wiederherstellen.
Inklusive Unterscheidungen entwerfen ein ganz anderes Bild von >Ordnung<. Zwischen die Kategorien zu fallen ist hier keine Ausnahme, sondern die Regel. (…) Ein Vorteil inklusiven Unterscheidens ist sicher darin zu sehen, dass dies einen anderen, beweglicheren, wenn man so will kooperativen Begriff von >Grenze< ermöglicht. Grenzen entstehen hier nicht durch Ausschluss – Exklusion – , sondern durch besonders verfestigte Formen >doppelter Inklusion<. Jemand nimmt an sehr vielen verschiedenen Kreisen teil und wird *dadurch* begrenzt. (…) Im Rahmen inklusiver Unterscheidungen werden Grenzen also als bewegliche Muster gedacht und verfestigt, die überlappende Loyalitäten ermöglichen."[12]

Mit Blick auf die TeilnehmerInnen unseres Trainings waren die Beck'schen Definitionen sehr hilfreich: Nach der exklusiven Unterscheidung hätten wir es mit einer interkulturellen Gruppe zu tun gehabt, die aus US-Amerikanern, Franzosen und Deutschen bestand.

[9] *Ulrich Beck. Was ist Globalisierung?. Ffm 1997*
[10] *ebenda. S. 142*
[11] *ebenda. S. 143*
[12] *ebenda. S. 95 f*

Tatsächlich jedoch verlangt eine angemessene Beschreibung der Interkulturalität dieser Gruppe ein inklusives Unterscheiden, da es zum einen eine hohe Zahl biografischer 'Zwischenfälle'[13] und zum anderen ein weit verbreitetes Selbstverständnis gab, welches sich einer eindeutigen national-kulturellen Zuschreibung widersetzte. Die Tatsache, in einem bestimmten Land zu wohnen und/oder in ihm einen Großteil der Sozialisation erfahren zu haben, führte bei unse-

**Keine eindeutige kulturelle Identität**

ren TeilnehmerInnen nicht zu der Folgerung, allein deshalb Träger einer eindeutigen kulturellen Identität zu sein. Die meisten definierten für sich „Kultur" immer als „Kulturen", also als nicht-integrierte, nicht-abgegrenzte Vielheit ohne Einheit. [14]

Dies macht es nicht überflüssig, über kulturelle Unterschiede nachzudenken, allein ihre Kategorisierung wird fragwürdig.[15] Wir haben es nicht zuletzt eben dieser Haltung der TeilnehmerInnen zu verdanken, dass sich unsere Konzeption in diesem Punkt von der Pilotphase zur Hauptphase veränderte:

„In gleicher Weise können die Beziehungen zwischen Kulturen in einer statischen Weise (wobei die Kulturen im Kontakt untereinander ihre Besonderheiten beibehalten) oder in einer fließenden Weise (wobei die Kulturen einander gegenseitig durchdringen) untersucht werden."[16] Für die Suche nach konstruktiven Möglichkeiten der Bearbeitung interkultureller Konflikte ist es angezeigt,

- nach Haltungen zu suchen, die die bestehenden Unterschiede nicht festschreiben,
- nach Wegen zu suchen, wie ihre Bedeutungen bei dem aktuellen Konflikt relativiert werden können.

Erst in dem konkreten Versuch, einen interkulturellen Konflikt kommunizierbar zu machen, lässt sich sagen, ob die kulturellen Unterschiede tatsächlich so bedeutsam sind, dass sie ein gemeinsames Interagieren undenkbar machen.

---

[13] *Jede nationale Gruppe repräsentierte auch unterschiedliche Kulturkreise.*
[14] *vgl. ebenda. S. 118*
[15] *„Für den abstraktiven, kategorialen Umgang mit interethnischen und interkulturellen Konflikten bedeutet dies: Wer ,das' Wesen der Deutschen, ,die deutsche Identität', die türkische Familie (...) erforscht, muss deutlich hervorheben, dass er kategoriale Forschungen betreibt, die nicht auf den Einzelfall übertragen werden können. Das schränkt die Relevanz dieser Art von Forschungen für die Überwindung interkultureller Spannungen erheblich ein – macht sie natürlich nicht überflüssig." Rainer Dollase. Die Asozialität der Gefühle. S.129*
[16] *J.N. Piertse, Der Melange-Effekt. nach Beck, a.a.O., S. 119*

Beck benennt vier Möglichkeiten, sich in dem Spannungsfeld zwischen Universalismus und Kontextualismus zu begegnen:[17]

⦿ universalistischer Universalismus,
⦿ universalistischer Kontextualismus,
⦿ kontextueller Universalismus,
⦿ kontextueller Kontextualismus (Relativismus).

Die Haltung, die sich darum bemüht, Universalismus und Kontextualismus miteinander durch ein ‚und‘ zu verbinden, ist für ihn der kontextuelle Universalismus.[18] Der kontextuelle Universalismus geht davon aus, „dass *Nicht*einmischung *un*möglich ist; denn genau dies meint: Wir leben im Zeitalter der Gleichartigkeit, in einer globalen Ära. Alle Versuche, sich herauszuhalten, in die Vorstellung getrennter Welten zu flüchten, sind grotesk, sind von unfreiwilliger Komik. Die Welt ist die Karikatur eines unwiderruflich miteinander aneinander vorbeiredenden (Nicht-)Gespräches. (...) Es gibt keine getrennten Welten. Es gibt das Kunterbunte eines globalen zusammenhanglosen Zusammenhangs, demgegenüber der Rückzug in das Nichtgespräch *idyllisch* erscheint. (...) Aus der Unruhe wechselseitiger Einmischung sich ausschließender Gewissheiten gibt es kein Entkommen. Wieweit und wieweit nicht Perspektivenwechsel, Gespräche, Aneinandervorbeireden, Lachen, Konflikte möglich, nötig, sinnlos, absurd oder alles zugleich sind, weiß ich immer nur, nachdem ich diesen Schritt *versucht* habe."[19]

Das (eigentlich) nicht vermeidbare Gespräch (welches aber nicht zwangsläufig erfolgreich sein muss) verlangt eine Integration des Kontextuellen in das Universelle. Das Absolutistische des Universellen wird durch die Anerkennung, dass es neben meinen auch andere Universalismen gibt, aufgebrochen. Das Zugeständnis, dass es viele Universalismen gibt, ist die Voraussetzung dafür, dass (beispielsweise bezogen auf die Menschenrechte) „... ein Wettbewerb der Kulturen, Völker, Staaten und Religionen um die für die Menschen hilfreichsten Konzeptionen von Menschenrechten" begonnen werden kann.[20]

**Kontextueller Universalismus**

**Nichteinmischung ist unmöglich**

[17] a.a.O. S. 142 ff
[18] *Kurze Erläuterungen der hier nicht besprochenen Haltungen finden sich im nächsten Abschnitt.*
[19] a.a.O. S. 144 ff
[20] a.a.O. S 147 f

„Der kontextuelle Universalismus verpflichtet nicht dazu, Menschenrechtsverletzungen in anderen Kulturkreisen, Ländern in falsch verstandenem Relativismus hinzunehmen. Aber er ermächtigt auch nicht dazu, in eigener Vollmacht einzumarschieren, um z.B. Minderheiten vor Verfolgungen zu schützen. Er fragt: Welche Menschenrechtsauffassungen gibt es in den Ländern, in denen Menschenrechte eklatant verletzt werden? Wie beurteilen diese aus ihrem Horizont, ihrem Wissen um Menschenrechte, was in ihrem Land geschieht? Und wie verhalten sich diese Deutungen und Interpretationen zu unseren (meinen) Deutungshypothesen universeller, also auch dort geltender Menschenrechte? Dass damit die Paradoxien nicht aufgelöst sind, sondern neue aufbrechen, liegt auf der Hand.

Doch der Rückzug auf kontextuelle, also westliche, unsere, meine Version universeller Menschenrechte kommt keineswegs einer moralischen und politischen Selbstaufgabe, einer Kapitulation vor den Bestialisierungen dieses Jahrhunderts gleich, sondern er ist die Voraussetzung, sich in Konflikte um Menschenrechte und Menschenrechtsverletzungen in anderen Kulturen, Ländern einzumischen."[21]

Unsere Konsequenzen hieraus für das Verständnis von „interkulturell" sind folgende:

1. Wenn wir in diesem Text fortfahren von US-Amerikanern, Franzosen und Deutschen (als TeilnehmerInnen unserer Kurse) zu sprechen, so ist dies eine sprachliche Vereinfachung – eben weil es noch keine transnationale Sprache gibt –, bei der immer mitgedacht werden muss, dass sich hinter dieser Benennung keine eindeutigen kulturellen Identitäten verbergen und dementsprechend die Summe aus „Deutschen", „Franzosen" und „US-Amerikanern" auch nicht den interkulturellen Kontext beschreibt. Wir wollen damit deutlich machen, dass sich die vielschichtigen Identitäten aus unserer Teilnehmergruppe nicht dazu eignen, sie auf nationalstaatliche Kategorien zurückzuführen und sie damit zu reduzieren. Völlig unberührt davon bleibt die Tatsache, dass es zwischen Deutschen, Franzosen und US-Amerikanern natürlich kulturelle Unterschiede gibt, deren Nachweis oder Benennung aber nicht Ziel unserer Forschungsarbeit war.

**Identität nicht auf Nation reduzierbar**

Das Aushalten dieses Widerspruchs – natürlich gibt es so etwas wie eine deutsche Identität, aber wirkt sie bestimmend in einem interkulturellen Konflikt? – scheint uns eine angemessene Beschreibung der Aufgaben (?) für heutige Akteure zu sein.

---

[21] a.a.O. S. 148

2. Die Aufweichung des zudem noch stark ideologiegefährdeten Begriffs der „kulturellen Identität" in eine zunehmende Unbestimmbarkeit eröffnet Perspektiven für einen interkulturellen Dialog. Wird kulturelle Identität nicht – wie bei Huntington innerhalb eines hier archaischen Identitätsmodells – als äußere, alles umklammernde Form gedacht, sondern als *ein* Anteil an der Identität von Individuen, der durchaus in Konflikt mit anderen geraten kann, werden Grenzen also kooperativ, so wird erkennbar, dass selbst „unumstößliche, einzuhaltende" Werte und Normen diskutierbar werden.[22] Eine so gelungene Kontextualisierung einer interkulturellen Situation liegt dann vor, wenn

◎ die Anerkennung der Gleichwertigkeit des anderen gegeben ist;
◎ die Bereitschaft besteht, das eigene ‚Heiligste' – wie Beck es nennt – für die Kritik von anderen zu öffnen und es damit auch zu relativieren;
◎ die so entdeckten kulturellen Differenzen zu einem Anreiz für einen Perspektivenwechsel werden, aus dem ein Dialog möglich wird, dessen interkulturelle Perspektive sich darin ausdrückt, dass er Unterschiede in einer konkreten Situation in einem gegebenen Kontext lebbar macht, ohne daraus eine Allgemeingültigkeit ableiten zu wollen.[23]

**Identitätsanteile bieten Dialogchance**

# 1.3 Was heißt interkulturelle Mediation?

Diese Frage ist mit den Erörterungen über unser Verständnis von ‚interkulturell' in Teilen bereits beantwortet:
Es kann nicht darum gehen, ein quasi kulturneutrales Verfahren anzustreben.[24]
Andererseits kann es aber auch nicht darum gehen, Unterschiede, die sich (vermeintlich) aus verschiedenen kulturellen Identitäten ableiten, derart zu verabsolutieren, dass eine Verständigung von vornhe-

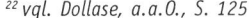

[22] vgl. Dollase, a.a.O., S. 125
[23] Ein Versuch, wie das alles in der Praxis aussehen könnte, ist im 6. Kapitel nachzulesen.
[24] Eine solche Suche entspräche der Haltung eines universalistischen Universalismus. Ein solches Verfahren entspricht den Werten und Normen seines ‚Erfinders', der davon ausgeht, dass diese für alle Gültigkeit besitzen, und ihnen nur die Möglichkeit bleibt, dies zu akzeptieren oder sich zu widersetzen.

rein aussichtslos erscheint[25] und deshalb nicht einmal der Versuch eines Gesprächs unternommen werden muss.[26]

**Interkulturelle Mediation selbst entspricht einer Suchhaltung, einer Aufforderung zu einem Experiment.**

**Aufforderung zum Dialog**

Gesucht wird nach einer Anordnung, die es den direkt Beteiligten (den Konfliktparteien wie der neutralen dritten Partei) erlaubt, ihre Universalismen zu kontextualisieren, d.h., sie nicht als gegeben und als selbstverständlich geteiltes Allgemeines vorauszusetzen, sondern sie in den kritischen Dialog mit einzubringen. Weiterhin geht es dabei nicht um etwas Absolutes (also nicht um die Universalismen in ihrer gesamten Bedeutungsschwere, nicht um den Islam, das Deutschsein, die Ehre usw.), sondern um *bestimmte* Anteile, die für den *gegebenen* Konflikt in der *aktuellen* Situation wichtig sind.

Es geht also nicht darum, einen gemeinsamen Konsens aller vorliegenden Universalismen zu formulieren, was nicht anders ginge, als eine große gemeinsame Hülle für alle zu konstruieren, innerhalb derer dann eine Auseinandersetzung wiederum nicht mehr notwendig ist. Sondern es geht genau um diese begrenzte und von dem Verfahren zu kontrollierende Auseinandersetzung über die Anteile von Werten und Normen, Weltsichten und Identitäten, die für das Gespräch über diesen einen konkreten Konflikt von Bedeutung sind.[27] Eine so verstandene interkulturelle Mediation sucht zunächst in der Auseinandersetzung die Akzeptanz der Anteile der jeweiligen Universalismen, die für das Gespräch über den Konflikt notwendig sind, damit tatsächlich eine gleichberechtigte Kommunikation stattfinden kann. Es versteht sich von selbst, dass solch eine Suche nicht verfahrensmäßig festgeschrieben werden kann. Jede veränderte Konstellation, eben jeder neue Kontext, erzwingt sie neu. Entscheidend ist dabei die eingenommene Haltung (in erster Linie die der Mediatoren), nicht so sehr die eingesetzte Methode.

Hier liegt ein ganz grundsätzlicher Unterschied zu nicht-interkulturellen Mediationen:
In aller Regel wird bei der Mediation von einem von allen Beteiligten geteilten gemeinsamen Wertekanon ausgegangen. Dies bezieht sich

---

[25] *Dies wäre nach Beck die Haltung des kontextuellen Kontextualismus.*
[26] *Dies wäre nach Beck die Haltung des universalistischen Kontextualismus.*
[27] *Wenn also zwei in Deutschland lebende Menschen, ein gebürtiger Deutscher und ein gebürtiger Türke, einen Konflikt miteinander haben, ist es sehr fragwürdig, von vornherein davon auszugehen, dass es sich um einen interkulturellen Konflikt handelt, nur weil sich zwei kulturelle Identitäten gegenüberstehen und sich aus deren Verschiedenheit das Verhalten beider a priori erklärt.*

natürlich auch auf Werte und Weltsichten, die mit dem Verfahren vermittelt werden, ohne sie ausdrücklich zu problematisieren. Es können also bestimmte Voraussetzungen als allgemein gültig angesehen werden, die dann als Regeln als nachvollziehbare und akzeptierte Bestandteile in das Verfahren mit einfließen. Im Falle einer interkulturellen Mediation muss eine Problematisierung dieser Regeln erfolgen[28], weil sie eben nicht allgemein anerkannt sein könnten.

Des Weiteren wird in der intra-kulturellen Mediation versucht Debatten über unterschiedliche Werte möglichst auszugrenzen, da diese als nicht verhandelbar gelten und daran hindern, die eigentlich zentralen gemeinsamen Interessen aufzudecken.

**Unterschied: interkulturelle oder intra-kulturelle Mediation**

Auch dieses Vorgehen wird bei einer interkulturellen Mediation schwerlich durchzuhalten sein. Insbesondere dann, wenn ein bei der Mediation zu erklärendes Verhalten von einer Konfliktpartei mit einer Werteorientierung begründet wird, die von der anderen Konfliktpartei nicht geteilt wird.

**Die Frage bei einer interkulturellen Mediation ist also nicht, wie verhindert werden kann, dass sich die Konfliktparteien über unterschiedliche Werte auseinandersetzen, sondern die Frage lautet hier, wie diese Auseinandersetzung in den Prozess integriert werden kann.**

Neben diesen grundsätzlichen gibt es noch spezielle Unterschiede, die sich eher aus der Natur von Konflikten zwischen Angehörigen unterschiedlicher Kulturen ergeben. Der Faktor Kultur kann ein potenzieller Auslöser für eine sehr dynamische Eskalation des Konflikts sein. Dies kann auf drei Ebenen, die natürlich eng miteinander zusammenhängen können, geschehen.

**Eskalationsmomente**

*1. Ebene:* **kommunikationspsychologisch/strategisch**
Auch wenn die Konfliktparteien Angehörige unterschiedlicher Kulturen sind, ist trotzdem die Kultur nur eine Variable unter vielen, die Unterschiedlichkeiten der betroffenen Individuen ausdrücken. Die Identitätsausbildung des Individuums vollzieht sich durch die Sozialisationsprozesse in bestimmten kulturellen Lebensformen. Sie ist mit kollektiven Identitäten verwoben und wird in einem kulturellen Netzwerk stabilisiert, in welchem Individuen mit gemeinsamen Erfahrungs- und Lebenszusammenhängen verwoben sind. Das Dilemma besteht nun darin, dass Individuen auch Träger von kollektiven

**Kultur = eine Variable unter vielen**

---

[28] *Dieser Punkt wird am Ende des Abschnitts noch einmal aufgegriffen.*

Identitäten sind, es aber gleichzeitig unklar bleibt, welche Relevanz diese Anteile der Identität für ein bestimmtes Verhalten in einer bestimmten Situation für das Verstehen dieses Verhaltens haben. In einem Konflikt ergibt sich daraus eine doppelte Verkomplizierung: Erstens bleibt es für die am Konflikt Beteiligten und erst recht für Außenstehende relativ unklar, wie wichtig die kulturellen Unterschiede für das Verstehen des gemeinsamen Konflikts tatsächlich sind. Zweitens ergeben sich aus dieser Unklarheit die Möglichkeiten für eine bewusst inszenierte Strategie oder ein unbewusst agierendes Spiel. Beide Varianten ergeben sich aus der Bandbreite zwischen:
„Wir sind an diesem Punkt tatsächlich unterschiedlich" (objektiv) versus „Wie unterschiedlich muss ich sein, um meine Ziele zu erreichen" (strategisch)?

**Aussagen wie:** *„Du verstehst mich nicht!"*
*„Das kannst du gar nicht verstehen!"*
*„Du willst mich einfach nicht verstehen!"*
*„Du bist nicht in der Lage mich zu verstehen!"*
gehören zum Repertoire eines jeden Konfliktgesprächs. Ob diese Aussagen auf eine Strategie zielen, einen Sachverhalt benennen, oder ob sie Bestandteile eines unbewussten Spiels sind, ist ohnehin schwer zu verstehen.

**Gefahr der unbewussten Parteinahme**
Kommen identitätstragende Differenzen zwischen den Konfliktparteien hinzu, wie Geschlecht oder Kultur, wird die Interpretation – gerade auch für Außenstehende – noch schwieriger. Je nachdem, wie die Interpretation erfolgt, gerät sie in Gefahr, zu einer – wenngleich nicht beabsichtigten – Parteinahme zu werden. „Das sagst du jetzt nur, weil du auch ein Mann bist!" oder „Natürlich, die Weißen halten zusammen!"
Je größer das Ungleichgewicht der Machtbeziehung zwischen den Konfliktakteuren ist, desto größer wird die Gefahr, identitätstragende Unterschiede zu betonen oder gar zu instrumentalisieren, um somit auf einer anderen Ebene eine Gleichheit wiederherzustellen. Wird betont, dass Frauen oder Angehörige ethnischer Minderheiten grundsätzlich immer ‚Unrecht' haben, dann wird damit erstens der eigentliche Konfliktgegenstand verwässert und zweitens sowohl die andere Konfliktpartei als auch die dritte Partei moralisch unter Druck gesetzt. Das daraus resultierende zusätzliche Dilemma besteht darin, dass so ein Vorwurf innerhalb einer interkulturellen Mediation nicht vom Tisch gefegt werden kann, ohne ihn gleichzeitig zu bestätigen.

Soll der Anspruch einer gleichberechtigten Kommunikation konkret umgesetzt werden, so muss für die gegebenen, gesellschaftlich be-

dingten asymmetrischen Machtverteilungen das Gleiche gelten wie
für die kulturellen Unterschiede: Auch sie müssen kontextualisiert
werden. Kein Konflikt zwischen Individuen oder Gruppen wirkt direkt
gesellschaftsverändernd. Daraus darf aber nicht geschlossen werden,
dass grundsätzliche Probleme, die gesellschaftlich bedingt und er-
zeugt sind, innerhalb einer interkulturellen Mediation gänzlich aus-
geschlossen werden, nur „weil hier nicht der Ort ist, um *das* Rassis-
mus-Problem *der* deutschen Gesellschaft" zu lösen. Innerhalb eines
kommunikativen Verfahrens können Machtungleichheiten weder ab-
geschafft noch grundsätzlich diskutiert werden. Was aber geleistet
werden kann (und muss), ist einen gegenseitigen Verständigungsprozess auf den Weg zu bringen, der klären hilft, inwieweit und auf
welche Art das ʻobjektiv Gegebeneʼ (z.B. Machtungleichheiten) für
das Verstehen und die Bearbeitung des konkreten Konflikts mit ein-
wirkt. Und dies sowohl bezogen auf das Verhalten als auch auf die
grundsätzlichere Haltung der Konfliktakteure.

Wir haben es hier mit einer komplizierten Problemlage zu tun:
Das allgemeine Gefühl des ‚Schwächeren': „Ich werde nicht anerkannt,
weil ich ... bin", spiegelt meist eine lange und leidvolle Erfahrung,
die es zunächst unmöglich macht, einem Angebot zu glauben, welches einfach sagt: „Hier bist du anerkannt". Im Gegenteil ist es sehr
viel wahrscheinlicher, dass bei einem Konflikt *jegliches* Verhalten des
anderen Konfliktakteurs als eine weitere Bestätigung gemachter Erfahrung wahrgenommen wird. Dementsprechend kritisch wird er oder
sie auch das Verhalten der dritten Partei und deren Neutralitätsan-
spruch beäugen.

Das allgemeine Gefühl des ‚Stärkeren' besteht darin, dass er zwar um
die Ungerechtigkeiten dieser Welt weiß, sich aber darum bemüht,
deutlich zu machen, dass er dafür nicht zuständig und auch nicht
verantwortlich ist. Er wird sie pragmatisch als nun mal gegeben hinnehmen und sich gleichzeitig persönlich von ihnen distanzieren. Bezogen auf die andere Konfliktpartei besteht bei ihm das Gefühl: „Ich
kann machen, was ich will; er oder sie glaubt mir ja sowieso nicht.
(Er oder sie glaubt mir nicht, dass ich anders als die Normalen bin)."

Diese mögliche Konstellation bei einem interkulturellen Konflikt (aber
nicht notwendigerweise nur hierbei) macht deutlich, wie schwer es
schon ist, sich auf einen gemeinsamen Konfliktgegenstand zu einigen: Der Schwächere wird dazu tendieren, das Allgemeine (gesellschaftliche Erfahrungen) mit einzubeziehen. Der Stärkere tendiert
dazu, nur persönlich reden zu wollen, um eben zu verhindern, dass
allgemeine gesellschaftliche Erfahrungen (mit denen er ja nichts zu
tun hat) mit einbezogen werden. Ein gemeinsames Gespräch kommt

**Problem der
Wahrnehmung**

also nur dann zu Stande, wenn beide Akteure ihre grundsätzliche Haltung relativieren: Der ‚Schwächere' muss bereit sein, in seinem Gegenüber auch ein nur begrenzt zuständiges Individuum zu sehen, was nur dann gelingen kann, wenn der Stärkere umgekehrt anerkennt, dass er als Individuum durchaus auch Träger einer gesellschaftlichen Verantwortung ist bzw. sein Verhalten nicht gänzlich nur individualistisch ist.

Gelingt ein solcher Verständigungsprozess nicht, so besteht die große Gefahr der Stereotypisierung und Stigmatisierung und der Konflikt wird, beschleunigt durch die zweite politische Ebene, weiter eskalieren.

### 2. Ebene: politisch/ideologisch

**Vorurteile und Ethnozentrismus**

Niemand kann von sich behaupten, dass er keine Vorurteile hat. Und niemand kann von sich behaupten, dass in ihm nicht eine Haltung schlummert, die man mit Ethnozentrismus beschreibt, und die sagen will, dass man eher dazu neigt, die eigene, erworbene soziale Identität höher zu schätzen als andere.[29] Wird von dieser Beschreibung ausgegangen, fällt das Eingeständnis leichter, zu sagen, dass wir uns in einem Konflikt durchaus auch mit Seiten von uns konfrontiert sehen, die uns nicht gefallen. Bei einem Konflikt mit einem Angehörigen einer anderen Kultur wächst die Gefahr, für den eigenen Ethnozentrismus anfällig zu werden. Je größer das Gefühl, ‚nicht zu verstehen' oder ‚nicht verstehen zu können' oder ‚nicht verstanden zu werden', desto größer wird die Bereitschaft sein, auf griffige Erklärungsmuster – eben auf Vorurteile – zurückzugreifen, die uns in der gegebenen aufgeladenen und schwierigen Situation „helfen" Erklärungen für das Nicht-Verstehen zu finden. Je schwieriger die Kommunikation, je höher der Grad von Eskalation, desto weniger sind wir in der Lage, selbstreflexiv uns und die Situation zu erfassen. Die anfängliche Scham, plötzlich undifferenziert über *die* Deutschen, *die* Männer, *die* Franzosen usw. zu reden, und darüber, das persönliche Gegenüber zu vergessen, verschwindet zusehends.

---

[29] *„Stereotype präsentieren unsere soziale Identität – sie sind Teile, die psychologisch das Ganze enthalten. Die dabei erlebte >Depersonalisation< ist kein Verlust der personalen Identität – wir werden lediglich subjektive Träger historischer, politischer, ideologischer und kultureller Werte, also deren Repräsentanten. Funktionell ermöglicht die Selbstkategorisierung eine uniforme Aktion und Kooperation unter Menschen gleicher sozialer Identität. Als solche fallen dem Menschen stets Wege und Umwege ein, die eigene kategoriale Identität jeweils besser zu bewerten als die der anderen – auch das ist eine emotionale Unabänderlichkeit, also wichtig, um die Idealnorm an die psychische Realität anzupassen."* Dollase. S. 131

So entwickeln sich aus Individuen Repräsentanten von Kollektiven. Der ursprüngliche Konfliktgegenstand erfährt eine Umwandlung und bekommt eine politische und/oder ideologische Dimension. In diesem Fall gibt es dann wirklich den „Kampf der Kulturen". Stehen sich nur noch Repräsentanten von Kollektiven gegenüber, die hemmungslos auf die „große Geschichte" Bezug nehmen, um ihr eigenes Verhalten zu „begründen", darf in der Tat kaum mehr auf eine friedliche Lösung gehofft werden.

Doch ist diese Dynamik eben keine zwangsläufige. Sie stellt eine potenzielle Gefährdung dar. Nicht zuletzt machtbesessene Politiker bedienen sich dieser Strategien zur Durchsetzung ihrer Ziele. Gerade die bestialischen Eskalationen in der neueren Zeit machen jedoch deutlich, dass derartige „Legitimationen" für Kriege und eklatante Menschenrechtsverletzungen nicht mehr so ohne weiteres hingenommen werden.
Eine solche Entwicklung in einem Konflikt hat aber durchaus auch Konsequenzen in vielen kleineren, alltäglichen interkulturellen Konflikten:
Die Grenzen von konstruktiven interkulturellen Konfliktbearbeitungen liegen dort, wo sich Fundamentalismen gegenüberstehen. Chancen beginnen in dem Moment, in dem es wieder individuelle Konfliktakteure gibt. Es ist in allen Fällen wichtig, dass die beinahe zwangsläufig ins Spiel kommenden kollektiv erzeugten Vorurteile und Stereotype im Dialog miteinander überprüft werden können. Dabei geht es nicht darum, sie aufklärerisch als falsch zu entlarven, sondern sie in ihrer historischen Relativität auch neu einordnen zu können. Die Fremdbeschreibung: „Die sind immer unpünktlich" wird im Konfliktfall negativ mit „unzuverlässig", „rücksichtslos" besetzt. Gleichzeitig verbindet sich damit die positive Bewertung der eigenen Pünktlichkeit. Das beinhaltet gleichzeitig aber auch eine negative Beschreibung, etwa des Eingesperrtseins in zeitliche Zwänge, der Hektik usw. Nun ist es ja nicht nicht vollständig undenkbar, dass sich im Laufe eines Gesprächs eine Partei beklagt, dass man selbst nicht unpünktlich sein kann, aber es manchmal gerne möchte und deswegen den anderen um diese Fähigkeit beneidet. Diese Umwertung gibt dem „Vor-Urteil" seinen selbstreflexiven Anteil zurück und lässt es in seiner Ambivalenz als ‚anders sein' stehen. Und um das bessere Aushalten von Anderssein geht es bei der interkulturellen Mediation.

**Überprüfen von Vorurteilen**

### 3. Ebene: **verhaltensorientiert**

**Eskalation durch
Unsicherheit**

Das dritte Eskalationsmoment bei einem interkulturellen Konflikt besteht schlicht darin, dass sich die Verhaltensunsicherheit der Konfliktakteure erhöht. Das Wissen um die Andersartigkeit meines Gegenübers verstärkt das bei einem Konflikt ohnehin vorherrschende Gefühl, dass ich nicht genau vorhersagen kann, was mein geplantes Verhalten bei dem anderen auslöst und wie er darauf reagiert. Ohne diese Vorhersehbarkeit ist es aber schwierig, zu handeln. Es ist so, als ob sich zwei Schachspieler gegenüber säßen und der eine wie der andere nicht wüsste, wie z.B. der Springer gesetzt werden kann und was der andere jetzt mit dem Springer macht. Folglich fällt es mir schwer, zu entscheiden, wie ich mich verhalten soll, ohne dem anderen einen Vorteil zu verschaffen – denn dies will ich weder beim Schach noch bei einem Konflikt.

Wenn ich nun die gemeinsamen Regeln nicht kenne und mich zusätzlich nicht darüber verständigen kann, weil die Kommunikation sowieso gestört ist, dann versuche ich dem anderen mein Spiel aufzuzwingen. Dem bleibt dann nichts anderes übrig, als sich entweder zu unterwerfen oder aber zu beginnen sein eigenes Spiel zu spielen, sodass die Kommunikation vollständig zusammenbricht und der Konflikt eskaliert. Dabei ist dann zurückblickend gar nicht mehr wichtig, ob der ursprüngliche Verdacht, nach verschiedenen Regeln zu spielen, sich als richtig erwiesen hat.

Hier wird deutlich, wie wichtig die Einbeziehung einer dritten Person in eine solche Konstellation ist. Ihre bloße Anwesenheit eröffnet für die Konfliktakteure die Möglichkeit, ihre Aufmerksamkeit neu zu fokussieren. Jetzt richtet sie sich darauf, diesen Dritten davon zu überzeugen, dass man selbst recht und der andere Unrecht hat. Übernimmt der Dritte nun, wie es bei einer Mediation sein sollte, die Verantwortung für den Prozess der Kommunikation, so wird es ihm möglich sein, für alle geltende Regeln festzulegen und über deren Einhaltung zu wachen. Werden diese Regeln dann nicht nur stur (routiniert von oben) verordnet, sondern entspringen der gegebenen Situation, dann besteht zumindest die Möglichkeit eines gemeinsamen Gesprächs.

**Interkulturelle
Kompetenz**

Wir hoffen bis hierher deutlich gemacht zu haben, was wir unter interkultureller Kompetenz verstehen. Dabei geht es nicht vorrangig um die Frage, wie viel Kenntnisse die Mediatoren über die jeweils beteiligten Kulturen besitzen, um dann aus diesem Wissensfundus eine Art Mittlerfunktion zu übernehmen, den Beteiligten also jeweils zu erklären, warum sich die Kontrahenten so und nicht anders verhalten. Solch ein kulturelles Spezialistentum könnte sogar leicht zu einer Behinderung werden, weil die Aufmerksamkeit stark auf die kulturellen Unterschiede gerichtet ist.

Wichtiger scheint uns zu sein, dass die Mediatoren sich der vermehrten Komplexität ihrer Aufgabe bewusst sind, die sich grundsätzlich aber nicht von einer intrakulturellen Mediation unterscheidet. Es geht darum, die Verantwortung für den gemeinsamen Kommunikationsprozess zu übernehmen.
Eine gemeinsame Kommunikationsstruktur für eine interkulturelle Konstellation zu schaffen beinhaltet nicht zuletzt eine Infragestellung des eigenen gewohnten Verhaltens. Dies ist leichter gesagt als getan. Nicht selten führt ja gerade die Konfrontation mit einer interkulturellen Situation dazu, die eigene Verhaltenssicherheit – wie oben beschrieben – zu verlieren. Angewandt auf die Mediatoren würde dies bedeuten, dass sie genau das reproduzieren, was sie am besten können, worin sie sich am sichersten fühlen und natürlich auch das, was sie in ihrer ‚nationalen' Ausbildung gelernt haben. Dies genau macht es aber unmöglich, nach Wegen zu suchen, um die vorhandenen Unterschiede zu kontextualisieren. Im Gegenteil müssten sie hierzu bereit sein, einiges von dem zu vergessen, wie sie normalerweise agieren würden, zumindest aber dazu, es zur Dispositon zu stellen.
Es ist vielmehr davon auszugehen, dass bei einer interkulturellen Mediation das Verfahren und die Regeln, wie miteinander zu kommunizieren ist, in all ihrer Konkretheit noch gar nicht existieren *können*, sondern erst erschaffen werden müssen.

Eine solche Haltung widerspricht gewissermaßen den gängigen Vorstellungen von Aus- und Fortbildung. Hier sollte gerade die – in erster Linie methodisch verstandene – Sicherheit geschaffen werden, die jemand braucht, um mit allen Situationen adäquat umgehen zu können. Leider gilt dies nicht für eine interkulturelle Mediation mit der beschriebenen Zielsetzung. Eben weil die Interpretation und das Verstehen von interkulturellen Konflikten so schwierig sind, müssen sowohl das Verfahren als auch die Konfliktbearbeiter derart flexibel gestaltet sein oder selbst in den Aushandlungsprozess einbezogen sein, damit die relevant werdenden Unterschiede integriert werden können.

Als Abschluss dieses Kapitels möchten wir noch in einer Grafik die
kulturellen Unterschiede als Konfliktpotenzial darstellen:

**kulturelle Unterschiede
als Konfliktpotenzial**

*Konfliktpotenzial aufgrund der
der interkulturellen Kommunikation
innewohnenden „normalen" vermehrten
Schwierigkeiten schafft ...*

*Konfliktpotenzial aus der strategischen
Instrumentalisierung der besonderen
Bedingungen interkultureller
Kommunikation schafft ...*

*... Konflikte, die sich aus der Differenz
unterschiedlicher Stile ergeben*

*... Konflikte, die sich aus
der behaupteten Differenz
unterschiedlicher Stile ergeben*

*... Konflikte aus kulturgebundenen
Fehlinterpretationen von einzelnen
Manifestationen fremdkultureller Stile*

*... Konflikte aus bewussten
Fehlinterpretationen von einzelnen
Manifestationen fremdkultureller Stile*

*... Konflikte, die sich aus der
Interpretation (Wirkung) dieser Fehl-
interpretation ergeben (während des
Konstitutionsprozesses der Interkultur)*

*... Konflikte, die sich aus der
Interpretation (Wirkung) dieser bewussten
Fehlinterpretation ergeben (während des
Konstitutionsprozesses der Interkultur)*

# 1.4 Methode:
# Enzyklopädie von
# Schlüsselbegriffen

Diese Methode versucht ein ganz typisches interkulturelles Dilemma
in einen konstruktiven Prozess umzuleiten. Die Entstehungsgeschichte
verweist auf den praktischen Hintergrund, dass wir es im Team immer
wieder mit Definitionsproblemen zu tun hatten:
Für die einen war es wichtig, immer genau zu wissen, was wir meinen, wenn wir von Kultur, kultureller Identität, interkulturellem Konflikt, interkultureller Mediation, Konflikt, Konfliktkultur oder Kultur
der Konflikte usw. sprechen. Für die anderen waren diese Begriffsbe-
stimmungen eher nervig, weil sie viel zu schnell etwas festlegten,

von dem man ja noch gar nicht genau wissen kann, was es meinen könnte. Je nach Fachrichtung oder (Wissenschafts-) Kultur sind die Bedürfnisse nach einer gemeinsamen, klaren und möglichst eindeutigen Begrifflichkeit nun mal unterschiedlich stark ausgeprägt.[30]

Dies gilt natürlich in gleicher Weise auch für die TeilnehmerInnen solcher Veranstaltungen. Je interessanter die Titel klingen, desto schwerer wird es den Veranstaltern fallen, die damit geweckten Erwartungen auf ein pragmatisches Maß zu reduzieren.

In der Tat handelt es sich bei diesen Begriffen ja nicht um handhabbare Dinge, sondern um abstrakte Konzepte, die ein sehr individuelles Weltverständnis beinhalten, welches selbst wiederum kollektive Angebote enthält. Gleichwohl braucht jede gelungene Kommunikation ein gewisses Maß an von allen Beteiligten geteiltem und akzeptiertem gemeinsamem Vorverständnis, will man nicht völlig aneinander vorbeireden.

Die Idee der Methode „Enzyklopädie von Schlüsselbegriffen" besteht nun darin, das Ringen um eine gemeinsame Verständigung über zentrale Begriffe selbst zum Bestandteil eines Lernprozesses zu machen. Statt sich mühevoll im Team auf endgültige und festschreibende Definitionen zu einigen, die dann den Teilnehmern als fertiges Produkt präsentiert wurden, unterbreiteten wir lediglich Vorschläge für ein gemeinsames Verständnis zu diesem bestimmten Zeitpunkt. Diese Arbeitsdefinitionen hatten den Vorteil, dass sie einerseits als unabgeschlossen gelten konnten, zugleich aber ein zu diesem Zeitpunkt mögliches gemeinsames Verständnis als Gesprächsgrundlage formulierten.

Diese Arbeitsdefinitionen sollten dann mit der Teilnehmergruppe zusammen immer wieder neu verfasst und zur Disposition gestellt werden. Das weitreichendste Ziel dieser Methode besteht darin, dass es möglich wird, anhand der Definitionsentwicklung den erlebten Gruppenprozess nachzuvollziehen. Die situativen Definitionen spiegeln den erlebten Erfahrungshintergrund und reflektieren ihn, indem sie verschriftlicht werden. Arbeitsdefinitionen betonen den Prozesscharakter von ‚Verstehen' und sind über die eigenen, gemeinsam gemachten Erfahrungen vermittelt.

---

[30] *Auf diesen interkulturellen Lernprozess im Team kann hier nicht weiter eingegangen werden. Allerdings werden Menschen, die in ähnlichen Zusammenhängen zusammengearbeitet haben, dieses Phänomen wieder erkennen.*

**1.4.1**
**Verlauf**

Für die Dauer der Veranstaltung hängt eine große(!) Wandzeitung im Plenumsraum, auf der einige Schlüsselbegriffe unkommentiert stehen. Bei der Einführung der Methode werden die TeilnehmerInnen aufgefordert, die Begriffe zu bestimmen, die zunächst einer Klärung bedürfen. In unserem Fall sind das: Kultur, Interkultureller Konflikt und Interkulturelle Mediation. Dann werden die Arbeitsdefinitionen des Teams zu diesen Begriffen dazugeschrieben:

*Kultur:*
(Verdeutlichung) Kultur in unserem Kontext bezieht sich auf eine nationale Kultur. Natürlich ist Kultur kein homogenes Konzept. Bei diesem Projekt stehen nicht die intrakulturellen Unterschiede im Vordergrund, sondern diejenigen, die sich aus den unterschiedlichen Entwicklungen in den beteiligten Nationalstaaten ergeben haben. Dabei stehen sich verschiedene Verständnisse von *Nation* gegenüber:[31]

❧ das deutsche Verständnis einer Herkunftsgemeinschaft, die ethnische Homogenität verlangt;

❧ das französische Verständnis einer Willensgemeinschaft, welches ethnische Heterogenität zulässt;

❧ das radikalisierte US-amerikanische Modell einer Willensgemeinschaft, in der man als Individuum unabhängig von der ethnischen Herkunft zum US-Amerikaner wird.[32]

*Interkultureller Konflikt:*
(Arbeitsdefinition) Auch wenn die Konfliktparteien über eine unterschiedliche nationale Herkunft verfügen, ergibt sich aus dieser Konstellation nicht notwendigerweise ein interkultureller Konflikt. Wir reden daher nur dann von einem interkulturellen Konflikt, wenn im Verlauf der Konfliktbearbeitung deutlich wird, dass Unterschiede des beobachteten Verhaltens der Akteure sich mit deren Zugehörigkeiten zu einer nationalen Kultur erklären lassen und dieses unterschiedliche Verhalten den Prozess der Konfliktbearbeitung maßgeblich beeinflusst.

[31] *vgl. hierzu R. Münch: Globale Dynamik, lokale Lebenswelten. Ffm 1998. S. 34 f*
[32] *Diese Gegenüberstellung macht auch deutlich, warum sich diese drei Kulturen nicht so ohne weiteres unter ‚westlich' subsumieren lassen. Aus den unterschiedlichen Verständnissen von Nation leiten sich unterschiedliche verrechtlichte und instituitonalisierte Formen des gesellschaftlichen Umgangs mit Fremdheit ab, die sich bis in die jeweiligen Lebenswelten fortsetzen.*

*Interkulturelle Mediation:*
(Suchfrage) Kann es ein kulturneutrales Verfahren für die Konflikt-bearbeitung geben (wenn ja: Wie sieht es aus und welche Anforderungen stellt das an die KonfliktbearbeiterInnen?) oder erweisen sich die kulturellen Unterschiede als so entscheidend, dass sie ein gemeinsames Verfahren in jedem Fall ausschließen?

Diese Vorgaben werden dann *nicht* diskutiert. Stattdessen wird vereinbart, dass jeder/jede Kommentare oder Ergänzungen oder andere Vorschläge an die Wandzeitung schreiben kann. Weiterhin wird vereinbart, dass der Wandzeitung jeden Tag eine halbe Stunde gewidmet wird, um die Neueintragungen zu diskutieren.

# 2 Rollenspiele zur Mediation bei interkulturellen Konflikten

*„Einmal mehr ward ich bei dieser Gelegenheit gewahr,
wie gering mein Glaube ist an die übermäßige Echtheit der
Empfindungen, aus welchen die Menschen zu handeln vorgeben.
Nicht aus sich selbst handeln sie, sondern nach Maßgabe einer
Situation, die ihnen ein bestimmtes, conventionelles
Verhaltungscliché an die Hand gibt."*

aus: Thomas Mann: Lotte in Weimar

**Basiselement Rollenspiel**

Rollenspiele sind das Basiselement jeglicher Mediationsausbildung. Über Rollenspiele kann die Aushandlungsdynamik einer kontrollierten Kommunikation am anschaulichsten und nachdrücklichsten vermittelt werden. Was für diese Trainings innerhalb der Ausbildung gilt, gilt gleichermaßen für die Fragestellung innerhalb unseres Projektes. Ob und wodurch die innerhalb der TeilnehmerInnengruppe repräsentierten kulturellen Unterschiede maßgeblichen Einfluss auf den Verlauf des Konflikts und somit auf das Verfahren der Mediation und die Mediatoren selbst haben, lässt sich nicht theoretisch erschließen, sondern nur praktisch überprüfen.

In diesem Kapitel werden nach einigen theoretischen Erörterungen und Einführungen Rollenspielvorgaben vorgestellt, die Konflikte oder Aushandlungssituationen auf unterschiedlichen Ebenen vorgeben. So kann man auch ausloten, ob die kulturellen Unterschiede beispielsweise bei interpersonellen Konflikten weniger Bedeutung haben als bei Konflikten zwischen Gruppen. Zusätzlich gibt es noch ein Szenario, bei dem alle vor ein gemeinsames Problem gestellt werden.
In einigen dieser Szenarios wird ausdrücklich von einer unterschiedlichen kulturellen Herkunft der Konfliktparteien ausgegangen, in anderen nicht.

Das Kapitel endet mit Vorschlägen für die Auswertung und mit der Beschreibung einiger von uns beobachteter Phänomene.

# 2.1 Was genau meint Rollenspiel?

Nun gibt es immer wieder den Einwand, dass Ergebnisse, die aus der Analyse von Rollenspielen abgeleitet sind, nicht auf die Realität übertragbar sind.

Als Argument gegen diesen Einwand wollen wir beschreiben, was in unserem Zusammenhang Rollenspiel meint. Mediationsrollenspiele werden mit dem Ziel geplant und durchgeführt, das bisher theoretisch vermittelte Verfahren selbst praktisch zu erproben und zu erfahren. Man findet in diesen Rollenspielen die gleiche Situation vor wie in der Realität: Zu einem Mediator kommen die Konfliktparteien mit einem Konflikt, zu dem er praktisch keine Vorabinformationen hat. Der Unterschied zwischen Rollenspiel und Realität besteht für ihn nur in dem entlastenden Wissen, dass sein Handeln und sein Verhalten folgenlos bleiben. Es besteht keine Gefahr, dass die Konfliktparteien durch mögliche Fehlentscheidungen des Mediators zusätzlich leiden, weil der Konflikt eben nur fiktiv ist. Die Spielrealität des Mediators ist also sehr nahe an der Realität. Deswegen können Rollenspiele als die zentrale Methode für die Mediationsausbildung gelten.

**Handeln erproben ohne Folgen**

Die Rollen der Konfliktakteure hingegen haben u.U. mit dem persönlichen Hintergrund der sie Spielenden nur wenig oder gar nichts gemeinsam. Sie müssen ihre Aufgabe eher schauspielerisch erfüllen, indem sie die Rollenvorgaben mit ihren Mitteln mit Leben füllen. Dabei wird es nicht ausbleiben, dass die Darstellung der Konfliktakteure leicht karikaturenhaft wird. Sofern es den Akteuren gelingt, in die Rolle zu kommen, wird sie stereotypisiert und überzeichnet werden. Damit entsteht natürlich eine Differenz zum erlebten Alltag, die sich in der Bemerkung findet: „In der Realität hätten sich die Akteure aber ganz anders verhalten."[33]

---

[33] *Dies ist natürlich nur eine Möglichkeit. Insbesondere dann, wenn die TeilnehmerInnen selbst Konfliktszenarios aus ihrer Erfahrungswelt entwerfen und diese von anderen TeilnehmerInnen gespielt werden, ist weit häufiger eine Verblüffung darüber zu beobachten, wie ‚realistisch' und authentisch die Rollen der Konfliktakteure gespielt wurden. Vgl. auch Kapitel 5.*

Diese mögliche Verzerrung ist aber für Mediationsrollenspiele nicht ausschlaggebend. Es ist in diesem Setting nicht so entscheidend, ob die Konfliktakteure ,realistisch' spielen, sondern das Erkenntnisinteresse richtet sich auf das Verhalten und das Agieren des Mediators. Insofern lässt sich sogar sagen, dass die Überzeichnung der Rollen der Konfliktakteure im Rollenspiel für den Mediator ein Vorteil ist, weil sie eine zusätzliche Herausforderung darstellt, nämlich trotz heftiger Reaktionen zu einer kontrollierten Kommunikation zu kommen.[34]

Die Qualität der nachfolgend vorgestellten Konfliktszenarios bemisst sich also nicht in erster Linie an ihrer Realitätsnähe. Sie sind schwerpunktmäßig auf die Problematik hin konstruiert, ob es bei Konflikten, an denen Angehörige unterschiedlicher Kulturen beteiligt sind, zu einer interkulturellen Konfliktdynamik kommt, die es notwendig werden lässt, sowohl die angewandten – in einem nicht interkulturellen Kontext entstandenen – Verfahren zu verändern als auch zu überprüfen, ob eine solche Arbeit nicht zusätzliche Anforderungen an die Konfliktbearbeiter stellt.

# 2.2 Struktur und Vorgehen bei der Arbeit mit Rollenspielen

Im vorherigen Kapitel haben wir bereits darauf hingewiesen, dass es nicht zulässig ist, Völkerzugehörigkeit auf formale Staats- oder Wohnortszugehörigkeit zu verkürzen. Gleichwohl war es für die Untersuchung der eben aufgeworfenen Fragestellung sinnvoll, genau dieses Unterscheidungskriterium für die Rollenspielkonstellationen zu benutzen. Dabei sind wir davon ausgegangen, dass man zwar einen Konflikt spielen kann ohne wirklich einen mit dem/der SpielerIn des Konfliktgegners zu haben, dass man aber nicht kulturelle Unterschiede spielen kann, wo kein kultureller Unterschied ist.

---

[34] *Auch dies ist eine Beobachtung aus unserer Praxiserfahrung. Es ist im Allgemeinen ratsam, die Rollenspieler der Konfliktakteure ausdrücklich darauf hinzuweisen, dass sie ihre Rollen nicht überdramatisch spielen sollen. Bei einer realen Mediation sind die Konfliktakteure meist wesentlich zurückhaltender als bei Trainings. Das Interesse der Konfliktakteure bei einer realen Mediation, nämlich eine Einigung mit der anderen Partei zu finden, wird von Rollenspielern oftmals ,vergessen'. Bei ihnen ist viel stärker die Haltung zu finden, sich einer Einigung möglichst zu widersetzen, um ,gewinnen' zu können.*

Es soll hier nicht behauptet werden, dass interkulturelle Unterschiede nicht auch zu simulieren sind. Nur bekäme man dabei andere Ergebnisse: Man würde etwas über die Wahrnehmung, Deutung und den Umgang mit Unterschieden erfahren und nicht etwas über die Unterschiede in der Wahrnehmung, der Deutung und dem Umgang mit Konflikten.

Für die Gruppierung der RollenspielerInnen bedeutet dies, dass alle Rollen immer jeweils von Angehörigen der unterschiedlichen Kulturen besetzt werden. Bestehen die Konfliktparteien aus mehreren Personen, so werden diese national homogen besetzt.

Dabei ist es unerheblich, welche konkrete Rolle gespielt wird, wichtig ist lediglich, dass das Moment einer potenziellen interkulturellen Dynamik gegeben ist. Und die bezieht sich auf die reale Differenz der Nationalitäten innerhalb der Rollenspiele.

**Interkulturelle Dynamik**

Gleiches gilt für die Geschlechterdifferenz. Kein Mann sollte eine Frau spielen und keine Frau einen Mann.[35]

*Variationsmöglichkeiten:*
Wenn die Möglichkeit dazu besteht (Anzahl der SpielerInnen, Räumlichkeiten oder spezielle veränderte Fragestellung), kann man diese Anordnung durch Kontrast-oder Kontrollgruppen ergänzen, die sich nach anderen Kriterien bilden:

**Ideen zur Gruppenaufteilung**

- Mit leichten Veränderungen des Konfliktszenarios lässt sich eine national homogene Spielgruppe als Kontrollgruppe hinzufügen.
- Die Spielgruppen bilden sich nach der Geschlechterdifferenz.
- Die Spielgruppen bilden sich auf Grund der Sprache: eine deutschsprachige Gruppe, eine englischsprachige Gruppe usw., unabhängig von der kulturellen Zugehörigkeit.
- In manche Spielgruppen werden Dolmetscher integriert, in andere nicht.
- In einer Gruppe finden sich nur einsprachige, in einer zweiten Gruppe nur zwei- oder gar dreisprachige. Und die dritte Gruppe arbeitet mit Übersetzern.
- In einer Spielgruppe erhält die eine Konfliktpartei zusätzliche spielstrategische Hinweise von der Spielleitung, etwa während der Mediation die eigenen kulturellen Unterschiede besonders zu betonen.

---

[35] *Um die Bedeutung der Geschlechterdifferenz zu erkunden, kann ein Rollenspieldurchlauf von einer Frauen-, Männer- und einer gemischtgeschlechtlichen Gruppe gespielt werden.*

Zweifellos lassen sich noch – je nach Bedarf und Interesse – andere Variationsmöglichkeiten denken. Wichtig ist dabei jedoch immer, dass die Parallelität der Durchführung der Rollenspiele gewahrt bleibt, um die nachfolgende Auswertung möglichst spannend zu machen.

# 2.3 Das Beobachtungskonzept der Irritation

Bisher wurde nur auf die direkt Beteiligten an den Rollenspielen, eben die SpielerInnen eingegangen. Die BeobachterInnen bilden die für eine sinnvolle Auswertung notwendige Ergänzung dazu. Die oben bereits vorgestellte Anordnung muss durch die BeobachterInnen ergänzt werden. Wir sind dabei so verfahren, dass wir jedem Spieler eine/n BeobachterIn der gleichen Nationalität, aber nicht unbedingt des gleichen Geschlechts zugeordnet haben.[36]

Nun reicht es nicht aus, dass es BeobachterInnen gibt, sondern sie müssen genau wissen, was in unserem Zusammenhang Beobachtung meint und was sie beobachten sollen. Beispielsweise soll der Beobachter einer Konfliktgruppe das Geschehen möglichst aus der Perspektive dieser spielenden Gruppe beobachten. Dabei geht es zunächst darum, dass der Beobachter registriert und möglichst notiert, **Objektive** was die spielende Gruppe tatsächlich macht. Die erste Aufgabe eines **Beobachtung** Beobachters besteht also darin, möglichst objektiv das Verhalten und Agieren der spielenden Gruppe zu dokumentieren. Dies ist eine allgemeine Regel.

**Subjektive** Die zweite Aufgabe der BeobachterInnen zielt auf die subjektive Sei-
**Beobachtung** te von Beobachtung.
Um diese Beobachtungen zu strukturieren, haben wir das *„Konzept der Irritation"* eingeführt.[37] Beobachten wird hier verstanden als eine radikal subjektive Wahrnehmung. Eine Beobachtung ist wertneutral und bedarf keiner Rechtfertigung. Man bemerkt etwas oder man be-

---

[36] *Dies erwies sich bei der paarweisen Auswertung als sehr fruchtbar. Diese Paare konnten so nicht nur ihre kulturelle Perspektive vergleichen, sondern auch diskutieren, inwieweit diese nicht viel eher geschlechtsspezifisch sei.*
[37] *Das Wort Irritation ist dabei als wertfrei anzusehen, auch wenn es eine eher negative Konnotation hat.*

merkt es nicht. Damit verbindet sich nicht ›gut oder richtig‹, ›wahr
oder falsch‹. Was zunächst zählt, ist einzig und allein die Tatsache,
*dass* der Beobachter *etwas* bemerkt. Die subjektive Seite der Beobachtung entspricht also einer Selbstbeobachtung des Beobachters.
Er hat etwas wahrgenommen, was in ihm eine Reaktion auslöst. Seine Reaktion auf dieses Etwas ist die subjektive Beobachtung. Immer
dann, wenn ich etwas wahrnehme, kann es wichtig sein.

Das Konzept der Irritation versucht nun, dieser Unendlichkeit von
möglichen Wahrnehmungen eine orientierende Struktur zu geben.
Immer dann, wenn in mir durch ein Verhalten, eine Geste, ein Wort
usw. eine Verhaltensunsicherheit ausgelöst wird, dann sprechen wir
von einer Irritation. Diese Irritationen sind das Material für die Auswertung der subjektiven Wahrnehmung der Konfliktdynamik.

**Irritation:
Auslöser einer
Verhaltens-
unsicherheit**

Irritierende Beobachtungen sind deshalb wichtig, weil sich in ihnen
die unterschiedlichen Wahrnehmungen ausdrücken. In der Phase der
Auswertung lässt sich dann mithilfe der vergleichenden Analyse zumindest begründet vermuten, ob die ermittelten Unterschiede auch
mit der unterschiedlichen kulturellen Herkunft in Zusammenhang zu
bringen sind.

Wenn beispielsweise sowohl der Mediator als auch sein Beobachter
von einem bestimmten Verhalten einer Konfliktpartei in einem bestimmten Moment überrascht waren (z.B. eine sehr heftige Reaktion
auf eine aus ihrer Sicht rein formelle Frage), die Konfliktpartei sowie
deren Beobachter jedoch dieser Situation überhaupt keine Aufmerksamkeit geschenkt haben bzw. überrascht waren, dass der Mediator
so pikiert reagiert hat, dann lässt sich anhand dieser konkreten Szene weiterfragen, ob die unterschiedlichen Wahrnehmungen auch auf
kulturelle Unterschiede weisen. Wichtig ist an diesem Punkt, dass
nicht nur die Spielenden eine andere Wahrnehmung der Situation
hatten, sondern auch deren Beobachter.

Mit dem Beobachtungskonzept der Irritation wird versucht, die subjektiven Beobachtungen zu strukturieren, die die objektive Seite der
Beobachtung als Tatsachenbericht ergänzen. Beide Aspekte sind für
eine ergiebige Auswertung notwendig.

# 2.4 Spielvorgaben für Mediationsrollenspiele

**Interpersonelle**
**Konflikte**
**Gruppenkonflikte**
**Problembearbeitung**

Die hier vorgestellten Szenarios sind unterteilt in interpersonelle Konflikte, Gruppenkonflikte und Problemlösungen. Jedem Szenario steht eine Tabelle vor, aus der ersichtlich wird, wie viele SpielerInnen beteiligt sind, wie viel Zeit für die Durchführung des Rollenspiels veranschlagt werden sollte und wie das Szenario zu kategorisieren ist. Diese Kategorisierung ist eine von uns aus eher subjektive ‚Gefahreneinstufung'. Es gibt Szenarios, die eher spielerisch mit der Realität umgehen, und andere, die eher zu einer hohen Identifikation verleiten. Verbunden sind damit Vorschläge, welche Gruppenkonstellationen bestimmte Szenarios eher nicht spielen sollten.

Nachstehend findet sich eine Tabelle, die für alle Spielvorgaben gültig ist. Aus ihr ist zu entnehmen, wer welche Vorabinformation bekommt. Es sei hier noch einmal daran erinnert, dass der/die spielende MediatorIn natürlich keinerlei Informationen erhält.

Nachdem die SpielerInnen und BeobachterInnen ihre Informationen erhalten haben, sollte ihnen max. 15 Minuten für die Vorbereitung auf ihre Rolle zugestanden werden. Dabei ist darauf zu achten, dass sich die SpielerInnen nicht gegenseitig über ihre Rollen verständigen.

| SpielerInnen/erhalten | allgemeine Spielvorgabe | Spielvorgabe Partei A | Spielvorgabe Partei B |
|---|---|---|---|
| Partei A | ✗ | ✗ | |
| BeobachterIn A | ✗ | ✗ | |
| Partei B | ✗ | | ✗ |
| BeobachterIn B | ✗ | | ✗ |
| MediatorIn | | | |
| BeobachterIn MediatorIn | ✗ | | |

*Hinweis: In diesen Vorgaben tauchen keine Namen für die SpielerInnen auf. Bitte erfinden Sie jeweils Namen, die für Ihre jeweilige Gruppe passen. Sonst besteht die Gefahr, dass in der Eile und Aufregung die SpielerInnen ihre eigenen Namen verwenden, was in jedem Fall zu vermeiden ist.*
*Bitte betrachten Sie auch die vorkommende Geschlechterzuschreibung als nicht verbindlich und ändern Sie ggf. die Endungen.*

Im Folgenden werden drei interpersonelle Konfliktszenarios vorgestellt, also Konflikte um zwischenmenschliche Beziehungen.

2.4.1
**Interpersonelle
Konflikte**

## 2.4.1.1 **Weihnachten**

| | |
|---|---|
| *AutorIn:* | *P. Haumersen / F. Liebe* |
| *Spieldauer:* | *max. 60 Minuten* |
| *SpielerInnen:* | ☙ Partei A, der Ehemann |
| | ☙ Partei B, die Ehefrau |
| | ☙ MediatorIn |
| | ☙ 3 BeobachterInnen |
| *Kategorisierung des Szenarios:* | ☙ *Der Aufhänger des Szenarios, der aktuelle Konflikt, ist eher harmlos. Aber natürlich gibt es keine nur harmlosen Beziehungskonflikte. Werden die Rollen sehr intensiv gespielt, dann muss genügend Zeit zur Verfügung stehen, um wieder aus den Rollen zu kommen.* |
| | ☙ *Dieses Szenario sollte besser nicht von bestehenden Paaren gespielt werden – es sei denn, dass derlei Auseinandersetzungen das zentrale Thema sind.* |

**Allgemeine Beschreibung:**

Es begann als Urlaubsbekanntschaft und mündete vor fünf Jahren in einer außergewöhnlich schönen Hochzeitsfeier. Seit dieser Zeit lebt das Ehepaar in Z, dem Geburtsland von A. B ist ihm damals gefolgt, „weil es eben nicht anders ging". Inzwischen haben sie eine dreijährige Tochter. Es ist Weihnachtszeit und es steht die Frage an, ob man das Fest zusammen mit den Eltern und Verwandten von B in ihrer Heimat Y verbringt, oder ob man in Z bleibt und stattdessen mit gemeinsamen Freunden feiert. A ist für bleiben, B ist dagegen. Ein/e MediatorIn wird hinzugezogen, weil keine Einigung möglich erscheint.

**Hintergrund von A:**

A will nicht nach Y reisen, er will in Z bleiben.

A und B haben nicht nur die Weihnachtsfeste der letzten drei Jahre in Y verbracht, sie waren auch in diesem Jahr schon zweimal auf dem Bauernhof von B's Eltern, nämlich zu Ostern und in den Sommerferien. Besonders seit der Geburt ihrer Tochter hat A das Gefühl, „jede freie Minute in Y verbringen zu müssen". Diese Familienanbindung und dieses festliche Getue gehen ihm inzwischen total auf die Nerven. A ist eingefleischter Städter und würde gerne mal unkonventionell im Kreis ihrer gemeinsamen Freunde feiern, statt diese Rituale über sich ergehen lassen zu müssen. A's Familienangehörige leben weit verstreut und er pflegt auch keinen besonderen Kontakt zu ihnen.

**Hintergrund von B:**
B will auf keinen Fall in Z bleiben, sondern nach Y reisen.
B fühlt sich in Z zunehmend unwohl. Beruflich hat sie nie richtig Fuß fassen können und seit der Geburt ihrer Tochter hat sie sich – widerstrebend – ganz auf ihr ‚Mutter-sein' zurückgezogen. Ihre gemeinsamen Freunde sind alles Freunde von ihrem Mann und sie empfindet diese Beziehungen als kühl und oberflächlich. Das Weihnachtsfest ist für sie ein wichtiges Symbol. Gerade auch für ihre Tochter findet sie es wichtig, ihr mal etwas anderes von der Welt zu zeigen, zumal sie A auch immer so verstanden hat, dass ihr damaliger Entschluss ihm nach Z zu folgen lediglich den damaligen Umständen entsprang, und sie von ihm erwartet zumindest mal für eine längere Zeit zusammen nach Y zu ziehen. Ihre Familie ist ihr wichtig und ihr Kind soll nicht nur zweisprachig aufwachsen, sondern auch beide Kulturen erleben.

### 2.4.1.2 **Coming home**

| | |
|---|---|
| *AutorIn:* | *T. Fiutak* |
| *Spieldauer:* | *60 Minuten (ggf. verlängern)* |
| *SpielerInnen:* | ◎ *Partei A, der Ehemann*<br>◎ *Partei B, die Ehefrau*<br>◎ *MediatorIn*<br>◎ *3 BeobachterInnen* |
| *Kategorisierung des Szenarios:* | ◎ *Die Thematik ist heikel und berührt mehrere Tabuthemen.*<br>*Es kann leicht passieren, dass bei den SpielerInnen Erinnerungen an Krankheit und Tod hochkommen. Das Szenario verlangt daher eine vertrauensvolle Atmosphäre und ist in keinem Fall als ein Einstiegsrollenspiel gedacht. Da das Ansprechen dieser Thematik auch in einem Rollenspiel schwierig ist, sollte das Spiel nicht stur nach Zeitplan abgebrochen werden.* |

**Allgemeine Beschreibung:**

Die Parteien A und B sind seit 15 Jahren verheiratet. Sie haben drei Kinder, einen Jungen, 14 Jahre alt, und zwei Mädchen, die 11 und 5 Jahre alt sind, und sie waren sehr aktiv bei Veranstaltungen innerhalb der Gemeinde. Sie lebten in einem geräumigen, dreigeschossigen Haus. In diesem Haus ist Partei A als Kind aufgewachsen und hat es von den Eltern geerbt, die beide tot sind. Partei A arbeitet Vollzeit und Partei B in Halbtagsarbeit, um mehr Zeit zu Hause mit den Kindern zu verbringen.

Partei A verließ das Haus vor 6 Monaten ohne Vorwarnung. Weder Partei B noch die Kinder haben bis vor 3 Monaten irgendetwas von Partei A gehört. In der Zeit traf ein Scheck über 300 DM ein mit einem kurzen Brief, in dem A mitteilte, dass es ihm leid täte, einfach verschwunden zu sein. Vor zwei Wochen kam Partei A nach Hause und bat darum, hereinzukommen und wieder bei der Familie zu sein. Partei B weigerte sich und forderte Partei A in einer sehr wütenden Szene auf, das Haus zu verlassen. Nach einer Reihe von Telefonanrufen von Partei A bei Partei B war das Einzige, worauf die beiden sich einigen konnten, nach einem Gemeinde-Mediator Ausschau zu halten, der eine Unterstützung für das Vorgehen in dieser Situation sein könnte.

**Hintergrund für Partei A:**

Vor sieben Monaten haben Sie entdeckt, dass Sie AIDS haben und dass der HIV-Virus sich in einem fortgeschrittenen Stadium befindet. Als Sie dies herausgefunden haben, war es Ihnen nicht möglich, mit irgendjemandem darüber zu sprechen. Die beste Möglichkeit war Ihre Familie zu verlassen und auf der anderen Seite der Stadt in ein Appartement mit Ihrem verständnisvollen Freund zu ziehen. Sie haben alle Ihre Ersparnisse ausgegeben, um die bestmögliche medizinische Versorgung zu bekommen. Nun ist klar, dass Sie noch 3 bis 6 Monate zu leben haben. Die 300 DM, die Sie der Familie geschickt haben, war die Hälfte dessen, was Ihnen in dem Monat zur Verfügung stand. Alles, was Sie zu diesem Zeitpunkt wollen, ist, dass Sie die letzten Monate Ihres Lebens in dem Hause Ihrer Kindheit und Ihrer Familie verbringen und schließlich dort sterben wollen.

**Hintergrund für Partei B:**

Es war eine völlige Überraschung für Sie, als Partei A das Haus verließ und verschwand. Sie haben hart dafür kämpfen müssen, dass die Familie im Haus zusammenbleiben konnte; Sie mussten Zusatzarbeit finden, um Geld bis zum Monatsende zu haben, und außerdem versuchen Ihren Kindern zu helfen, durch dieses Trauma zu gehen. Sie haben gerade ernsthaft angefangen darüber nachzudenken, die Scheidung einzureichen. Obwohl Sie hofften, dass Partei A zurückkommen würde, waren Sie sehr gekränkt, dass Partei A einfach so in Ihr Leben und das Ihrer Kinder zurückkommen wollte ohne irgendeine Erklärung für sein Verhalten abzugeben, und Sie konnten nach all dem Ihre Wut nicht zurückhalten.

### 2.4.1.3 **Nachbarn**

| | |
|---|---|
| *AutorIn:* | *T. Fiutak (überarbeitet von F. Liebe)* |
| *Spieldauer:* | *45 Minuten* |
| *SpielerInnen:* | ◉ *Partei A, Besitzer/in des Saab und Nachbar von Partei B* <br> ◉ *Partei B, Nachbar von Partei A* <br> ◉ *MediatorIn* <br> ◉ *3 BeobachterInnen* |
| *Kategorisierung des Szenarios:* | ◉ *Typische Kommunikationsschwierigkeiten.* <br> *Kann ohne Angst ausgespielt werden.* <br> *Kann auch als Einstieg verwandt werden.* |

**Allgemeine Beschreibung:**

Partei A und B sind seit 20 Jahren Nachbarn, gute Nachbarn, die aufeinander achten und ihr jeweiliges Leben und Familienleben wachsen und gedeihen sehen. Beide wohnen in einer Reihenhaussiedlung. Partei A hatte einen Saab von 1980, der schlecht lief. Schließlich ging gar nichts mehr und Partei A fragte Partei B, ob er bereit wäre den Saab zu reparieren, weil Partei A wusste, dass Partei B stolz darauf ist, Hobbymechaniker zu sein. Partei A hatte den Saab nebenan in der Garage von B geparkt, damit Partei B einfachen Zugang hätte.

Das war vor einem Jahr. Der Saab funktioniert noch immer nicht. Vor zwei Wochen hat Partei A der Partei B eine Nachricht zukommen lassen, in der sie vorschlug, sich zusammen mit einem Mediator zu treffen, um über „einige Punkte" zu sprechen. Partei B war damit einverstanden.

**Hintergrund für Partei A:**

Ihr Nachbar ist Ihnen wichtig. Obwohl Sie nach wie vor einen freundlichen Umgang miteinander pflegen, ist ihr Verhältnis doch merklich abgekühlt. Der Saab ist das Problem. Immer wieder wurden Sie von B vertröstet und irgendwann haben Sie auch aufgehört nachzufragen, weil Sie nicht den Eindruck erwecken wollten, B zu drängen. Jetzt jedoch hat ihr Sohn gerade die Universität verlassen und braucht ein Auto um seine neue Arbeit beginnen zu können. Der Saab wäre hierfür ideal, denn ein neues Auto können Sie sich nicht leisten. Irgendwie hat sich die Sache hochgeschaukelt. Einerseits wollen Sie ihren Nachbarn nicht kränken, indem Sie einfach das Auto in die nächste Werkstatt abschleppen. Normalerweise wäre das kein Problem, aber jetzt ist es eins, zumal seine Garage ja eh immer verschlossen ist. Andererseits brauchen Sie jetzt das Auto. Sie können das Verhalten von B einfach nicht einschätzen und fragen sich, ob sein distanziertes Verhalten Ihnen gegenüber etwas damit zu tun hat, dass sich B von Ihnen ausgenutzt fühlt. Inzwischen sind Sie einfach wütend, weil B dann doch einfach sagen soll, dass er keine Lust hat das Auto zu reparieren. Wahrscheinlich ist er einfach nur unfähig, dieser Hobbymechaniker! Oder er schlachtet den Saab aus und verkauft ihn stückweise. Sie wollen endlich ihr Auto wiederhaben.

**Hintergrund für Partei B:**

Ihr Nachbar ist Ihnen wichtig. Sie haben versucht den Saab zu reparieren, haben noch spätabends viele Stunden damit zugebracht. Sie haben einige Teile bestellt, mehr als 500 DM Ihres eigenen Geldes ausgegeben, aber ein Saab von 1980 ist ein Auto, für das man nur schwer Teile findet, und als Sie sie bekommen haben, lief das Auto immer noch nicht. Kurz nachdem das Auto in ihrer Garage stand, begann für Sie eine schwierige Zeit. Sie haben herausgefunden, dass Ihre Frau eine Affäre hat. Gerne hätten Sie sich mit jemandem ausgesprochen, aber dafür sind Sie nicht der Typ. Ihr Nachbar war einer der Lichtpunkte in Ihrem Alltagsleben. Der Nachbar erzählte Ihnen von seinem Sohn, der sein Studium beendete, und von den Ausflügen, die die Familie machen würde. Das ermöglichte Ihnen, an ihren guten Zeiten teilzuhaben – eine wichtige Fluchtmöglichkeit für Sie. In der Tat fürchten Sie, dass, wenn der Saab repariert sein würde, der Nachbar Sie überhaupt nicht mehr ansprechen würde. Der Saab ist für Sie ein Pfand um den Kontakt zu erhalten.

### 2.4.2
### Gruppenkonflikte

Im Folgenden werden drei Szenarios für Gruppenkonflikte dargestellt. Hier handelt es sich nicht unbedingt in erster Linie um Konflikte zwischen Gruppen, nicht um die zwischenmenschliche Ebene. Hier geht es eher um strukturelle, organisatorische Fragen.

#### 2.4.2.1 **Autowerbekampagne**

| | |
|---|---|
| *AutorIn:* | *P. Haumersen, F. Liebe* |
| *Rollenvorbereitung:* | *In diesem Fall kann von der starren 15-Minuten-Regel abgewichen werden, aber keinesfalls länger als 30 Minuten!* |
| *Spieldauer:* | *mindestens 75 Minuten* |
| *SpielerInnen:* | ☺ *Partei A, ChefIn der Filiale in Y, gebürtig aus X*<br>☺ *Partei B, MarketingchefIn der Filiale aus Y, gebürtig aus Y*<br>☺ *Partei C, MitarbeiterIn der Werbeagentur „SET" aus X*<br>☺ *Partei D, MitarbeiterIn der Werbeagentur „UP" aus Y*<br>☺ *MediatorIn aus Z*<br>☺ *5 BeobachterInnen* |
| *Kategorisierung des Szenarios:* | ☺ *Ein eher fiktives Szenario, welches von den Spielenden nicht als Bedrohung empfunden werden muss. Kann sehr viel Spaß machen und empfiehlt sich als Entlastung nach einem ‚schwereren' Szenario.* |

#### Allgemeine Beschreibung

Die Situation spielt in einem international agierenden Automobilkonzern. Der Mutterkonzern befindet sich in X. Die Situation spielt in einer Zweigstelle in Y.

Der Automobilmarkt in Y ist hart umkämpft. Ein wirklicher Einbruch in diesen sehr wichtigen Markt ist der Firma, die aus X stammt, noch nicht gelungen. Im Gegenteil gehen die Umsatzzahlen in Y bislang noch zurück. Die Einführung eines neuen Mittelklassewagens, der fast vollständig in dem Werk in Y produziert werden soll, soll diese Tendenz umkehren. Sollte das neue Modell kein Erfolg werden, so droht dem Werk in Y ein drastischer Abbau von Kapizitäten und Arbeitsplätzen.

In 14 Tagen muss die Werbekampagne für das neue Modell in Y beginnen. Im Vorfeld der Planung dieser Kampagne kam es zu erheblichen Auseinandersetzungen und Kompetenzstreitigkeiten innerhalb der Geschäftsführung. Ausdruck der bestehenden Differenzen ist es, dass man sich noch nicht einmal auf einen Namen des neuen Modells einigen konnte.

Besonders brisant ist das Verhältnis von Marketingabteilung und Chefetage. Bisher wurden sämtliche Vorschläge, die von der Marketingabteilung für die Kampagne unterbreitet wurden, vom Chef aus unterschiedlichsten Gründen abgelehnt. Die Marketingabteilung hatte ihre Vorschläge in enger Kooperation mit einer in Y ansässigen örtlichen Werbeagentur entwickelt, die schon lange Jahre für das Zweigwerk in Y arbeitet. Zum Eklat kam es, weil der Chef ohne Rücksprache mit der Marketingabteilung eine in X ansässige Werbeagentur beauftragte, deren Vorschläge ihm wesentlich mehr zusagen, die aber wiederum nach Meinung der Marketingabteilung am Markt von Y völlig vorbeigehen.

Da nun der Zeitdruck enorm ist, muss in dem gemeinsamen Klärungsgespräch unter Leitung eines Mediators aus Z eine Lösung für den Namen gefunden werden und somit auch die Entscheidung getroffen werden, welche Werbeagentur endgültig beauftragt wird.

## Hintergrund für Partei A

... ist geboren in X. Mitte dreißig/Anfang vierzig. Sie gilt als ausgesprochen erfolgreich und auch ein bisschen erfolgsverwöhnt. Sie neigt ein bisschen zu „missionarischem" Verhalten. Sie ist davon überzeugt, dass sich der bisherige mangelnde Erfolg des Werkes in Y damit erklärt, dass viel zu viel Rücksicht auf die lokalen Gegebenheiten genommen wurde statt global und erfolgsorientiert zu denken, wie sie es aus X kennt.

Seit einem halben Jahr ist sie Geschäftsführerin des Werkes in Y. Dieser Posten ist ihre erste wirklich verantwortungsvolle Tätigkeit für das Unternehmen im Ausland. Sie hat ihn übernommen um nach ihrem Erfolg in Y, an dem sie nicht zweifelt, ihre Karriere in X, im Stammhaus des Konzerns, fortzusetzen. Mit der Werbeagentur „SET" aus X hat sie schon bei früheren Gelegenheiten gut zusammengearbeitet. Diese Leute liegen ihr, sie sprechen (in jeder Hinsicht) ihre Sprache. Für sie ist das Klärungsgespräch nicht mehr als eine Geste, denn sie wird in jedem Fall den Vorschlag von „SET" bevorzugen. Allerdings hat sie einen ziemlichen Respekt vor der Kompetenz und dem Sachverstand der Marketingchefin, die sie mit ihrer Argumentation ein wenig verunsichert hat. Vielleicht hat sie ja doch Recht? Sie fühlt sich in Y nach 6 Monaten weder richtig heimisch noch wohl.

## Hintergrund für die Partei B

... ist geboren in Y, jetzt Anfang vierzig. Sie gilt als ausgesprochen zuverlässig und beständig. Sie hat im vorliegenden Fall starke Ängste, den Job zu verlieren, denn so eine selbstbewusste und arrogante

Chefin ist ihr noch nicht untergekommen. Seit fünf Jahren ist sie für das Unternehmen als Leiterin der Marketingabteilung tätig; insgesamt bringt sie es schon auf fünfzehn Jahre Zugehörigkeit zum Unternehmen. An die Fluktuation in der Geschäftsführung mit ihren ständig wechselnden Besetzungen ist sie schon gewöhnt. Aus ihrer Sicht ist damit auch der mangelnde Erfolg des Werkes in Y zu erklären. Trotz gegenteiliger Beteuerungen und Ankündigungen gab es noch nie eine Chefin aus Y. Jetzt geht es allerdings ums Ganze. Wenn das neue Modell keinen durchschlagenden Erfolg hat, dann ist auch ihr Job in Gefahr, von wegen Entschlackung des mittleren Managements. Ob sie will oder nicht, sie muss ihre Chefin davon überzeugen, dass der Vorschlag der Werbeagentur „UP" der bessere ist. Sie arbeitet seit Jahren mit dieser Werbeagentur aus Y zusammen und weiß genau, dass „UP" auch unter dem gegebenen Zeitdruck zuverlässig arbeitet.

### Hintergrund für die Partei C

Die Werbeagentur „SET" ist in X ein Topunternehmen; sie gilt als weder zu spleenig noch zu konservativ; eben dynamisch und seriös zugleich. Sie sind sich ziemlich sicher den Zuspruch zu erhalten, weil Sie die Chefin gut kennen und schon öfters mit ihr zusammengearbeitet haben.

Für die Muttergesellschaft des Automobilkonzerns haben Sie in X schon manche Aufträge durchgeführt. Sie sind in diesem Fall an einer Expansion ins Ausland stark interessiert, weil Sie befürchten ansonsten auch in X das Nachsehen zu haben. Mit Werbekampagnen in Y haben Sie allerdings bislang keine Erfahrungen.

Die Mitarbeiterin unterbreitet eine Namensidee für das Auto, präsentiert und vertritt diesen Vorschlag zu Beginn der Verhandlungen. Für Sie muss der Name knapp und überall auf der Welt zu verstehen sein: kurz, prägnant und dynamisch; das verstehen auch die BewohnerInnen von Y.

### Hintergrund für die Partei D

Die Werbeagentur „UP" ist in Y ein äußerst renommiertes Unternehmen; sie gilt als weder zu spleenig noch zu konservativ; eben dynamisch und seriös zugleich.

Für den Automobilkonzern haben Sie bisher alle Werbekampagnen in Y geleitet. Das soll natürlich so bleiben; erst recht weil man hofft, bei dem erwarteten durchschlagenden Erfolg der neuen Kampagne von der Muttergesellschaft auch einmal in anderen Ländern eingesetzt zu werden. Schafft man es nicht, sich diesen Auftrag zu sichern, dann käme die Agentur in finanzielle Engpässe; es muss also klappen. Ihnen ist klar, dass Sie mit ihrem Standortvorteil, Ihren genauen Kenntnissen des Käuferverhaltens der BewohnerInnen von Y ordentlich wuchern müssen. Die Mitarbeiterin unterbreitet eine Namensidee für das Auto, präsentiert und vertritt diesen Vorschlag zu Beginn der Verhandlungen. Sie wissen, dass für die Zielgruppe nur ein komischer Name, selbst wenn er länger ist und aus mehreren Worten besteht, in Frage kommt, denn die BewohnerInnen von Y sind bekannt für ihren unterschwelligen Humor.

## 2.4.2.2 **Das Fußballmeisterschaftsspiel**

| | |
|---|---|
| *AutorIn:* | *T. Fiutak (überarbeitet von F. Liebe)* |
| *Spieldauer:* | *60 Minuten* |
| *SpielerInnen:* | ⊚ *Partei A, Der Elternvertreter: die Ostufer-Spvgg.* <br> ⊚ *Partei B, Der Elternvertreter: die Westuferkickers* <br> ⊚ *MediatorIn* <br> ⊚ *3 BeobachterInnen* |
| *Kategorisierung des Szenarios:* | ⊚ *Ein „Was wäre wenn"-Szenario. Thematisiert soziale Ungleichheiten und beinhaltet von daher einigen Sprengstoff. Es sollte gut überlegt werden, wer die Parteien A und B spielt.* |

## Allgemeine Beschreibung

Vor einem Monat endete ein Meisterschaftsspiel der Schülerliga zwischen der Ostufer-Spvgg. (Spielvereinigung) und den Westuferkickers mit einer Schlacht auf dem Fußballplatz. In der Schülerliga spielen 12 – 14- Jährige. Die Schlacht war von den Eltern ausgelöst worden, die nach einem umstrittenen Tor für einige Spieler und Trainer beleidigende Namen gerufen hatten. Die Eltern beider Seiten fingen an zu schubsen und zu drängeln. Dann fingen die Spieler auf dem Feld an sich zu schlagen. Daraufhin wurde das Spiel vom Schiedsrichter abgebrochen. In der lokalen Öffentlichkeit wurde dieser Skandal heftig diskutiert und es wurde die Forderung nach einem ‚harten Durchgreifen' laut. Nun sollen die beiden Teams in der nächsten Woche um die Stadtmeisterschaft spielen. Die Vorstände beider Vereine haben beschlossen, dass die Eltern zu einer Übereinkunft kommen müssen, die garantieren solle, dass keine Schlacht mehr stattfinden würde. Sie haben keine Lust unter Polizeiaufsicht zu spielen und erwarten von den Eltern ein vorbildliches Verhalten.

A und B sind von ihren Elterngruppen ausgewählt worden, um eine Übereinkunft mithilfe eines Mediators zu finden. Das Meisterschaftsspiel soll programmgemäß auf dem Westuferkickerfußballfeld stattfinden. Der Gewinner der Stadtmeisterschaft wird an der nationalen Meisterschaft teilnehmen können.

### Hintergrund für Partei A:

Sie sind der/die Sprecherin der Elterngruppe vom Ostufer. Sie kennen Partei B nicht, aber Sie können sich vorstellen, dass B zu den Unruhestiftern gehören könnte. Sie kennen eine Menge Familien vom Westufer und Sie haben gehört, dass B nicht von allen Eltern der Westuferkickers unterstützt wird. Trainer und Eltern der Ostufer-Spvgg. stehen 100%ig hinter Ihnen. Sie möchten eine schriftliche Übereinkunft, die von allen Eltern, Trainern und Spielern unterzeichnet wird. Zu dieser Übereinkunft zu kommen ist genauso wichtig, wenn nicht noch wichtiger als die Austragung des Spieles. Es wäre in der Tat besser, nicht zu spielen, als dass die Kinder ein weiteres Mal von Eltern und Trainern missbraucht werden für ihre Beleidigungen. Fußballspielen soll Spaß machen.

### Hintergrund für Partei B:

Sie wohnen schon immer am Westufer und kennen A nicht. Sie gehen nur selten zum Ostufer und also kennen Sie keine Leute der Ostufer-Spvgg. Sie wissen, dass Sie zu einer Übereinkunft kommen müssen, damit die Kinder das Meisterschaftsspiel austragen können. Es gibt keine Frage, dass die Kickers gewinnen werden. Warum soll man sich über all diese Dinge so viele Gedanken machen? Ihr Ziel ist es, dass die Kinder spielen können. Das Grölen der Fans und Gegner ist ein Teil des Spiels und eine gute Lektion für das Leben. Fußball ist am Westufer eine soziale und wirtschaftliche Anerkennung für die Familie und den Bezirk. Sie wissen darum, dass nicht alle Eltern und Trainer hinter Ihnen als Vertreter stehen, weil die sich von der Presse haben einschüchtern lassen; das bestärkt Sie aber eher in Ihrem Anliegen.

## 2.4.2.3 **Land mines**

| | |
|---|---|
| *AutorIn:* | *T. Fiutak (überarbeitet von F. Liebe)* |
| *Spieldauer:* | *60 Minuten* |
| *SpielerInnen:* | ◎ *Partei A, Alleineigentümer und Geschäftsführer der ABC-Firma*<br>◎ *Partei B, Geschäftsführer der Firma XYZ*<br>◎ *MediatorIn*<br>◎ *3 BeobachterInnen* |
| *Kategorisierung des Szenarios:* | ◎ *Das Szenario mag zunächst verstören. Zynisch betrachtet handelt es sich um eine simple Verkaufsverhandlung. Interessant ist das Szenario als Provokation, um über Grenzen von Mediation zu reden und über die ethischen Vorstellungen von MediatorInnen.* |

### Allgemeine Beschreibung

Die ABC-Firma hat ein freundschaftliches Angebot der Übernahme durch die Firma XYZ bekommen. Die beiden Geschäftsführer haben beschlossen, dass sie sich mit einem vertrauenswürdigen Mediator treffen würden um die Grundlagen der vorgeschlagenen Übertragung zu testen und zu überprüfen, bevor die Finanz-, Forschungs-, Entwicklungs-, Produktions- und Marketing-Experten beider Seiten sich an die Detail-Arbeit machen würden.

ABC stellt Landminen her und verkauft sie an internationale Waffenhändler. Etwa 70 Prozent des Verkaufserlöses von ABC stammt aus der Landminenproduktion und etwa 30 Prozent aus der Entwicklung von Landminedetektoren und Minenzerstöreinrichtungen, also Maschinen, die Landminen entdecken und entschärfen können. XYZ ist eine internationale Rüstungsfirma mit Milliardenumsatz und einer großen Vielfalt angebotener Waffen, die sie oft direkt an Kundenländer, politische Gruppierungen und Mittelsmänner verkauft. Beide möchten die Unkosten dieser Eigentumsübertragung minimieren und dieses Gespräch vor internen und externen Parteien absolut verborgen halten.

### Hintergrund für Partei A:

Sie haben einen Mitarbeiterstamm von 700 Personen und Sie fühlen sich ihnen und ihrer Zukunft verbunden. Sie haben ABC aufgebaut und besitzen sie allein; heute ist sie auf dem freien Markt mindestens 60 Mio. DM wert. ABC hat kürzlich eine Niedrig-Kosten-Technik entwickelt, mit der *alle* Arten von Landminen entdeckt und entschärft werden können, sei es aus Metall, Holz oder Plastik. Diese Entwicklung ist in ihrer Firma streng geheim gehalten worden. Dies würde einen bedeutsamen Einfluss auf den Gebrauch von Landminen in der Zukunft haben. Sie brauchen 75 Mio. DM, um eine neue Firma aufzubauen, die diese neuen Landminenzerstörer produzieren könnte. Das Wissen um diese Technik steckt ausschließlich in einem Teil der Forschungsabteilung, genannt „TS". Sie umfasst fünf sehr hoch qualifizierte MitarbeiterInnen. Diese wissen um Ihre Absichten und haben sich bereit erklärt mit Ihnen die neue Firma aufzubauen. Der Verkauf von ABC und der Neuaufbau mit den Leuten der „TS" ist zeitlich sehr dringlich, da die UN und andere größere Länder die Produktion und den Gebrauch von Landminen ächten wollen und die Welt von existierenden Minen befreien wollen.

Sie würden sich freuen, wenn Sie endlich ein anderes Geschäft als Landminen betreiben könnten. Sie wissen, dass alle 20 Minuten jemand auf der Welt durch eine Landmine verletzt wird.

**Hintergund Partei B:**
Sie möchten ABC kaufen, um die ganze Spannbreite der Waffensysteme anbieten zu können. Es würde Sie leicht 100 Mio DM kosten, einen eigene Produktion von Landminen aufzubauen. Sie haben das Marketing-System bereits ausgearbeitet – zunächst einmal nicht auf offiziellen Kanälen. Aber so ist es in Ihrem Geschäft, so wie es für Ihren Vater und die Familie vor ihm war. Nach Ihrer besten Schätzung ist ABC 55 Mio. DM wert. Sie möchten mit Ihrer Liquidität nicht zu freizügig umgehen, zumal sich die Stimmung auf der Welt nach dem Ende des Kalten Krieges geändert hat. Aber der inoffizielle Markt wird immer fortbestehen.

Wichtiger ist noch, dass Sie über den Zugang sowohl zur Landminenproduktion als auch zu den Entschärfungssystemen Landminen werden verkaufen können, die nur von Ihren eigenen Entschärfungssystemen entdeckt werden können. So haben Sie auf einen doppelten Markt gesetzt. Deshalb haben Sie ein Interesse an der gesamten ABC, besonders aber auch an der Forschungsabteilung. Sie brauchen eine schnelle Entscheidung. Ihre Philosophie ist, dass das Geschäft sowohl in Friedens- als auch in Kriegszeiten wachsen kann – es liegt an der menschlichen Natur. Es wird immer Kriege geben. Gewehre und Bomben werden immer zu kaufen sein, um jedem Sicherheit zu bieten.

Bei dem nachstehenden Szenario handelt es sich schlicht um eine Denksportaufgabe, die es gilt, gemeinsam zu lösen. Zu vergleichen wäre hierbei der Prozessverlauf zwischen Gruppen, die für sich alleine versuchen eine Lösung zu finden, und solchen, deren Gruppenprozess von einer/m Außenstehenden (MediatorIn oder ModeratorIn oder wie man sie/ihn nennen will) strukturiert wird.

## 2.4.3 Problemlösung

### 2.4.3.1 **In the land of Z**

| | |
|---|---|
| *AutorIn:* | *T. Fiutak* |
| *Spieldauer:* | *60 Minuten* |
| *SpielerInnen:* | ☺ *5-6 SpielerInnen*<br>☺ *MediatorIn (aber nicht in allen Gruppen)*<br>☺ *3 BeobachterInnen* |
| *Information:* | ☺ *Alle SpielerInnen bekommen die gleiche Information, nicht jedoch der/die eventuell vorhandene Außenstehende.* |
| *Kategorisierung des Szenarios:* | ☺ *Gruppendynamisch interessant: Wie unterschiedlich verlaufen die Problemlösungsprozesse mit und ohne Strukturierungshilfe?* |
| *Hinweis:* | ☺ *Es gibt eine logisch richtige Lösung.* |

### Allgemeine Information

Dies alles findet statt in dem Land Z. Eine Gruppe befindet sich draußen vor einem Raum mit einer offenen Tür. Sie hören die folgende Konversation aus dem Raum:

„Also Studenten, setzen Sie sich auf die drei Stühle und bleiben Sie sitzen, indem Sie nur geradeaus gucken. Wie Sie sehen können, habe ich eine Schachtel mit 5 Hüten; 3 von ihnen sind rot, 2 sind schwarz. Ich werde jedem von Ihnen einen zufällig gewählten Hut auf den Kopf setzen. Sie werden nicht in der Lage sein, den Hut auf Ihrem eigenen Kopf zu sehen."

„Nun habe ich jeder/m von Ihnen einen Hut auf den Kopf gesetzt", fuhr der Professor fort.

„Student A vom A-Stuhl, welche Farbe hat der Hut auf Ihrem Kopf?"
Der Student antwortete: „Ich weiß es nicht".

„Nun Student B vom B-Stuhl, welche Farbe hat der Hut auf Ihrem Kopf?"
Student B antwortete: „Ich weiß es nicht".

*„Hervorragend!"*, sagte der Professor.

*„Nun Student C vom C-Stuhl, welche Farbe hat der Hut auf Ihrem Kopf?"*

Der Student kündigte an: *„Ich bin sicher zu wissen, welche Farbe ich auf dem Kopf habe!"*

*„Sehr gut"*, sagte der Professor, *„lassen Sie uns eine Pause machen"*. Dann ging der Professor mit einer Schachtel und zwei Hüten darin und den Studenten A, B und C, die jeder einen Hut aufhatten, durch die Tür zu der dort zuhörenden Gruppe. Dann ging die Gruppe selber in den Raum, um sich ein eigenes Bild zu machen. Der Raum war völlig leer, ohne Fenster und ohne Spiegel, und mit drei hintereinander am Boden festgeschraubten Stühlen, die alle in die gleiche Richtung zeigten.

Der C-Stuhl war in der Spitze positioniert, sodass man, wenn man darauf saß, nur die Wand sehen konnte. Der B-Stuhl befand sich in der Mitte mit Blick auf den Rücken von Stuhl C; und Stuhl A befand sich am Ende, sodass man von ihm aus den Rücken von B und C sehen konnte. Wenn Sie auf Stuhl A saßen, konnten Sie klar erkennen, welche Farbe die Hüte derer hatten, die auf Stuhl B und C saßen.

Wie konnte Student C wissen, welche Farbe sein/ihr Hut hatte?

## Lösung:

Zunächst möchten wir natürlich betonen, dass der Sinn bei dieser Aufgabe im Prinzip nicht darin besteht, dass die objektiv richtige Lösung gefunden wird. Der Sinn besteht darin, als Gruppe (mit oder auch ohne Hilfe eines/r MediatorsIn) zu einer subjektiv stimmigen Lösung zu finden.

In unserem Forschungsseminar gab es tatsächlich keine unter den fünf Gruppen, die die Aufgabe im objektiven Sinn richtig löste. Es gab drei, die für die in ihnen versammelten Individuen befriedigende Lösungen fanden, die nicht mit der objektiv richtigen übereinstimmten (am schönsten fand ich persönlich die Lösung, dass der dritte befragte Student Farben *riechen* könne), sowie zwei Gruppen, die sich heillos darüber zerstritten, worin denn nun eigentlich ihre Aufgabe bestünde. Was durchaus *auch* im Sinne des Erfinders ist ....

Gleichwohl verstehen wir, dass man, wie auch wir und unsere Teilnehmer/innen es waren, neugierig darauf ist, wie die objektiv richtige, nämlich die einzige Lösung aussieht (Ausgehend von den Informationen über die Sitzanordnung, die Anzahl der roten und schwarzen Hüte und den Aussagen der drei nacheinander befragten Studenten sowie der Annahme, es handele sich bei den beschriebenen Studenten nicht um Menschen mit übernatürlichen Fähigkeiten.).

**Diese Lösung lautet, dass C (= der zuletzt befragte Student) tat-
sächlich weiß, dass er nur einen roten Hut auf dem Kopf haben
kann,** nachdem die beiden anderen Studenten aufgrund dessen, was
sie vor sich an Hutfarben sahen, nur sagen konnten, dass sie es nicht
wissen. Hätte A (=der erste Befragte) nämlich zwei schwarze Hüte
vor sich gesehen, hätte er gewusst, dass er selbst einen roten Hut
aufhat; und hätte B (= der zweite Befragte) vor sich einen schwarzen
Hut gesehen, so hätte er gewusst, dass er selbst *keinen* schwarzen
Hut aufhaben kann (denn sonst hätte ja A gewusst, dass er selber
einen roten Hut trägt). Da aber auch B sagt, er wisse nicht, welche
Farbe sein Hut hat, muss er auf C's Kopf einen roten Hut sehen, was
C am Ende zu der logischen Schlussfolgerung bringt, er müsse einen
roten Hut tragen.

# 2.5 Die vergleichende Auswertung der Rollenspiele

Ziel der Auswertung ist es, zu ermitteln, inwieweit die kulturellen
Unterschiede die Konfliktdynamik so verändern, dass es notwendig
wäre, das Verfahren zu modifizieren, und ob hierfür die Konfliktbearbeiter zusätzliche Kompetenzen benötigen. Die Rollenspiele werden in zwei Richtungen miteinander verglichen:

**Zwei
Auswertungs-
richtungen**

◉ *horizontal:* Innerhalb eines Rollenspieldurchgangs wird das gleiche Szenario parallel zueinander durchgespielt. Dies ermöglicht den
  Vergleich zwischen den Ergebnissen der einzelnen Rollenspiel-
  gruppen.
◉ *vertikal:* Die Szenarios beschreiben unterschiedliche Ebenen (In-
  terpersonell, Intergruppenkonflikt, Arbeitswelt, privates Umfeld,
  Problemlösung), sodass die einzelnen Ergebnisse des horizontalen
  Vergleichs wiederum miteinander verglichen werden können, um
  zu ermitteln, auf welcher Ebene kulturelle Unterschiede besonders
  stark hervortreten.

Bei einem ‚normalen' Mediationstraining wird normalerweise ein Szenario von einer Spielgruppe durchgeführt und der Rest der Gruppe
beobachtet. Die Auswertung besteht dann in dem Feed-back für den
Mediator. Für den Einstieg ist ein solches Verfahren sicherlich gut
und richtig. Wenn es aber darum geht, Konfliktstrukturen besser erkennen und verstehen zu wollen, bietet das hier vorgestellte Reihen-
verfahren mit der fokussierten Beobachtung viele Vorteile. Die mit
den Ergebnissen sichtbar gemachten Unterschiede und Ähnlichkeiten
lassen einerseits personenunabhängige Aspekte des Konflikts erken-

nen. Andererseits wird aber auch sehr deutlich, welche unterschiedlichen Auswirkungen individuelles Verhalten auf einen Konfliktverlauf haben kann. Diese für das Verstehen wichtige Differenzierung kann man an der Vergleichsmöglichkeit festmachen.

2.5.1
**Die einzelnen Auswertungsschritte**

Idealtypisch lassen sich vier aufeinander folgende Auswertungsschritte benennen:

*1. Die interpersonelle Ebene* (Dauer ca. 30 Minuten):

**Interpersonelle Ebene**

Nach Beendigung des Rollenspiels sollen alle Beteiligten in der Spielgruppe erst einmal die Möglichkeit des freien Austauschs erhalten, um ‚aus der Rolle herauszukommen' und die für die Auswertung notwendige Distanz einnehmen zu können. Die Spielgruppe soll in ihrem Raum verbleiben und sich dann paarweise zusammenfinden. Die Paare bestehen aus den Spielern und ihren Beobachtern.[38] Das Gespräch sollte folgende Struktur haben:

- ☙ Die Beobachter sollten mit der möglichst objektiven Berichterstattung beginnen.
- ☙ Der Beobachtete nimmt dazu Stellung.
- ☙ Der Beobachter schildert seine Irritationen. (Hier habe ich etwas anderes erwartet, hier hätte ich anders gehandelt).
- ☙ Der Beobachtete hört zu, stellt Nachfragen und versucht nachzuvollziehen.
- ☙ Der Beobachtete stellt nun aus seiner Sicht seine Verhaltensunsicherheiten dar.
- ☙ Beide beginnen nun im Gespräch mit der Suche nach ‚Schlüsselszenen'. Wo waren beide ausgelöst durch das Verhalten einer anderen Partei verunsichert?

**Perspektivische Ebene**

*2. Die perspektivische Ebene* (30–45 Minuten):

Anschließend treffen die Paare der unterschiedlichen Spielgruppen aufeinander. Es entstehen drei Gruppen, die in unterschiedliche Räume gehen:

- ☙ Die Gruppe der Mediatoren und deren Beobachter;
- ☙ Die Gruppe der Spieler der Konfliktpartei 1 und deren Beobachter;
- ☙ Die Gruppe der Spieler der Konfliktpartei 2 und deren Beobachter.

Die Gemeinsamkeit der einzelnen Gruppenmitglieder besteht darin, dass sie den gleichen Konflikt aus einer einheitlichen Perspektive

---

[38] *Besteht eine Spielgruppe (z.B. die Konfliktpartei 1) aus mehreren Personen, so sollten sie sich erst zusammensetzen (Entsprechendes gilt für deren Beobachter). Danach soll der Austausch zwischen Spielern und Beobachtern erfolgen.*

wahrgenommen haben. Sehr wahrscheinlich haben sie ihn jedoch sehr uneinheitlich erlebt. In der Gruppendiskussion soll herauskommen, ob es bei den unterschiedlichen Verläufen in den einzelnen Spielgruppen strukturelle Gemeinsamkeiten gegeben hat und ob sich auffällige Ähnlichkeiten ergeben. Wichtig in dieser Phase ist mehr der Austausch als die Diskussion. In erster Linie geht es darum, den anderen zu schildern, wie es bei ihnen gelaufen ist. Mit diesem Austausch relativiert sich der eigene Standpunkt und wird durchlässiger für Verhaltensalternativen. Hinter dem eigenen, einzigartigen Verhalten schimmert ein allgemeines durch und macht die Arbeit für die nächste Phase fruchtbarer.

*3. Die Ebene der Spielgruppe* (Dauer: ca. 1 Stunde):
Nach dieser Phase kehren nun die TeilnehmerInnen wieder in ihre ursprünglichen Spielgruppen zurück. Dabei sollte so verfahren werden:

**Ebene der Gruppe**

◉ Zunächst geht es nur um das von ihnen gemeinsam erlebte Spiel. Dazu präsentieren die Beobachter den anderen Paaren ihre Ergebnisse aus der Phase 1.
◉ Die Diskussion der jeweiligen Schlüsselszenen soll klären, womit sich die mit ihnen verbundenen ‚irritierenden' Verhaltensweisen erklären lassen. Gelingt es innerhalb der Gruppe, sich auf eine oder zwei gemeinsame Schlüsselszenen zu verständigen, so sollen möglichst genaue Beschreibungen von ihnen in der nächsten Phase im Plenum vorgestellt werden.
◉ In einer zweiten Runde werden nun die Ergebnisse oder Eindrücke der perspektivischen Phase von den Spielern vorgestellt.
◉ In der sich anschließenden Gruppendiskussion soll es darum gehen, ob sich in dem Prozess der Konfliktbearbeitung allgemeinere Strukturen oder Muster finden lassen, die auf wiederkehrende Phänomene bei einer interkulturellen Mediation hinweisen. Gibt es sie, so sollen sie ins Plenum eingebracht werden.

*4. Vergleich der Ergebnisse* (Dauer: ca. 2,5 Stunden):
Alle Ergebnisse der Phase 3 sollen nun zusammengetragen werden. Die inhaltliche Aufteilung, erst über Schlüsselszenen und dann über Muster zu diskutieren, bleibt erhalten. Sinnvoll ist folgender Ablauf:

**Ergebnisvergleich**

◉ Präsentation der einzelnen Spielgruppen hinsichtlich ihrer Schlüsselszenen.
◉ Überprüfung dieser Ergebnisse durch die anderen Gruppen.
◉ Beispiele für Strukturen und Muster, die bei einer interkulturellen Mediation auftreten.
◉ Diskussion und Überprüfung auf ihre Stichhaltigkeit.

Liegen die Ergebnisse zweier oder gar mehrerer Rollenspieldurchgänge vor, so lassen sich die Ergebnisse miteinander vergleichen. In diesem Fall werden dann nicht Äpfel mit Birnen verglichen, denn die horizontale Auswertung war auf die Variable der kulturellen Unterschiede zentriert. Der vertikale Vergleich bestätigt dann oder verwirft die gerade erst gefundenen Hypothesen.

In einem Schaubild möchten wir diesen komplexen Ablauf noch einmal etwas übersichtlicher darstellen:

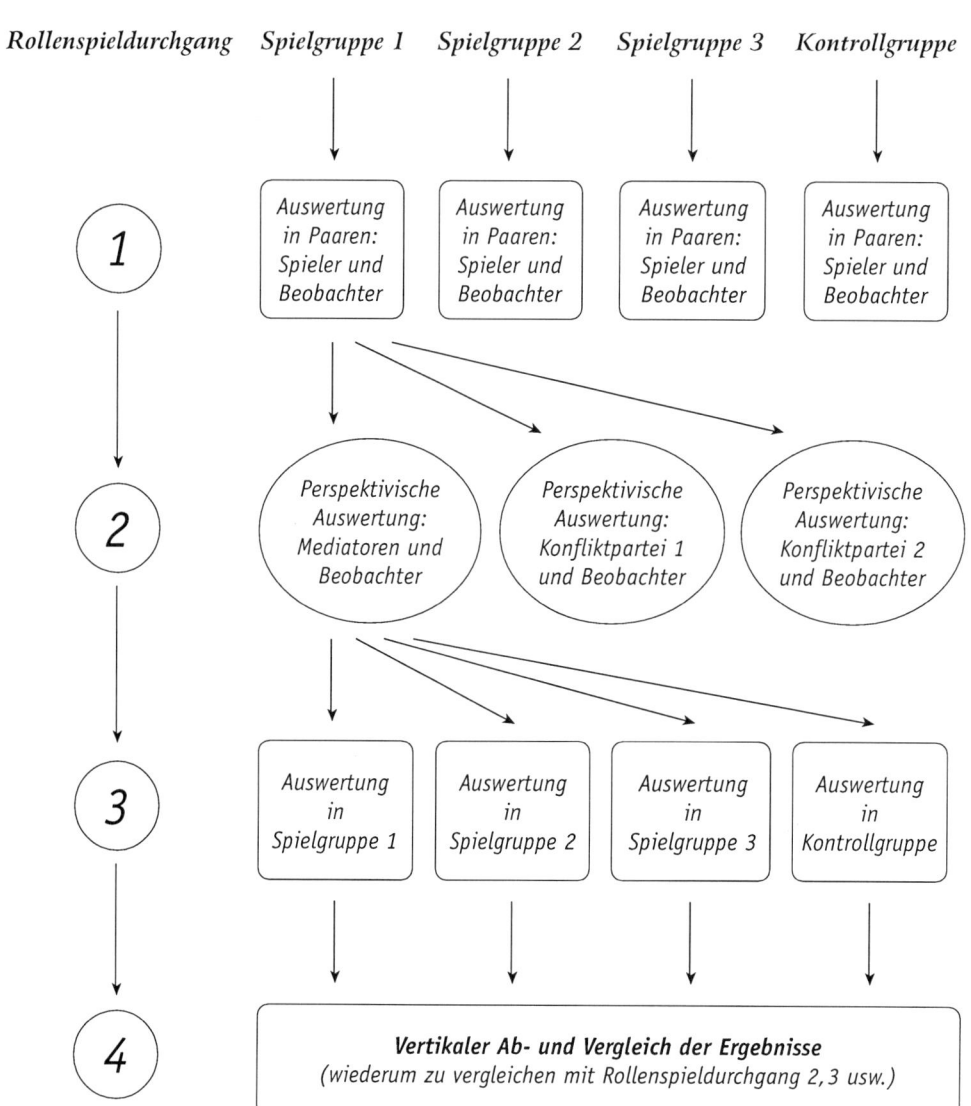

Zu dem bis hierhin vorgestellten Prozedere gibt es eine alternative Auswertungsmethode, die weniger zeitaufwendig als die vorangehende und offener in der Fragestellung ist.

2.5.2
**Alternativer Auswertungsmodus**

Jedes Rollenspiel mit Auswertung verläuft in 5 Phasen, denen sich am Ende eine zusammenfassende Auswertung anschließt:

| Dauer | Phase | Beschreibung |
|---|---|---|
| 15 min | 1 | **Individuelle Reflexion 1:** <br> Alle Mitglieder der Spielgruppe bleiben im Raum und notieren jede/r für sich ihre Eindrücke in ein Notizheft; die BeobachterInnen oft auch schon Zusammenfassungen und Reflexionen. <br> ➠ Fragestellung: Was in der gerade erlebten Mediation hat meine Aufmerksamkeit erregt? |
| 15 min | 2 | **„Funktions"gruppen:** <br> Austausch der 3 SpielerInnen je Spielgruppe untereinander und der 3 BeobachterInnen je Spielgruppe untereinander. <br> ➠ Fragestellungen: Was in der gerade erlebten Mediation hat meine Aufmerksamkeit erregt? Wo hat dabei meiner Meinung nach die (welche?) kulturelle Zugehörigkeit eine Rolle gespielt? |
| 30 min | 3 | **Spielgruppe:** <br> Austausch der je 6 Spielgruppenmitglieder untereinander. <br> ➠ Fragestellungen: Was in der gerade erlebten Mediation hat meine Aufmerksamkeit erregt? Wo hat dabei meiner Meinung nach die (welche?) kulturelle Zugehörigkeit eine Rolle gespielt? |
| 45 min | 4 | **Plenum mit „Fishbowl":** <br> Die BeobachterInnen aller Spielgruppen bilden einen Innenkreis (Fishbowl) mit einem freien Stuhl für den-/diejenigen ZuhörerInnen, die etwas zur Debatte beitragen möchten. <br> ➠ Fragestellung: Was in den gerade erlebten Mediationen hat meine (und in der Spielgruppe unsere) Aufmerksamkeit erregt? Wo, meinen wir, hat dabei (welche?) kulturelle Zugehörigkeit eine Rolle gespielt? |
| 15 min | 5 | **Individuelle Reflexion 2:** <br> JedeR TeilnehmerIn für sich notiert seine/ihre Eindrücke und Reflexionen zu dem gesamten Durchgang von Phase 1-5. <br> ➠ Fragestellung: Was an meiner Einschätzung hat sich für mich im Vergleich zu Phase 2 geändert und wodurch? |

Dem schließt sich nach Abschluss aller 5 Rollenspieldurchgänge die letzte Phase der Auswertung an:

| *Dauer* | *Phase* | *Beschreibung* |
| --- | --- | --- |
| *75 + 45 =*<br>*120 min* | *6* | ***Endauswertung*** *in zwei Abschnitten:*<br>*Abschnitt 1 besteht in einem 75-minütigen Austausch in den nationalen Gruppen*<br>*⇥ Fragestellung: Wo haben in den Rollenspielen meiner Meinung nach welche kulturellen Zugehörigkeiten eine Rolle gespielt?*<br>*Abschnitt 2 besteht in einem 45-minütigen Plenum, in dem die Gesamtgruppe versuchte, ein Fazit ihrer Erfahrungen und Reflexionen zur gleichen Fragestellung zu ziehen.* |

**Vor- und Nachteile der Verfahren**

Auch dieses Auswertungsverfahren ist geeignet die Rollenspiele in horizontaler und vertikaler Richtung miteinander zu vergleichen. Der vertikale Abgleich klappt, wenn auch nicht in dem Sinn, dass Interaktionsmuster identifiziert werden können, die als typisch für interkulturelle Mediationen angesehen werden. Die Erfahrungen mit den Fish-Bowl-Diskussionen in Phase 4, in denen der horizontale Abgleich stattfindet, zeigen, dass selbst ohne explizite Aufforderung Schlüsselszenen beschrieben werden, auch wenn sie nicht so genannt werden. Diese werden auch daraufhin untersucht, ob kulturelle Unterschiede eine Rolle gespielt haben. Wir haben festgestellt, dass dieses Auswertungsverfahren mit seiner offeneren Fragestellung und den Fishbowl-Runden mehr an Trainings erinnert, was es leichter eingängig und umsetzbarer macht als das Vorangegangene.

Man muss aber ganz offensichtlich zwischen dem zuerst vorgestellten, strenger formalisierten, aber zielgerichteteren Verfahren und dem weniger disziplinierenderen, aber auch leichter als Wettbewerbssituation misszuverstehenden, alternativen Verfahren abwägen, je nachdem wo man selbst den Schwerpunkt legen möchte.

# 2.6 Über die Bedeutung von kulturellen Unterschieden bei diesen Rollenspielen

Dieser Abschnitt könnte auch mit „Lohnt der ganze Aufwand überhaupt?" betitelt sein. Um eine klare Antwort gleich vorab zu geben: Ja, er lohnt. – Allerdings nur dann, wenn die Ergebnisse in einen interkulturellen Lernprozess eingebettet werden können. Was dieser Satz meint, soll aus dem folgenden Abschnitt hervorgehen.

Einfach gesagt ergaben die Auswertungen, dass kulturelle Unterschiede allenfalls nur wenig Einfluss auf das Mediationsverfahren haben. Zwar wurden Unterschiede beobachtet, aber sie unter „kulturell" zu subsumieren wurde eher abgelehnt. Zumindest gab es darüber weder in den einzelnen Spielgruppen noch im Plenum einen Konsens. Das Sprach- und Verständigungsproblem erwies sich zwar als störend und behindernd, aber letztlich verliefen fast alle Rollenspiele erfolgreich in dem Sinne, dass Konflikte ‚gelöst' wurden.

**Wenig Einfluss kultureller Unterschiede**

> *Die oft dokumentierte Erkenntnis, dass interkulturelles Lernen ein Erfahrungslernen ist und deshalb auch Zeit benötigt, um angemessen verarbeitet und reflektiert werden zu können, findet auch in unserem Projekt seine Bestätigung. Eine daraus gezogene Schlussfolgerung sei schon an dieser Stelle benannt:*
> **Eine Ausbildung zur interkulturellen Mediation benötigt einen interkulturellen Kontext.**

Wenn wir im Folgenden auf eher gruppendynamische Faktoren eingehen, dann nicht mit dem Ziel, ‚unerwünschte' Ergebnisse schönreden zu wollen. Es geht darum, die Ergebnisse in ihren Entstehungszusammenhang einzuordnen, um den oben formulierten Widerspruch aufzulösen.

*1. Die Polarisation durch den Forschungsgegenstand*
Wenn speziell kulturelle Unterschiede innerhalb einer interkulturellen Gruppe zum Erkenntnisinteresse gemacht werden, so müssen Sie damit rechnen, dass die Beteiligten sehr ambivalent reagieren. Zum einen strahlt ein derartiges Projekt eine gewisse Faszination aus und besitzt den Scharm des Besonderen. Zum anderen jedoch bedeutet das Erleben eines interkulturellen Alltags eine Anstrengung, die sich bis zu einem Gefühl der Überforderung, ja bis zur Bedrohung steigern kann.

Kommt dann noch hinzu, dass der inhaltliche Schwerpunkt der gemeinsamen Arbeit eigene Identitätsanteile betrifft, es also nur sehr wenige Möglichkeiten gibt, sich zu entziehen, dann ist sicherlich nachvollziehbar, dass sich diese Anspannung und Ambivalenz auch in der gemeinsamen Arbeit und deren Ergebnissen niederschlagen muss.

Jeder und jede TeilnehmerIn bringt natürlich eigene Erwartungen, Haltungen und Einstellungen mit. Die Gretchenfrage wird dann schnell: Wie hältst du es mit den kulturellen Unterschieden? Für die einen spielen diese eigentlich überhaupt keine Rolle, weil es ja schließlich nur Individuen gibt. Und für die anderen war gerade die Annahme von kulturellen Unterschieden der entscheidende Auslöser für ihre Teilnahme.

*2. Die Reduktion auf Kultur*

Verstärkt werden diese Erfahrungen durch das (v.a.) anfängliche Gefühl der TeilnehmerInnen, auf die Zugehörigkeit zu einer ganz bestimmten Kultur reduziert zu werden. Gerade für den Anfang ist dieser Verdacht nicht ganz unberechtigt. Der komplizierte Aufbau der Auswertung erklärt sich ja damit, dass kulturelle Unterschiede nun mal nicht *direkt* zu beobachten sind. Aus diesem Grunde haben wir dieses Verfahren entwickelt, das wie ein Trichter zunächst möglichst viele subjektive Beobachtungen sammelt, um sie dann durch Vergleiche und Diskussionsverfahren zu filtern und zu verobjektivieren. Ziel ist es, am Ende bestimmte Schlüsselszenen zu erhalten, von denen alle sagen können: „Ja, für das Verstehen dieser Szene spielen die kulturellen Unterschiede eine große Rolle." Das Verfahren funktioniert bis zu der Beschreibung der Szenen – aber dann wird der Konsens verweigert. Die Zumutung, somit ein für die Person X ‚typisches' Verhalten herausdestilliert zu haben, schreckt ab. Erst im Laufe des weiteren Prozesses wird Kategorisierung nicht mehr automatisch zur einseitigen Forderung.

*3. Zum Verhältnis von Spiel und Realität in interkulturellen Konfliktszenarios*

Grundsätzlich erlauben es Rollenspiele wie die hier vorgestellten den SpielerInnen v.a. der Konfliktparteien, ihre Rolle sehr authentisch auszufüllen, d.h., viel von sich selbst, viele eigene Erfahrungen in die Rolle zu legen. Es kann aber auch das Gegenteil eintreten, dass sie sich hinter der Rolle verstecken und sie als eine Person spielen, die der eigenen wenig oder gar nicht gleicht. In unseren Seminaren gab es beide Vorgehensweisen inklusive aller möglichen Mischformen zu beobachten.

Jede der Wahlmöglichkeiten bietet prinzipiell Vorzüge: Eine Rolle kontrastierend zur eigenen Person zu spielen, ‚mal in ganz fremde Schuhe zu schlüpfen' erlaubt in einem sehr geschützten Rahmen neues, anderes Verhalten auszuprobieren und für sich selbst neue Erfahrungen zu machen. Eine Rolle hingegen sehr authentisch zu interpretieren erlaubt es in einem Setting wie dem unseren, dass man das Feedback für das eigene Verhalten, das man bekommt, direkt auf sich beziehen kann, dank der Distanz, die eine Rolle ja gleichwohl herstellt, es aber nicht tun muss. Denn je mehr von der eigenen Person man ins Spiel packt und v.a. je offensichtlicher das für die BeobachterInnen und MitspielerInnen wird, umso unangenehmer könnte es dann für die RollenspielerIn werden, wenn auf das eigene Verhalten ablehnend reagiert wird. Gerade weil es aus der BeobachterInnenposition – vielleicht auch aus der Position des Spielenden selber – nicht restlos zu klären ist, wie viel an dem Spiel echt und wie viel eben bloß Spiel war, sind Rollenspiele zu einem so hilfreichen Experimentierfeld – für die SpielerInnen selbst wie für die Forschung geworden.

Es scheint einfacher, z.B. einen Nationalisten (oder einen klassenkämpferischen Kommunisten) zu spielen, wenn man real nicht Angehöriger der betreffenden Nation (des sozialen Milieus) ist, weil es dann offensichtlich ist, dass man eine Rolle *spielt*. Die Gefahr, dass man mit der gespielten Haltung identifiziert wird, scheint dabei einfach geringer.

Wer also an kulturellen Unterschieden arbeiten möchte, sollte zumindest zum Einstieg in diese Arbeit Rollenspielszenarios wählen, die den real existierenden Unterschieden eine Tarnkappe aus unechten Gruppenzugehörigkeiten aufsetzt. Das erleichtert den TeilnehmerInnen sich auch auf die heikleren Aspekte interkultureller Konflikte einlassen zu können.

# 3 Methodische Zugänge zum Thema Konfliktkulturen

„Konfliktkultur" ist ein schillernder Begriff. Er fragt, bezogen auf das Phänomen Konflikt, nach dem Zusammenhang von individuellen Wahrnehmungen, Deutungen und Verhaltensweisen mit dem gesellschaftlichen Umfeld, in dem diese als normal gelten können; wobei „normal" meint, dass die Beteiligten zunächst einmal fraglos davon ausgehen, dass sie in der Kommunikation mit anderen Individuen funktionieren. Die im Folgenden vorgestellte Übung stellt eine Annäherung an Konfliktkulturen dar. Wir versuchen dabei eine Antwort auf die Frage zu finden:

*Wie habe ich gelernt in einer bestimmten Gesellschaft mit Konflikten umzugehen?*

**Konflikte existieren in jeder Gesellschaft**

Diese Frage beinhaltet die Vorstellung, dass jede Gesellschaft ihren Akteuren Angebote zum Weltverständnis unterbreitet, die die besonderen und spezifischen Entwicklungen dieser Gesellschaft mit berücksichtigen. In jeder Gesellschaft und in jeder Kultur existiert das soziale Phänomen des Konfliktes. Jede Gesellschaft und jede Kultur stellt ihren Mitgliedern Formen, Institutionen und Methoden bereit, um mit diesem sozialen Phänomen umzugehen. Was jedoch als Konflikt wahrgenommen wird, wie er erlebt wird und wie und ob er ‚gelöst' werden muss, das sind Fragen, die höchst unterschiedlich beantwortet werden können.

**Verhältnis Individuum – Gesellschaft**

In der oben stehenden Frage ist die unterschiedliche Gestaltung des wechselseitigen Verhältnisses zwischen Individuum und Gesellschaft enthalten. In Kulturen, deren Verhaltensvorschläge eher aus einem kollektiven Selbstverständnis entspringen, sind die Räume für individuelle Erfahrungen mit sozialen Phänomenen eher eng. Umgekehrt verlieren institutionalisierte Vorschläge innerhalb einer eher individualistischen Kultur an Bedeutung für die handelnden Akteure. Es ist jedoch keine Kultur denkbar, in der nicht beide Pole von kollektivem und individualistischem Selbstverständnis gegeben sind und in der das Individuum mit seinem Handeln nicht jeweils eine – zumeist unbewusste – Abwägung vornimmt.

Gerade wenn es um interkulturelle Konflikte geht, kann man nicht davon ausgehen, dass die am Konflikt Beteiligten, seien es die Konfliktparteien oder eben auch unbeteiligte Dritte, im vollen Umfang verstehen oder auch nur nachvollziehen können, was der eigentliche Konflikt für die einzelnen Konfliktakteure bedeutet. Die Gesellschaft, in der wir groß geworden sind, stellt uns ein sehr spezielles Instrumentarium zur Verfügung, um das System ‚Konflikt' zu erfahren, zu be- und verarbeiten. Wie wir gelernt haben Konflikte wahrzunehmen, zu erleben und zu bearbeiten hängt auch von unserem kulturellen Hintergrund ab, denn in Auseinandersetzung mit diesem haben wir uns unser eigenes, individuelles Konfliktverstehen erarbeitet. Da sich dieser Hintergrund von Gesellschaft zu Gesellschaft unterscheidet und wir uns in aller Regel unbewusst auf ihn beziehen, entstehen bei interkulturellen Konflikten notwendigerweise auch ungewollt Verstehensbarrieren. Sich diese bewusst zu machen, nicht, um dann vor ihnen zu resignieren, sondern um anders mit ihnen umgehen zu können, das ist die Absicht der im Folgenden vorgestellten Übungen zur Konfliktkultur. Es geht letztlich darum, mit kulturellen Unterschieden so umgehen zu lernen, dass sich ihre Bedeutung im aktuellen Konflikt so weit relativieren lässt, dass die Chance für eine friedliche Beilegung des Konflikts nicht durch sie verbaut wird. Dazu gehört allerdings, kulturelle Unterschiede erst einmal zu ermitteln, sie nicht aus Furcht vor ihrem Eskalationspotenzial zu leugnen.

**Bedeutung des Konflikts**

Die selbsterforschende Ausrichtung der Übung nimmt den Gedanken der Selbstreflexion über die kulturellen Bezugspunkte eigenen Handelns auf. Es wird versucht, einen Klärungsprozess über die normalerweise nicht genannten, impliziten Voraussetzungen für ein reibungsloses Funktionieren von Mediationsverfahren in Gang zu setzen. Anschließend lässt sich danach fragen, wie denn Modifikationen des Verfahrens und ggf. Erweiterungen der notwendigen Kompetenzen aussehen müssten, um einer zusätzlichen Herausforderung, die in unterschiedlichen Konfliktkulturen begründet liegt, angemessen begegnen zu können.

**Erforschen der eigenen Voraussetzungen**

Eine solche Frage (z.B. unsere Leitfrage: „Wie haben wir in unserer Gesellschaft gelernt mit Konflikt umzugehen?") schärft den Blick für etwas, über das man sich normalerweise keine Gedanken macht, eben weil es normal zu sein scheint.
Die Frage genau *so* zu stellen statt zu fragen: „Wie geht man in Deutschland und in anderen Ländern mit Konflikt um?", verdeutlicht auch den von uns verfolgten Ansatz interkulturellen Lernens: Das Lernen über das Fremde beginnt immer mit der Wahrnehmung der

**Wahrnehmung der eigenen Selbstverständlichkeiten**

eigenen Selbstverständlichkeiten. Grundsätzlich steckt hinter einer solchen Frage ein Verständnis von kulturellen Unterschieden, nach dem sich kulturelle Unterschiede auf die gesellschaftlich bedingten Differenzen der Erfahrungen von Individuen gründen.

**Das Individuum und seine Erfahrungen**

Das heißt: Ausgangspunkt ist zunächst das Individuum und seine Erfahrungen. Unseres Erachtens besteht die Individualität der Erfahrungen allerdings zunächst einmal nur darin, dass sie individuell angeeignet werden. Das heißt, wir gehen davon aus, dass das Spektrum möglicher Erfahrungen unüberschaubar riesig, aber insofern doch begrenzt ist, dass die Form, in der sie verarbeitet werden, – nicht nur, aber auch – gesellschaftlich geprägt ist. Innerhalb der nationalstaatlich verfassten Gesellschaften sind Erfahrungen u.a. geprägt durch die spezifischen, national unterschiedlichen Geschichtsverläufe, den spezifischen Aufbau und die spezifische Funktionsweise der bestehenden gesellschaftlichen Institutionen, die spezifischen Schichtungen der Gesellschaft und – in interkulturellen Arbeitszusammenhängen immer besonders offensichtlich werdend – die das Denken und Kommunizieren bestimmende, gesprochene und geschriebene Sprache. Das einzelne Individuum ist immer nur mit einem spezifischen Ausschnitt aus dem riesigen, aber dennoch begrenzten Spektrum kulturell möglicher Erfahrungen konfrontiert bzw. im Verlauf seiner Sozialisation von diesem betroffen.

Obwohl sich für kulturelle Identitäten, darunter auch nationale Identitäten, relativ klar bestimmen lässt, welche Normen, Werte und Verhaltensmuster sie konstituieren, erlauben solche Beschreibungen keine eindeutigen Vorhersagen, wie sich das einzelne Individuum in bestimmten Situationen verhalten, wie es sie wahrnehmen oder die Situation deuten wird. Denn Individuen wählen zwischen den multiplen Identitäten, über die sie verfügen. Die Identität von Individuen verschiedener kultureller Zugehörigkeit wird von ihnen jeweils situativ definiert.

**Unbewusste Definitionen**

Ob ich mich als Frau, als Deutsche, als Türkin mit deutscher Staatsangehörigkeit oder als Politologin usw. definiere, das hängt zuallererst von der Situation ab, in der ich diese Definition vornehme.

Es ist dieser Vorgang, der die Beschäftigung mit Selbst- und Fremdbildern auch im Zusammenhang mit Mediation bzw. der Forschung über Mediation in interkulturellen Konflikten notwendig macht. Denn nicht nur meine eigene Identität bestimme ich situativ, sondern auch die der anderen, wenn ich als Konfliktpartei oder SchlichterIn in einen interkulturellen Konflikt involviert bin. Dies passiert in der Regel blitzschnell und häufig wenig bewusst unter Rückgriff auf Definitionsangebote, oder präziser: Stereotype, die innerhalb meiner Kultur für die Gruppe existieren, der ich die anderen Personen jeweils zuordne. Es erscheint darüberhinaus weitaus wichtiger, ob diese Definitionen als einigermaßen plausibel gelten können, als dass es wichtig wäre, ob sie der Wahrheit entsprechen. Und zumindest für die Konfliktparteien ist anzunehmen, dass sie zu Gunsten der strategischen Nützlichkeit dieser Zuschreibungen notfalls sogar Plausibilitätsmängel hinnehmen würden[39].

Dieser Wahrnehmungs„filter", der einen die anderen Beteiligten an einem Konflikt durch eine „Brille" aus Stereotypen, Strategien und Wahrscheinlichkeiten sehen lässt, steht mit im Hintergrund unserer Frage, wie wir gelernt haben mit Konflikt umzugehen. Die Aufmerksamkeit soll demnach auf den eigenen Wahrnehmungs"apparat", die eigenen Deutungs- und Verhaltensmuster gerichtet werden.

**Die eigene Wahrnehmung durchleuchten**

Wie ich mich in einer bestimmten Situation verhalten werde (und auch verhalten kann), wird von unterschiedlich strukturierten Einflussfaktoren bestimmt: von den langfristig erworbenen, durch die unterschiedlichsten Gruppenzugehörigkeiten eines Individuums geformten Identitäten – und damit durch deren jeweilige Wahrnehmungs-, Deutungs- und Verhaltensmuster – wie von der Wahrnehmung und Deutung der aktuellen Situation selbst, wobei diese ihrerseits auf die mitgebrachten Muster zurückgreift. Nach den Konfliktkulturen fragen heißt sich die benutzten Muster näher anzuschauen, v.a. auch den Prozess ihrer Aneignung wenigstens in Ansätzen für sich selbst wieder zugänglich zu machen.

Wenn man davon ausgeht, dass Konfliktkulturen zu einer Eskalation in interkulturellen Konfliktsituationen beitragen können (wenn auch nicht müssen!), dann ist es ganz besonders für MediatorInnen, die ja einen geeigneten Rahmen für eine konstruktive Bearbeitung des Konflikts bereitstellen sollen, unerlässlich, sich mit diesem potenziellen „Gegenspieler" auseinander gesetzt zu haben. Die Frage nach den gesellschaftlichen Einflüssen auf das eigene Verhalten und deren Hintergrund aus Wahrnehmungen und Deutungen ist nun aber eine im höchsten Grad selbstreflexive Frage, d.h., sie ist nur schwerlich allgemein oder ausschließlich theoretisch zu beantworten. Außerdem

**Distanz zur eigenen Geschichte**

---

[39] *Der hier angesprochene Mechanismus ist vermutlich so alt wie die Menschheit selbst. Jedenfalls beschreibt schon eins der Gleichnisse aus der Bibel, dass man eher geneigt ist den Splitter im Auge des anderen zu sehen als den Balken im eigenen Auge. Wobei eben der Splitter im Auge des anderen wie ein riesiger Balken erscheint, wenn so verhütet wird, dass ich meine eigenen Fehler wahrnehmen muss...*

bedeutet eine solche Frage einen Bruch mit dem Selbstverständlichen, sodass ihre Beantwortung verlangt, eine ungewohnt distanzierte Perspektive auf die eigene Geschichte und auf deren Ergebnisse einzunehmen.

Gerade in einer interkulturellen (Lern-)Gruppe haben Methoden der Selbstreflexion und -exploration einen wichtigen Stellenwert bei der Klärung eigener individueller Motivationen und gegenseitiger Beziehungen, was auch für die nationalen Untergruppen gilt. Der Blick auf das Selbst konzentriert sich bei der Übung auf einen Aspekt.

**Ausgangspunkt der Methode**

Die hier vorgestellte Methode, die ganz schlicht „Übung zu Konfliktkulturen" heißt, nimmt ihren Ausgangspunkt gewissermaßen am Ende der eigenen Geschichte ein. Sie initiiert einen Austausch der Bilder, die die einzelnen TeilnehmerInnen und die jeweiligen nationalen Kleingruppen von der eigenen und von den anderen Nationalitäten bezogen auf ihrer aller Umgang mit Konflikt hatten, um von dort aus weiterzufragen, woher diese Bilder stammen, und auch darüber in einen Austausch zu treten.

**Gruppenformationen**

Für die Übung gilt, dass in ihrem Verlauf mit wechselnden Gruppenzusammensetzungen gearbeitet werden muss, um die Unterschiede zwischen und die Gemeinsamkeiten innerhalb der jeweiligen kulturellen Gruppen langsam einkreisen zu können. Es gibt 4 grundlegende Gruppenformationen[40]:

a) die einzelnen TeilnehmerInnen (Individuen)

b) national gemischte Kleingruppen (bei drei Nationalitätengruppen maximal 10 Kleingruppen, deren Zahl sich allerdings durch Zusammenfassen von je zwei Gruppen reduzieren lässt)

c) nationale Kleingruppen (bei drei Nationalitätengruppen mindestens 3 Kleingruppen, deren Zahl sich allerdings durch Aufteilung der Gruppen vervielfachen lässt)

d) Plenum (alle TeilnehmerInnen zusammen)

---

[40] *Weitere Grundeinheiten, etwa eine Aufteilung nach Geschlechtergruppen, nach Altersgruppen oder nach anderen Mischungsprinzipien, etwa den so genannten „Perl"-Gruppen (so genannt, weil es sich um nationale Kleingruppen handelt, in denen jeweils ein oder zwei VertreterInnen der anderen nationalen Gruppen, wie Perlen in einer Auster, anwesend sind) können sinnvoll sein, je nachdem welche Frage es zu klären gilt.*

Erst die Gegenüberstellung der Ergebnisse aus der einen Gruppen-
formation mit denen anderer am Ende der Übungen lässt ein allen
zugängliches Bild der Konfliktkulturen enstehen. Insofern sind die
Phasen innerhalb der Übung nicht als Module zu verstehen, die ggf.
auch allein einsetzbar wären, sondern die Konfrontation verschiedener Perspektiven miteinander und der Abgleich zwischen ihnen sind
ein wichtiges Arbeitsprinzip der Übungen. Damit ist aber nicht gesagt, dass es immer genau diese Aspekte der multiplen Identitäten
der TeilnehmerInnen sein müssen. Bei der Bildung der Kleingruppen
hat uns die Beziehung zwischen Individuen und ihren (nationalen)
gesellschaftlichen Hintergründen mehr interessiert als andere Fragen, deshalb waren die o.g. vier Gruppenformationen entlang der
Unterscheidung der Nationalitäten strukturiert. In anderen Gruppen
wären aber auch andere Unterscheidungskriterien, z.B. unterschiedliche Altersgruppen, ohne weiteres als Strukturierungsprinzip einsetzbar.

**Konfrontation
der Perspektiven**

# 3.1 Übung zu Konfliktkulturen

Die übergeordnete Frage, wie wir in der eigenen Gesellschaft gelernt
haben mit Konflikt umzugehen, wird bei dieser Übung praktisch zugänglich gemacht, indem nach den diesbezüglichen Selbst- und Fremdbildern gefragt wird. Die Annäherung an den Begriff Konfliktkulturen
vollzieht sich also über einen Prozess der schrittweisen Vergegenwär-
tigung der stereotypen Bilder vom Umgang der eigenen und auch
anderen (nationalen) Kulturen mit Konflikt.

Fokus ist dabei immer die eigene Wahrnehmung, wobei man sich allerdings von der individuellen zur kollektiven Wahrnehmung „vorar-
beitet", d.h., das „Eigene" erweitert sich vom eigenen Ich zum eigenen Gruppen-Wir der nationalen Kleingruppe. Die Übung Konfliktkulturen umfasst daher mehrere Ziele:

**3.1.1
Darstellung**

**Von der individuellen
zur kollektiven
Wahrnehmung**

◎ eine individuelle Selbstreflexion über mein Verständnis des Kon-
zeptes Konflikt;
◎ eine Reflexion in nationalen Gruppen, inwieweit die individuellen
Verständnisse voneinander abweichen bzw. einander ähneln;
◎ eine Reflexion in nationalen Gruppen über die eigenen Bilder von
den anderen;
◎ eine Konfrontation der Selbst- mit den Fremdbildern
◎ ein Prozess des sich gegenseitigen Erklärens über die Herkunft und
die Bedeutung der präsentierten Bilder.

Diese Übung bietet damit einen Rahmen, in dem individuelle wie auch kollektive Selbst- und Fremdbilder bewusst und sichtbar gemacht werden können. Davon ausgehend können sie später auch auf ihre Rolle in interkulturellen Mediationen hin befragt und untersucht werden.

*Was meint Konfliktkultur*
Eine Frage nach dem erlernten Umgang mit Konflikten ist ausgesprochen abstrakt und selbst noch die Frage nach den Bildern, die man sich vom Umgang mit Konflikt in der eigenen Kultur und in anderen Kulturen macht, ist nicht voraussetzungslos zu beantworten. Wir halten es daher für hilfreich, die Frage weiter zu konkretisieren und sich ihr aus unterschiedlichen Perspektiven zu nähern. Wir haben sechs Indikatoren zur Verfügung gestellt – es wären allerdings auch noch weitere vorstellbar[41] – mit deren Hilfe die subjektive Beschreibung verdichtet werden kann:

**Verdichtung der subjektiven Beschreibung**

a) Geschichtsbewusstsein,
b) Verhandlungsstil,
c) Konfliktsphäre,
d) rationales Konfliktverständnis,
e) Konfliktlösungspräferenzen,
f) emotionale Haltung.

---

[41] *Für unseren Kontext mussten wir uns für bestimmte Indikatoren entscheiden, die uns hilfreich erschienen, um die vorhandenen kulturellen Unterschiede in Bezug auf Konflikt zu verdeutlichen. Andere Indikatoren wären vielleicht ebenso erhellend gewesen, wir konnten aber nicht alle berücksichtigen. Je nach Gruppenkonstellation lassen sich aber auch andere und vielleicht zutreffendere Indikatoren finden.*
*So z.B.: Verhältnis zu Autoritäten:*
*stark auf Meinungsführerschaft fixiert ↔ selbstbestimmt;*
*konstitutives Verständnis von Gesellschaft: individualistisch ↔ kollektivistisch; usw.*

| Indikator | Beschreibung |
|---|---|
| Geschichtsbewusstsein | Dieser Indikator fragt nach dem gesellschaftlichen Verhältnis von Zeit und Konflikt. Gesellschaftliche Konflikte sind Krisenmomente, die die Stabilität der herrschenden Verhältnisse bedrohen. Für jede Gesellschaft und für jedes kollektive Gedächtnis gibt es Schlüsselszenen, die den Werdegang der Gesellschaft entscheidend beeinflusst haben. Wie wichtig sind diese für das Verstehen des aktuellen Zustandes einer Gesellschaft? Wie stark und gegenwartswirksam sind vergangene Konflikte? |
| Verhandlungsstil | Dieser Indikator fragt nach dem in der Gesellschaft vorherrschenden Modell, eigene Interessen zu formulieren und durchzusetzen. Ist es zu vermuten, dass die Akteure eher stark wettbewerbsorientiert ihre Interessen in Verhandlungssituationen klar benennen können/wollen, ,auf den Tisch packen' und versuchen ein Maximum ihrer Interessen zu erreichen, oder wird eher eine Tendenz erwartet, sehr vorsichtig und behutsam zu agieren und eigene Interessen zunächst überhaupt nicht benennen zu können/wollen? |
| Konfliktsphäre | Dieser Indikator fragt nach dem gesellschaftlichen Verhältnis von (öffentlichem) Raum und Konflikt. Ist es in der zu beschreibenden Gesellschaft angemessen, dass Konflikte von allgemeinerem Belang eher in einem geschützten, dafür eingerichteten, intimen Platz verhandelt werden, oder werden Konflikte eher zum Anlass einer möglichst breiten, innergesellschaftlichen Konfrontation genommen, also eher öffentlich gemacht und auch verhandelt? |
| Rationales Konfliktverständnis | Dieser Indikator fragt nach der herrschenden Konfliktphilosophie innerhalb einer Gesellschaft. Eine Gesellschaft prägende geistige Strömungen, seien es Politik, Religion oder Wissenschaft, nehmen in aller Regel auch eine Bewertung von Konflikten vor. Werden sie eher als Störung, als Gefahr der bestehenden Ordnung und als vorübergehendes Phänomen interpretiert oder werden sie eher zum Anlass genommen, um über vielleicht notwendige Veränderungen nachzudenken? |
| Konfliktlösungs-präferenzen | Dieser Indikator fragt nach den vermuteten gesellschaftlichen Vorlieben für eine Konfliktlösung, die als dauerhaft und wünschenswert angesehen wird. Werden in der zu beschreibenden Gesellschaft eher Konfliktlösungen begrüßt, denen als Ergebnis von Ver- und Aushandlungen möglichst alle Beteiligten zustimmen können, die möglichst einen gemeinsamen Konsens formulieren, oder gibt es eher die Tendenz, unterschiedliche Meinungen als unvereinbare Standpunkte zu verstehen, eher situative Lösungen anzuerkennen, die den grundsätzlichen Dissens aber nicht aufgeben? |
| Emotionale Haltung | Dieser Indikator fragt nach der – vermuteten – in der zu beschreibenden Gesellschaft vorherrschenden, individuellen, subjektiven Disposition der Akteure im Hinblick auf Konflikte. Ist es für Akteure in dieser Gesellschaft eher kennzeichnend, dass sie sich bereitwillig auf Konflikte einlassen, oder wird vermutet, dass die Akteure eher versuchen werden den Konflikt zu meiden? |

Aus diesen Erläuterungen ergibt sich ein Verständnis von Konfliktkultur, welches sich folgendermaßen darstellen lässt:

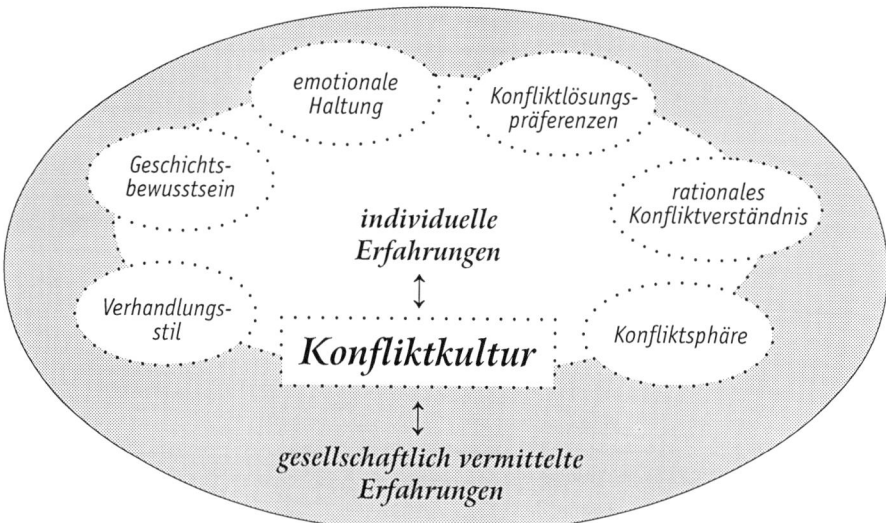

Die Indikatoren als konkrete Ansatzpunkte für eine Beschreibung der
eigenen Bilder vom Umgang mit Konflikt in unterschiedlichen Kulturen bringen nach unseren Erfahrungen mit dieser Übung die Stereotype[42] wie auch Wahrnehmungen und Deutungen individueller Erfahrungen zum Vorschein. Damit ist, das soll nicht unerwähnt bleiben,
immer auch ein hohes Risiko verbunden. Allzuleicht verkehrt sich die
Intention der Übung, Vorurteile bearbeitbar zu machen, in ihr Gegenteil, nämlich dann wenn das Gefühl entsteht, dass Vorurteile produziert werden sollen. Einige kritische Reflexionen finden sich deshalb am Ende des Kapitels sowie in der Einschätzung dieser Übung.

3.1.2 **Ablauf**   Die „Übungsreihe zu Konfliktkulturen" ist komplex und benötigt einen angemessenen und möglichst flexiblen Zeitrahmen. In unserem
Fall waren das insgesamt 2 Tage. Die Übung gliedert sich in 3 Phasen,
die sich dann ihrerseits wieder in mehrere Schritte unterteilen:
1. Einführung (45–60 Minuten)
2. Beschreibungen der Konfliktkulturen (180–225 Minuten)
3. Konfrontation der Beschreibungen (450–540 Minuten)

---

[42] d.h. die gesellschaftlich überlieferten, zu Bildern geronnenen Erfahrungen mit
(der) und Projektionen auf die eigene(n) und fremde(n) Kultur(en), die sich das
Individuum im Verlauf seiner Sozialiation aneignet

Es liegt in der Natur von Beschreibungen, dass sie immer auch bewerten. Selbst- und Fremdbilder zu haben ist eine Sache, sie zu benennen, ihnen ein greifbares, öffentliches Gesicht zu geben, sie anderen zur Verfügung zu stellen, ist eine ganz andere. Es muss also damit gerechnet werden dass TeilnehmerInnen sehr reserviert auf diese Anforderung reagieren. Dieser Widerstand ist berechtigt und muss ernst genommen werden. Dazu gehört, dass die Ziele und der Sinn der Übungsreihe zu Beginn transparent gemacht werden müssen.

| Phase | Arbeitsschritt | Arbeits-gruppen-formation | Inhalte/Aufgabenstellung | benötigte Zeit in min | Materialien |
|---|---|---|---|---|---|
| 1 | Einführung | Plenum | Allgemeine Klärung des Begriffs Konfliktkultur<br>Erläuterung zu den Indikatoren<br>Darstellung der Arbeitsschritte | 45–60 | Flipchart zu Konfliktkultur/ Indikatoren; |
| 2a) | Beschreibung der eigenen Konfliktkultur | nationale Kleingruppen | Beschreibung der Konfliktkultur der eigenen Nationalität mithilfe von Skalen; Austausch über die den Skalenwerten zu Grunde liegenden Bilder/Erfahrungen<br>Arbeitsschritte:<br>1) individuelle Skalierung<br>2) Skalierung in der Arbeitsgruppe<br>3) Gruppendiskussion | 60–75 | Arbeitsgruppen-räume; Arbeits-blätter für jeden der 6 Indikato-ren, Stifte; Flips zum Abtragen der Gruppen-skalierungen |
| 2b) | Beschreibung der Konfliktkultur der 2. im Seminar vertretenen nationalen Kultur | nationale Kleingruppen | Beschreibung der Konfliktkultur der 2. Nationalität mithilfe von Skalen; Austausch über die den Skalenwerten zu Grunde liegenden Bilder/Erfahrungen<br>Arbeitsschritte:<br>1) individuelle Skalierung<br>2) Skalierung in der Arbeitsgruppe<br>3) Gruppendiskussion | 60–75 | „ |
| 2c) | Beschreibung der Konfliktkultur der weiteren im Seminar vertrete-nen nationalen Kultur | nationale Kleingruppen | Beschreibung der Konfliktkultur der weiteren Nationalität mithilfe von Skalen; Austausch über die den Skalenwerten zu Grunde liegenden Bilder/Erfahrungen<br>Arbeitsschritte:<br>1) individuelle Skalierung<br>2) Skalierung in der Arbeitsgruppe<br>3) Gruppendiskussion | 60–75 | „ |
| 3a) | Konfrontation der Ergebnisse Gruppe 1 | Plenum | 1) Präsentation der Skalen zu Gruppe 1<br>2) Prozess des gegenseitigen Erklärens der Beschreibungen von Gruppe 1 | 150–180 | Wandfläche oder Stellwände für 3x 6 Flips |
| 3b) | Konfrontation der Ergebnisse Gruppe 2 | Plenum | 1) Präsentation der Skalen zu Gruppe 2<br>2) Prozess des gegenseitigen Erklärens der Beschreibungen von Gruppe 2 | 150–180 | „ |
| 3c) | Konfrontation der Ergebnisse Gruppe 3 | Plenum | 1) Präsentation der Skalen zu Gruppe 3<br>2) Prozess des gegenseitigen Erklärens der Beschreibungen von Gruppe 3 | 150–180 | „ |

*zu Phase 1*

**Prozess der
Vorab-Klärung**

Abgesehen von den notwendigen inhaltlichen und technischen Erklärungen ist diese Phase v.a. deshalb so wichtig, weil es vor dem
Einstieg in die Arbeit ein paar grundsätzliche Dinge zu klären gilt. Es
muss erreicht werden, dass die Bedrohlichkeit relativiert werden kann,
die für die TeilnehmerInnen von den Bewertungen ausgehen kann,
die den individuellen Beschreibungen von Konfliktkulturen anhaf-
ten. Dazu sind folgende Klärungen nötig:

⊚ Die Polarisierungen bei den Beschreibungen beinhalten kein Richtig oder Falsch;

⊚ Die Einzelbeschreibungen verobjektivieren sich durch einen mehr-
maligen gegenseitigen Austausch;

⊚ Fremdbeschreibungen sind zuallererst Selbstbeschreibungen; und
als der wichtigste Punkt bei der Darstellung:

⊚ Es wird nicht beabsichtigt, generelle Aussagen über die jeweilige
nationale Konfliktkultur ableiten zu wollen.

Dieser Prozess der Vorab-Klärung ist notwendig, um eine möglichst
große Offenheit und Akzeptanz für die Beschreibungen und die sich
anschließenden Diskussionen herzustellen. Derart vorbereitet kann
mit der eigentlichen Arbeit begonnen werden.

*zu Phase 2a), 2b) und 2c) (wenn weitere Nationalitäten vorhanden
sind, müssen auch weitere Kleingruppen gebildet werden!)*

Nach der Vorbereitungsphase im Plenum teilt sich nun die Gruppe in
nationale Kleingruppen, die sich, jeweils von einem/r ModeratorIn
angeleitet, an die Beschreibung der Konfliktkulturen machen.

**Material**

**Die Arbeitsgruppen sollten dazu in ihren Räumen folgende Be-
dingungen vorfinden (d.h., die SeminarleiterInnen müssen die
Räume vorher entsprechend hergerichtet haben):**

⊚ In jedem der drei Räume ist auf dem Fußboden eine Skala vorbereitet. (Tesakrepp-Band, das mit 7 Querstrichen für die Skalierungs-
punkte 1 bis 7 auf den Fußboden geklebt wird)

⊚ An den Wänden hängen insgesamt sechs Flips, die jeweils mit dem
Indikator (z.B. Geschichtsbewusstsein), der Skala von 1–7 und den
dazugehörigen Polen (z.B. sehr präsent bei 1; haben keine Bedeutung bei 7) beschriftet sind.[43]

⊚ Der/die ModeratorIn hat einen der Anzahl der Gruppenmitglieder
entsprechenden Satz von Kopien (DIN-A4-Arbeitsbögen) dieser Flips
für alle TeilnehmerInnen mitgebracht.

---

[43] *Zur besseren Übersichtlichkeit im weiteren Verlauf ist es ratsam, dass die Kleingruppen Flips in unterschiedlichen Farben erhalten, also AG 1 weiß; AG 2 blau usw.*

Bei der Arbeit in der nationalen Kleingruppe soll grundsätzlich die folgende Regel eingehalten werden, die deshalb gleich zu Beginn verkündet werden sollte:

**Die Arbeitsschritte 1) Individuelle Skalierung und 2) Skalierung in der Arbeitsgruppe finden unter absolutem Redeverbot statt.**

**Skalierung**

Phase 2 (a–c) läuft dann folgendermaßen ab:

1. Zunächst soll jedeR individuell auf dem Arbeitsbogen für den gerade angesprochenen Indikator für die gefragte kulturelle Gruppe sein Kreuz auf der Skala vermerken.
2. Anschließend wird eine Zuordnung zu einem Skalierungspunkt in der Gruppe erfolgen. Die Gruppenmitglieder stellen sich dazu auf den Punkt der Skala auf dem Fußboden, der ihrer persönlichen Zuordnung entspricht[44], die dann auf dem entsprechenden Flip für den jeweiligen Indikator abgetragen wird.
3. Erst nach Abschluss dieser Phase beginnt die Diskussion in der Gruppe.

Zu den oben beschriebenen Indikatoren sind Fragen formuliert, deren Antworten sich auf einer Skala zwischen zwei Polen zuordnen lassen:

| *Indikator* | *Frage* | *Skala* |
|---|---|---|
| *Geschichtsbewusstsein* | *Nach meinen subjektiven Eindrücken oder Beobachtungen: Wie stark sind vergangene gesellschaftliche Konflikte im Alltagsbewusstsein und Handeln der betroffenen Akteure in der Gesellschaft X präsent?* | *vergangene gesellschaftliche Konflikte sind für die Mitglieder von X: sehr präsent ↔ haben kaum eine Bedeutung* <br><br> 1 ◄──► 7 |
| *Verhandlungsstil* | *Nach meiner subjektiven Einschätzung oder Beobachtung: Wie selbstverständlich ist es in der Gesellschaft X, eigene Interessen in Verhandlungssituationen klar zu benennen und zu versuchen ein Maximum dessen durchzusetzen?* | *Die Mitglieder der Gesellschaft X sind: im Wahrnehmen ihrer Interessen sehr explizit ↔ im Wahrnehmen ihrer Interessen sehr implizit* <br><br> 1 ◄──► 7 |

*Fortsetzung der Tabelle auf der nächsten Seite*

[44] *In unserem Fall hatten wir sie gebeten nicht auf ihre Arbeitsbögen zu schauen, sondern sich spontan zu positionieren. Dies gibt dem Sog der Mehrheit deutlicheren Ausdruck, denn tatsächlich gab es bei einigen Differenzen zwischen ihrer Wahl auf dem Arbeitsbogen und der Gruppenaufstellung.*

*Fortsetzung der Tabelle von Seite 79*

| *Indikator* | *Frage* | *Skala* |
|---|---|---|
| Konfliktsphäre | Nach meiner subjektiven Einschätzung oder Beobachtung: Besteht in der zu beschreibenden Gesellschaft eher die Tendenz gesellschaftliche Konflikte in einem geschützten, privaten Raum zu bearbeiten oder werden sie möglichst unter einer breiten Beteiligung ungeschützt und öffentlich ausgetragen? | Die Austragung gesellschaftlicher Konflikte in X findet statt: im öffentlichen, ungeschützten Raum ↔ im privaten, geschützten Raum  [1] ←——→ [7] |
| rationales Konfliktverständnis | Nach meiner subjektiven Einschätzung oder Beobachtung: Werden gesellschaftliche Konflikte in der Gesellschaft X eher als Gefahr für den Bestand der Gesellschaft oder als Möglichkeit für deren notwendige Veränderung verstanden? | Die Mitglieder der Gesellschaft X verstehen Konflikte eher als: konstruktiv ↔ destruktiv  [1] ←——→ [7] |
| Konfliktlösungs-präferenzen | Nach meiner subjektiven Einschätzung oder Beobachtung: Besteht in der Gesellschaft X eher die Tendenz Meinungsunterschiede und verschiedene Standpunkte als grundsätzlich miteinander vereinbar anzusehen oder besteht keine Notwendigkeit, diese als unvereinbar stehen lassen zu können? | Die Mitglieder der Gesellschaft X präferieren eher eine Lösung: auf Basis eines Konsenses ↔ auf Basis eines Dissenses  [1] ←——→ [7] |
| emotionale Haltung | Nach meiner subjektiven Einschätzung oder Beobachtung: Wenn ich mir einen ‚typischen‘ Vertreter der Gesellschaft X vorstelle, erwarte ich von ihm eher eine hohe Bereitschaft einen Konflikt mit mir zu haben oder erwarte ich eher eine geringe Bereitschaft seinerseits? | Die gefühlsmäßige Reaktion der Mitglieder der Gesellschaft X auf Konflikte ist: Sie sind konfliktfreudig ↔ Sie sind konfliktvermeidend  [1] ←——→ [7] |

Diese Indikatoren und die dazugehörigen Fragen werden nacheinander mit den 3 Arbeitsschritten für jede der drei kulturellen Gruppen, – zeitgleich, aber getrennt voneinander – in jeder der drei nationalen Kleingruppen bearbeitet. Wenn alle Skalierungen individuell und dann in der Gruppe erfolgt sind und die Gruppendiskussionen zu jeder der drei Konfliktkulturen abgeschlossen sind, endet die Phase 2 der Übung.

*zu Phase 2a)*

Schritt für Schritt geht es in Phase 2a), also wenn es um die eigene Konfliktkultur gehen soll, so vor sich:

**Die eigene
Konfliktkultur**

◎ Zunächst stellt der/die ModeratorIn nochmals kurz den ersten zu beschreibenden Indikator vor. Dann wird er/sie die vorab formulierte Frage zu diesem Indikator verlesen und die TeilnehmerInnen kreuzen dann auf ihrem Bogen jede/r für sich den entsprechenden Skalierungspunkt für die eigene kulturelle Gruppe an.

◎ Danach stellt er/sie den zweiten Indikator vor, stellt die Frage und wiederum kreuzen die TeilnehmerInnen (aber auf dem nächsten Arbeitsbogen!) jede/r für sich den entsprechenden Skalierungspunkt an.

◎ Wenn alle sechs Indikatoren durch sind, bittet der/die ModeratorIn die individuell ausgefüllten Arbeitsbögen beiseite zu legen und sich in der Raummitte zu versammeln.

◎ Er/sie verliest nochmals die Frage zu dem ersten Indikator und bittet die TeilnehmerInnen, dass sie sich auf der Fußboden-Skala einordnen sollen.

◎ Haben sich alle TeilnehmerInnen positioniert, überträgt der/die ModeratorIn die ‚Körpergrafik' auf das entsprechende Flip an der Wand.

◎ Wenn alle Körpergrafiken auf die sechs Flips im Raum übertragen sind, eröffnet der/die ModeratorIn die Diskussion.

Bei der angeleiteten Diskussion sollten folgende Fragen unbedingt berücksichtigt werden:

◎ Weichen eure individuellen Skalierungen von den auf die Flips übertragenen ‚Körpergrafiken' ab?

◎ Wo treten auffällige Abweichungen und Übereinstimmungen auf? Wie werden diese Häufigkeiten und Abweichungen erklärt?

◎ Wenn ich die Frage auch für mich persönlich beantworten wollte: Wo genau würde meine individuelle Platzierung ganz eindeutig von dem vermuteten kollektiven Bild abweichen?

Zunächst ist die Bearbeitung der Skalen nichts anderes als eine individuelle Annäherung an die eigene Konfliktkultur. Die sich anschließende Arbeitsgruppendiskussion soll verdeutlichen, wie kollektive und individuelle Bilder zusammenhängen – gerade auch in der bewussten Abgrenzung. Die gemeinsame Betrachtung in der Gruppe erlaubt schließlich festzustellen, ob es in dieser Gruppe ein eher homogenes oder ein eher heterogenes Bild über die gemeinsame gesellschaftliche Herkunft gibt.

Dieser Diskussionsprozess sollte an einer geeigneten Stelle unterbrochen werden, denn er bildet letztlich erst den Auftakt und soll hier noch nicht abgeschlossen werden. Keinesfalls ist es notwendig, dass die Gruppe zu einem gemeinsamen Ergebnis kommt.

Der nächste Schritt besteht darin, den Blick auf die anderen Kulturen zu richten.

*zu Phase 2b) und 2c)*

**Konfliktkulturen der anderen**

Der Ablauf und die Durchführung der Übung bleibt dabei gleich. Wenn also beispielsweise zunächst die deutsche Gruppe ihr Selbstbild erstellt hat, verfährt sie nun in gleicher Weise bei der Beschreibung der von ihr so wahrgenommenen, anderen nationalen Konfliktkultur, und anschließend, wenn vorhanden, erfolgt ihre Beschreibung der weiteren nationalen Konfliktkultur. Die bei der Diskussion des Selbstbildes wichtige Frage: „Wo genau weicht meine individuelle Platzierung ganz eindeutig von dem vermuteten kollektiven Bild ab?", entfällt dabei naturgemäß. Stattdessen sind möglichst genau die Hintergründe und Begründungen für die Bewertungen zu erfragen. Ebenfalls kann verglichen werden, ob die Fremdbeschreibungen ähnlich heterogen oder homogen ausgefallen sind wie die Selbstbeschreibungen. Am Ende ist der Hinweis des/der ModeratorIn lohnend, dass die Fremdbeschreibungen mehr im Hinblick auf den Inhalt der Selbstaussage interpretiert werden können als auf die Aussagen über die anderen. Sind alle nationalen Gruppen mit ihren Skalenbestimmungen und Gruppendiskussionen fertig, versammeln sich alle wieder im Plenum.

*zu Phase 3*

**Konfrontation mit den Ergebnissen**

Nun beginnt innerhalb der Übungsreihe die vielleicht wichtigste Phase. Die ‚Datenerhebung' ist abgeschlossen und nun sollen die Ergebnisse miteinander konfrontiert werden. Diese Phase besteht:

1) in zwei inhaltlichen Schritten: der Präsentation und dem Prozess des sich gegenseitigen Erklärens. Beide Punkte strikt voneinander zu trennen ist für die Leitung keine leichte Aufgabe, aber sie ist unbedingt einzuhalten. Egal wie die Gruppe vorher zu der Aufgabe stand, jetzt gibt es einen starken Spannungsmoment, und der Ablauf muss Gewähr leisten, dass alle Beteiligten eine Entlastung erfahren können.

2) in drei organisatorischen Einheiten, wobei jede organisatorische Einheit beide inhaltlichen Schritte umfasst. Dies meint, dass wir es in unserem Fall mit drei nationalen Arbeitsgruppen zu tun hatten, die wir im Folgenden X, Y, Z nennen. Jeder Gruppe muss die gleiche Zeit und die gleiche Aufmerksamkeit zur Verfügung ge-

stellt werden. Jede Gruppe ist einmal im Zentrum des Geschehens. Wenn entschieden wird, dass zunächst die Konfliktkultur von X beschrieben werden soll, so präsentieren zunächst Y und Z ihre Ergebnisse zu X. Anschließend präsentiert X sein Selbstbild. Somit ist die Präsentation der Beschreibungen über X abgeschlossen und die Gruppe beginnt mit dem systematischen Prozess des sich gegenseitigen Erklärens. Erst nach Abschluss dieser Phase beginnt die Präsentation und die sich anschließende Erklärung von Y und danach die von Z.

Dieser Ablauf lässt sich am deutlichsten in einer Grafik darstellen:

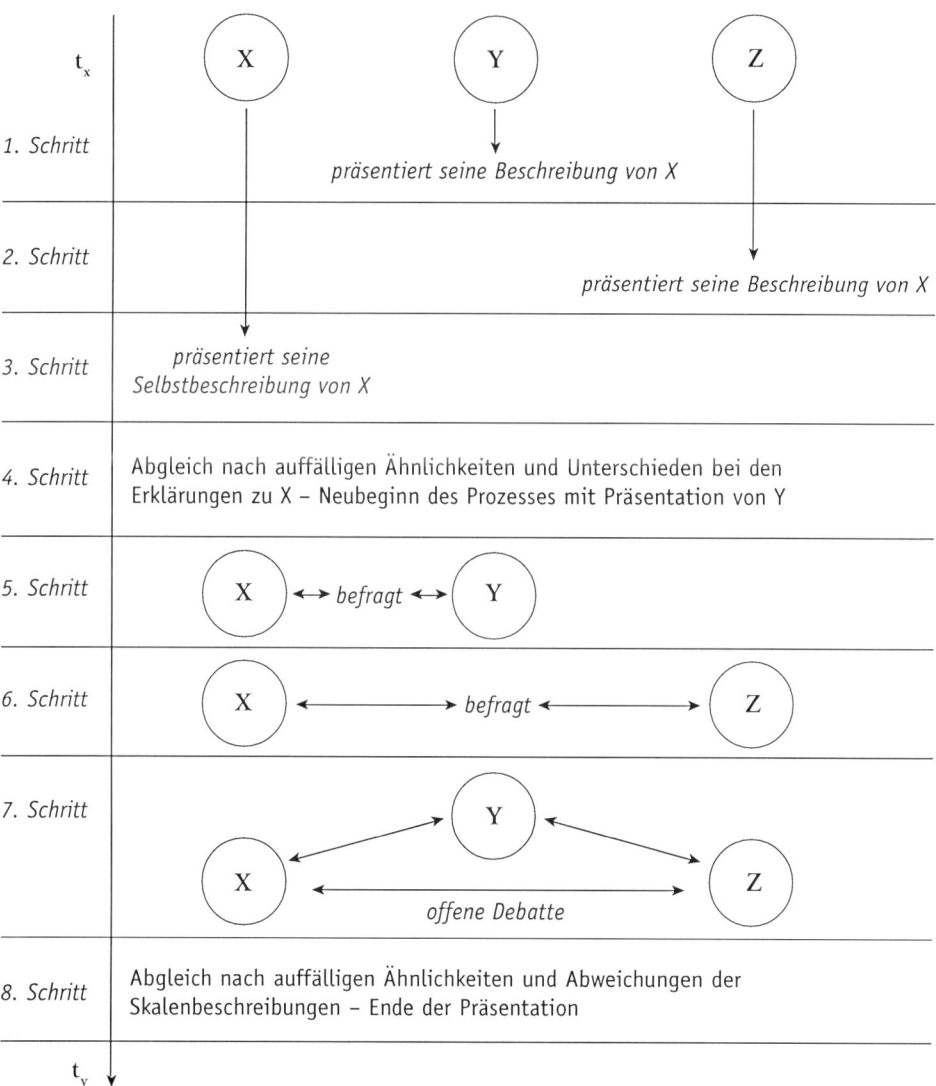

Dieser Ablauf mag sehr kompliziert und formalisiert erscheinen. Die Arbeit an kollektiven Selbst- und Fremdbildern ist jedoch kein einfach zu handhabender Diskursgegenstand. Mit großer Wahrscheinlichkeit ist damit zu rechnen, dass er bei den Beteiligten die gegensätzlichsten Reaktionen auslöst. Um diesen ihren Platz zu geben braucht es eine disziplinierte Kommunikation, die allen Beteiligten garantiert, dass sie sich äußern können und gehört werden. Ein solches verregeltes Verfahren schützt letztendlich sowohl den Prozess der Gruppe als auch die darin beteiligten Individuen. Es liegt in der Verantwortung der Gruppenleitung, dies sicherzustellen.

Um die Ergebnisse der Präsentationen (Schritt 4) und des Erklärungsprozesses (Schritt 8) zu visualisieren, schlagen wir vor, dass drei große Flips ( je eins für X,Y, Z) im Raum aushängen, auf die dann die Ergebnisse übertragen werden können:

| *Indikator für die Beschreibung der Konfliktkultur von X (bzw. Y, Z)* | | *Präsentation Skalenbestimmung (Schritte 1–4)* | | *Prozess der gegenseitigen Erklärung Diskussion (Schritte 5–8)* | |
|---|---|---|---|---|---|
| | | *auffällige* | | *auffällige* | |
| | | *Ähnlichkeiten* | *Unterschiede* | *Ähnlichkeiten* | *Unterschiede* |
| Geschichts- bewusstsein | Y | | | | |
| | Z | | | | |
| | X | | | | |
| Verhandlungsstil | Y | | | | |
| | Z | | | | |
| | X | | | | |
| Konfliktsphäre | Y | | | | |
| | Z | | | | |
| | X | | | | |
| rationales Konfliktverständnis | Y | | | | |
| | Z | | | | |
| | X | | | | |
| Konfliktlösungs- präferenzen | Y | | | | |
| | Z | | | | |
| | X | | | | |
| emotionale Haltung | Y | | | | |
| | Z | | | | |
| | X | | | | |

Diese Übung ist nach unseren Erfahrungen ein Wagnis, das man, den entsprechenden zeitlichen Rahmen vorausgesetzt, unbedingt eingehen sollte, wenn man sowohl einen sehr intensiven interkulturellen Dialog wie auch einen Prozess der Selbstreflexion über die kulturelle Zugehörigkeit in Gang bringen möchte.

### 3.1.3
### Einschätzung

Interkulturelles Lernen ist in wesentlichen Teilen ein Lernen über sich selbst. Die Übung erlaubt diese Blickrichtung interkulturellen Lernens aufzunehmen und diese Forderung, die unserem und wohl auch dem Verständnis vieler anderer von interkulturellem Lernen entspricht, mit Leben zu füllen. Obwohl sie den Blick auf die *eigenen* Bilder zu keinem Zeitpunkt aufgibt, erleichtert sie dennoch, dass man miteinander ins Gespräch kommt, weil sie konkrete Ansatzpunkte für eine Beschreibung der wechselseitigen Bilder anbietet. Diese Übung bringt die TeilnehmerInnen dazu, sich ihrer eigenen Wahrnehmungs- und Deutungsmuster bewusst zu werden und diese für andere transparent zu machen. Diese Muster zeigen sich in interkultureller Kommunikation normalerweise nur in ihren Auswirkungen: Man erklärt mit ihnen das Verhalten der Angehörigen fremder Kulturen und steuert so seine eigene Reaktion. Mit dieser Übung lässt man diejenigen, die sonst bloß „Objekte" sind, an den eigenen Wahrnehmungs- und Deutungsvorgängen teilhaben. Man zeigt etwas von sich, was wenig mit der höflich-diplomatischen, distanzierten „Fassade" zu tun hat, die man normalerweise in interkulturellen Begegnungen zeigen zu müssen glaubt. Selbstverständlich aber ist solche Offenheit zugleich auch schwierig, bietet doch eine Fassade immer auch Schutz, den man hierfür aufgeben muss.

**Interkulturelles Lernen = Lernen über sich selbst**

Diese Offenheit schließt sehr wahrscheinlich auch die Offenlegung von Vorurteilen ein. Sowohl die, die ich über andere habe, wie auch die, die andere über mich/uns haben. Berücksichtigt man dies, dann versteht man, warum diese Übung eben auch ein großes Wagnis bedeutet. Vorurteile sind immer schon da, sie entstehen nicht erst in dem Moment, in dem man über sie redet. Wer Bilder beim Namen nennt und sie beschreibt, ist nicht verantwortlich für ihren Inhalt. Dieses sollte man sich immer wieder vor Augen führen, damit die TeilnehmerInnen bei diesem Prozess keinen Schaden nehmen.

**Umgang mit Vorurteilen**

# 3.2 Gruppendynamische Risiken bei der Verwendung solcher Methoden

**Selbstreflexion als Herausforderung**

Übungen, die in einem solchen Maß selbstreflexiv sind wie die in diesem Kapitel vorgestellte Methode zur Annäherung an Konfliktkulturen, sind, etwa im Vergleich zu Rollenspielen, eine große Herausforderung für alle TeilnehmerInnen. Bei diesen Rollenspielen ist jede/r direkt angesprochen, ohne die Möglichkeit, in eine Distanz herstellende Rolle zu schlüpfen. Fragen nach individuellen wie nationalen Selbstbildern und auch nach Bildern von anderen Individuen oder Nationalitäten lassen sich unmöglich distanziert beantworten.

In solchen Übungen ist Offenheit, Unmittelbarkeit und Wahrhaftigkeit gefordert; sie erlauben auch keine Zurückhaltung um bestimmter Wirkungen bei den ZuhörerInnen willen. Es sind Übungen, die ein Mindestmaß an Vertrauen zueinander voraussetzen, weil man von sich etwas preisgeben wird, was man nicht notwendigerweise als seine „Schokoladenseite" betrachtet. Das macht sie zu Übungen, die als sehr intensiv empfunden werden, die aber auch Unbehagen auslösen können. Dies kann sich bis zu der ängstlichen Befürchtung steigern, man solle sich wie ein Versuchskaninchen in einer Versuchsanordnung bewähren, deren Spielregeln man weder durchschauen noch kontrollieren oder gar ändern kann.

**Herausforderung für die Leitung**

Insofern sind solche Übungen nicht nur für die TeilnehmerInnen eine Herausforderung: Sie bedeuten auch für die SeminarleiterInnen eine große Verantwortung. Diese haben dafür Sorge zu tragen, dass

◎ von allen Beteiligten anerkannt wird, dass wechselseitige Ehrlichkeit und Wahrhaftigkeit zwar für solche Übungen unabdingbar sind, allerdings dort ihre individuelle Grenze finden dürfen müssen, wo aus einer Anforderung eine Überforderung zu werden droht;

◎ klargestellt ist, dass explizite Wertungen von allen Beteiligten unterlassen werden sollten, dass Wertungen aber in Beschreibungen implizit enthalten und daher nicht zu vermeiden sind;

◎ allen Beteiligten bewusst ist, dass es darum geht, sich mit den eigenen Wahrnehmungen und Deutungen auseinander zu setzen. JedeR muss für sich selbst ergründen, wie diese das eigene Verhalten den anderen gegenüber beeinflussen. Es geht genau nicht darum, die anderen auf diese meine Wahrnehmungen, womöglich noch für immer und ewig, festzulegen;

◎ allen Beteiligten bewusst ist, dass die Übungen dazu dienen sollen, sich einander anzunähern. Dort, wo die Unterschiede unüberwindbar bleiben, sollen sie helfen sich in seiner wechselseitigen Fremdheit besser annehmen zu können. Es geht genau nicht darum, Fremdheit zu zementieren.

An nationaler Zugehörigkeit arbeiten zu wollen rührt, jedenfalls bei Deutschen, AmerikanerInnen und FranzösInnen, an ein Tabu. Das sollte sich vor Augen führen, wer so etwas vorhat. Wer es dennoch tut, muss mit Reaktionen des Widerstands und der Abwehr rechnen.

Diese Abwehr sollte nicht überraschen, wenn man bedenkt, was Menschen antreibt, die sich aus freien Stücken der stressgeladenen und verunsichernden Situation, die internationale Begegnungen immer auch sind, aussetzen. Sie stellen sich dieser Herausforderung mit dem Ziel, sich – und oft wohl auch einer imaginierten, tendenziell fremdenfeindlichen gesellschaftlichen Öffentlichkeit – zu beweisen, dass Verständigung, Gemeinsamkeit und Zusammenarbeit zwischen Menschen unterschiedlicher Nationalität möglich und machbar ist. Auf der Suche ist man nach dem Gemeinsamen, stört alles Trennende oder gefährdet sogar (scheinbar) das Erreichen ihres Ziels.

Im Klartext lautet die diesbezügliche Befürchtung: „Wenn wir uns auf eine Übung einlassen, in der wir uns unsere (wechselseitigen) nationalen Stereotypen präsentieren sollen, dann führt das im günstigsten Fall bloß dazu, diese Stereotype zu verfestigen. Im ungünstigsten Fall fühlen sich die anderen möglicherweise dadurch gekränkt und dies kreiert dann unter Umständen neue Vorurteile! Stattdessen sollten wir lieber zeigen, wie unendlich vieles wir miteinander gemeinsam haben. Stereotype trennen, deswegen lehnen wir sie ab."

Als ganz unbegründet kann man die Befürchtung, dass eine wechselseitige Offenlegung der Stereotype die je andere Seite kränken könnte, ja tatsächlich nicht bezeichnen. Vorurteile haben die Macht zu kränken, nicht weil sie unbedingt bösartig sind, sondern weil sie das Individuum auf einige wenige Merkmale reduzieren, die einer Gruppe von einer anderen zugeschrieben werden. Und so ist das Individum, konfrontiert mit Stereotypen, davon bedroht, in seiner tatsächlichen (wenn auch manchmal vielleicht illusionär überhöhten) Individualität nicht anerkannt zu werden.

Ein den westlichen Industriestaaten entstammendes Individuum hat an eben dieser Individualität hart gearbeitet. Was hat es vermutlich auf sich genommen, um sich von anderen in derselben Situation zu unterscheiden, um Konturen zu bekommen und Profil zu gewinnen?

3.2.1
**Widerstands-phänomene gegenüber kultureller Zuschreibung**

**Umgang mit Stereotypen**

Natürlich wird es dann als kränkend empfunden, wenn diese Individualität unter Verweis darauf, „die Deutschen (seien) eben so", vom Tisch gewischt wird.

**Stereotypen bestimmen reicht nicht**

Das Problem ist, dass sich bei Vorurteilen und Stereotypen nicht sagen lässt: „Gefahr erkannt, Gefahr gebannt." Dazu sind diese zu stark im Unbewussten jedes Einzelnen verankert. So wird es wohl auch weiterhin zu den Widersprüchlichkeiten liberaler, internationalistisch orientierter Individuen gehören, dass sie nationale Stereotype oder Vorurteile als nationalistisch beargwöhnen und mehr oder weniger scharf ablehnen. Sie werden aber dennoch nicht so frei von ihnen sein können, wie sie es sich wünschen würden. Man weiß (zumeist) darum, dass man selbst auch Vorurteile hat, aber man schämt sich ihrer, und ganz bestimmt macht man sie nicht gerne öffentlich. Der Widerspruch zwischen Anspruch und Realität gerade in der Frage der Stereotype ist für Menschen, denen aus anerkennenswerten Gründen an internationaler Verständigung gelegen ist, schwer auszuhalten. So kann derjenige, der verlangt sich mit anderen über die wechselseitigen Vorurteile auszutauschen, nicht mit Begeisterung als Antwort rechnen. Wer ahnt oder schon erfahren hat, dass es letztlich doch nicht nur die anderen sind, die Vorurteile haben, der fürchtet hier nicht nur etwas von sich preisgeben, sondern sich bloßstellen zu sollen. Wie unberechtigt diese Befürchtung de facto auch sein mag: Sie ist ebenso verständlich wie die aus ihr folgende Abwehr.

Man sollte sich darüber im Klaren sein, dass man von den TeilnehmerInnen einen Sprung über den eigenen Schatten verlangt, und es entsprechend wertschätzen, wenn er gewagt wird...

# 4 Konfliktszenarios im Perspektivenwechsel: Noch mehr Rollenspiele

Diese Übung greift eine Erfahrung auf, die man in vielen Ausbildungs- und Trainingsseminaren zur Mediation machen kann: Je näher die vorgegebenen Rollenspielkonfliktszenarios an reale Erfahrungen der TeilnehmerInnen heranreichen, umso leichter fällt es ihnen, die Rollen lebensnah zu spielen. Wo immer sich die Gelegenheit bietet, sollten daher auch die Konflikterfahrungen der TeilnehmerInnen in Trainings praktisch einbezogen werden, am besten dadurch, dass man sie selbst die Konfliktszenarios für Rollenspiele vorgeben lässt.

Wir wollen etwas darüber erfahren, inwiefern sich die kulturellen Unterschiede zwischen den beteiligten Nationalitäten auch in der Struktur von Konfliktszenarios niederschlagen werden. Es interessiert uns, inwiefern sich dies als Hindernis in einer Mediation erweist, weil Konfliktparteien und MediatorInnen wegen ihrer unterschiedlichen kulturellen Zugehörigkeiten nicht zu einer gemeinsamen Wahrnehmung und Deutung des Konflikts kommen können.

**Beeinflussen kulturelle Unterschiede die Struktur der Konfliktszenarios?**

## 4.1 Die kulturelle Bedingtheit von Konfliktszenarios

Ausgangspunkt unserer Überlegungen, auch zur Frage der kulturellen Bedingtheit von Konfliktszenarios eine Arbeitseinheit in unser Projekt einzubeziehen, war zunächst einmal nicht Mediation, sondern das Justizwesen als Form der Konfliktbearbeitung.

Wir stellen uns Fragen, die wir nur anreißen aber nicht umfassend klären konnten. Inwieweit erwachsen aus verschiedenen Rechtssystemen Unterschiede, wie generell in einer Gesellschaft mit Konflikten umgegangen wird? Welche Konflikte werden als im Rahmen einer Mediation bearbeitungsfähig betrachtet?

Daran schlossen sich die Fragen an, wie Konflikte und Konfliktkonstellationen von MediatorInnen wahrgenommen werden können?

**Justizwesen als Form der nationalen Konfliktbearbeitung**

In welcher Weise ist diese Wahrnehmung möglicherweise von den innerhalb der je eigenen Gesellschaft vorhandenen Stereotypen über bestimmte Konfliktkonstellationen beeinflusst? Um es an einem Beispiel zu verdeutlichen: Während in den USA Konflikte zwischen Mietern und Vermietern eher einer Art von „Tarifautonomie" zu unterliegen scheinen, d.h., im Normalfall Gegenstand von *Verhandlungen* zwischen den Parteien oder auch von Mediationen sind, sind sie in Deutschland sehr stark verrechtlicht. Sie werden eher mit der Unterstützung von Rechtsanwälten und Gerichten bearbeitet. Man geht in der Interpretation sicher nicht zu weit, wenn man sagt, dass sich in diesem Unterschied auch ausdrückt, dass der amerikanischen Regelung ein Bild von zwei gleichberechtigten Verhandlungspartnern zu Grunde liegt. Die Verrechtlichung in Deutschland in Form von sog. Mieterschutzgesetzen deutet schon an, dass von einer grundlegenden Asymmetrie im Verhältnis Mieter-Vermieter ausgegangen wird, die vom Gesetzgeber durch einschlägige Regelungen ausgeglichen werden soll.

**Auswirkungen von gelernten Machtpositionen**

Wie, so lautete die Frage, wirkt sich ein entsprechend strukturiertes Vorverständnis von Symmetrie oder Asymmetrie einer Konfliktkonstellation in einer Konfliktsituation aus, in der die Konfliktparteien einer anderen Kultur angehören? Wie stark ist die Rolle, die solche Konfliktvorverständnisse [45] in einer Mediation spielen können, wirklich? Sind sie eine Barriere? Ist es wirklich so, dass etwa deutsche MediatorInnen sich in einem „amerikanischen Konflikt" nicht zurechtfinden könnten? Würden sie mit Deutungen der Lage arbeiten, die so weit neben der Wahrnehmung der Konfliktparteien liegen, dass diese sich in dem Verfahren nicht mehr angemessen unterstützt fühlen können?

 # 4.2 Methode: We play your's

**4.2.1 Darstellung**

Ziel dieser Übung soll es sein, die jeweiligen Konfliktwahrnehmungen und -deutungen sichtbar machen zu können. Damit soll auch deutlich werden auf welchen Wegen die auch von einer nationalen Kultur geprägten Erfahrungen von TeilnehmerInnen sich in einer Mediation auswirken können.

---

[45] *die man auch als verallgemeinernde Sicht oder auch Stereotype über Konfliktkonstellationen und die „typischen" Machtverhältnisse in ihnen bezeichnen könnte*

Die Grundidee ist, dass jede nationale Gruppe als *Autorin* eines Mediationsfalles die anderen nationalen Gruppen dabei beobachtet, was sie aus ihrem Fall machen. Die TeilnehmerInnen, die im Rollenspiel die Konfliktparteien spielen, gehören also der zweiten anwesenden nationalen Kleingruppe an und die, die als MediatorInnen agieren, der dritten nationalen Kleingruppe.

Hinter dieser Idee steht ein mögliches Dilemma: In Konfliktfällen, in denen die Konfliktparteien unterschiedlichen Kulturen angehören, scheint es im Sinne der gebotenen Neutralität am einfachsten, als MediatorIn jemanden zu wählen, der/die einer dritten kulturellen Gruppe angehört. Für diese/n MediatorIn aber stellt sich dadurch das Problem, vor dem alle MediatorInnen im Zusammenhang mit der von ihnen geforderten Neutralität ohnehin immer stehen, u.U. als ein noch schwieriger zu lösendes dar: Das Problem nämlich, ohne Vorkenntnisse zu Konfliktparteien und Konflikt verstehen zu sollen, worum es bei den Konfliktparteien in dem Konflikt geht.

**Jede nationale
Gruppe schreibt
ein Rollenspiel**

Selbst wenn man davon ausgeht, dass es keineswegs in allen so genannten interkulturellen Konflikten nötig ist, auch formell im Sinne ihrer kulturellen Zugehörigkeit neutrale MediatorInnen mit der Bearbeitung zu beauftragen, bleibt immerhin für diejenigen Konflikte, die gemäß unserer Arbeitsdefinition wirklich interkulturelle Konflikte sind, das Problem des möglichen Nicht-Verstehens bestehen. (Zur Erinnerung: Ein interkultureller Konflikt liegt dann vor, wenn zum bloßen Vorhandensein unterschiedlicher kultureller Zugehörigkeiten der Konfliktparteien hinzukommt, dass kulturelle Zugehörigkeit selber zum *Gegenstand des Konflikts* geworden ist oder zu werden droht.) Denn für die formell neutralen MediatorInnen heißt das: Sie sind in der Mediation gleich mit (mindestens) zwei ihnen fremden Kulturen konfrontiert. Für sie bekommen daher die folgenden, für MediatorInnen ohnehin immer grundsätzlichen Fragen unmittelbare praktische Bedeutung:

**Sind neutrale
Mediatoren wirklich
neutral?**

◎ Was versteht man (als jemand, der aus einer anderen Kultur kommt) von einem Konflikt, der einem geschildert wird?

◎ Wie versucht man zu verstehen, worauf (anderskulturelle) Konfliktparteien in ihrer Verhandlung und in ihren Darlegungen Bezug nehmen?

◎ Wie stellt man sich die Zusammenhänge zwischen den Konfliktparteien vor?

Das soll in dieser Übung sichtbar gemacht und dadurch ein Zugang geschaffen werden zu der dahinter stehenden Frage: Auf welche *eigenen* – individuellen wie gesellschaftlichen – Erfahrungen nimmt man Bezug, wenn man versucht einen Konflikt zu verstehen?

Indem die SpielerInnen der MediatorInnen und Konfliktparteien den AutorInnen spiegeln, was sie aus deren Spielanweisungen für Rückschlüsse über den Konflikt gezogen haben, soll deutlicher werden, wo Unterschiede liegen, indem diese mit dem Bild konfrontiert werden können, das sich die AutorInnen selbst von dem Konflikt gemacht hatten. Davon ausgehend kann versucht werden einander wechselseitig zu erklären, worauf diese Unterschiede zurückzuführen sind. So kann auch diese Übung zum Prozess des interkulturellen Lernens in der TeilnehmerInnengruppe wie zur individuellen Bewusstwerdung der Deutungs- und Wahrnehmungsmuster, mit denen man an Konflikte herangeht, beitragen.

**Sichtbare Unterschiede in der Mediation**

In dieser Übung geht es darum, zu untersuchen, inwiefern Konfliktparteien und MediatorInnen unterschiedlicher kultureller Herkunft sich bei dem Versuch einander in der Mediation zu verstehen auf unterschiedliche gesellschaftliche Bedingungen beziehen. Der Frage, was genau in einer Mediation eines interkulturellen Konflikts passiert, wird zwar gezielter in den in Kapitel 5 beschriebenen komplexen Simulationen nachgegangen. Gemeinsam ist diesen Übungen aber, dass beide stärker auf das konzentriert sind, was genau *in der Mediation* an Unterschieden *sichtbar* wird. Sie konzentrieren sich weniger auf das, was die Beteiligten potenziell an Unterschiedlichem in die Mediation mitbringen. Insofern ergäbe es hier keinen Sinn, wenn man die Gruppen aufforderte „typische" Konflikte zu beschreiben, jedenfalls nicht solche, die z.B. „typisch für Deutschland" sein sollen[46]. Täte man es, so würde zwar sichtbar, was die TeilnehmerInnen – auf Grund einer dann allerdings bewussten Suche nach Unterschieden – als „typisch" haben identifizieren können. Unsichtbar blieb aber, was sich ungewollt, sozusagen hinter dem Rücken der Akteure, an Unterschieden bemerkbar machen und den Verlauf einer Mediation in unvorhersehbarer Weise beeinflussen kann. Den Blick für diese Überraschungen bei den TeilnehmerInnen zu öffnen, ihre Aufmerksamkeit darauf zu lenken, das ist das Hauptanliegen dieser Übung.

---

[46] *Anders ist es mit der Aufforderung Fälle zu beschreiben, die sie für „typisch" für das jeweilige Arbeitsfeld halten, ungeachtet dessen, welcher Nationalität die Beteiligten der Mediation sind. Dies kann eine im Sinne der Realitätsnähe durchaus willkommene Plausibilitätsprüfung darstellen, wenn man sich auf solche Fälle konzentriert, die etwa für Scheidungsmediation typisch sind im Sinne von oft vorkommend und durchschnittlich verlaufend.*

Wir gehen im Folgenden von drei nationalen Gruppen aus. Die Übung gliedert sich in 4 Phasen, von denen die ersten beiden nacheinander stattfinden, während die beiden Phasen 3 und 4 direkt aufeinander folgend 3-mal nacheinander stattfinden. Sie erstreckt sich über einen Tag; die TeilnehmerInnen arbeiten am Anfang im Plenum, dann in der jeweiligen nationalen Kleingruppe und danach für die drei Durchgänge im Plenum. Die eigentlichen Mediationen (Rollenspiele) finden im Plenumsraum in der Art einer „Fish-Bowl" statt; d.h., die nicht Spielenden sitzen im Kreis um die in der Mitte des Raumes agierenden RollenspielerInnen herum. Es findet jeweils nur ein Rollenspiel zur gleichen Zeit statt.

4.2.2
**Verlauf**

*1. Phase:* Einführung (15 Minuten)
*2. Phase:* Abfassung der Rollenspielszenarios (60 Minuten)
    I.   Durchgang der 3. und 4. Phase: Rollenspiel und Auswertung (90–115 Minuten);
    II.  Durchgang der 3. und 4. Phase: Rollenspiel und Auswertung (90–115 Minuten);
    III. Durchgang der 3. und 4. Phase: Rollenspiel und Auswertung (90–115 Minuten).

Für die Übung benötigt man drei Räume, Flipcharts, Papier und Stifte. Die Tabelle zeigt den Ablauf; die Reihenfolge der nationalen Kleingruppen ist beliebig.

*Überblick über die einzelnen Phasen:*

| Zeit (min) | Zeit-achse | Phase | Gruppe 1 | Gruppe 2 | Gruppe 3 |
|---|---|---|---|---|---|
| 15 | | 1. Einleitung | (alle) PLENUM | | |
| 60 | | 2. Skripterstellung | Raum 3 | Raum 2 | Raum 1 |
| 45 | | 3. A. Rollenspiel | spielt den von Gruppe 2 verfassten Konflikt | beobachtet bzw. beobachten bei dem Mediationsrollenspiel der Gruppe 1 | |
| 45-60 | | 4. A. Auswertung | Auswertung I.) MediatorInnen II) SpielerInnen | III) AutorInnen IV) Auswertung durch BeobachterInnen | |
| 45 | | 3. B. Rollenspiel | beobachtet bei dem Mediationsrollenspiel der Gruppe 2 | spielt den von Gruppe 3 verfassten Konflikt | beobachtet bei dem Mediationsrollenspiel der Gruppe 2 |
| 45-60 | | 4. B. Auswertung | | Auswertung I.) MediatorInnen II) SpielerInnen IV) Auswertung durch BeobachterInnen | III) AutorInnen |
| 45 | | 3. C. Rollenspiel | beobachtet bei dem Mediationsrollenspiel der Gruppe 3 | | spielt den von Gruppe 1 verfassten Konflikt |
| 45-60 | | 4. C. Auswertung | III) AutorInnen | IV) Auswertung durch BeobachterInnen | Auswertung I.) MediatorInnen II) SpielerInnen |

*Zu Phase 1*

**Voraussetzungen für ein Konfliktszenario**

In der Einleitung werden die TeilnehmerInnen aufgefordert in ihren nationalen Kleingruppen ein Konfliktszenario zu entwickeln, das dann eine der beiden anderen Gruppen in einem Mediationsrollenspiel nachzuspielen vermag.

Der „Fall" – es darf ein erfundener Fall sein, die TeilnehmerInnen können sich aber auch auf einen Fall einigen, den sie tatsächlich so erlebt haben – soll in Stichworten auf einer Wandzeitung skizziert oder in gesonderten Spielanweisungen für die einzelnen RollenspielerInnen festgehalten werden. Die Beschreibung sollte, wenn auch in aller Kürze, zu folgenden Punkten Auskunft geben[47]:

◎ Wie viele Konfliktparteien gibt es und wer sind sie?

◎ Worum geht es in dem Konflikt?

◎ Was sind die Positionen von Konfliktpartei A, B und ggf. weiterer Konfliktparteien?

◎ Was möchten Konfliktparteien A, B und ggf. die weiteren erreichen (Frage nach den Interessen)?

◎ Wie lange besteht der Konflikt schon und welche Schritte zu seiner Beilegung wurden ggf. bislang unternommen?

Mit diesen Hinweisen sowie dem üblichen kurzen Überblick über den zeitlichen Ablauf der Übung versehen werden die TeilnehmerInnen in die nationalen Kleingruppen geschickt, die, wie schon erwähnt, getrennte Räume zur Verfügung haben sollten.

*Zu Phase 2*

**Einigung auf ein Arbeitsfeld**

Aus Zeitgründen ist es hilfreich, wenn den Gruppen entweder empfohlen wird sich zunächst auf ein Mediations-Arbeitsfeld zu einigen, oder sie zu bitten sich auf einen Fall aus einem der 4 folgenden Bereiche: Familienkonflikte, Nachbarschaftskonflikte, Konflikte am Arbeitsplatz oder Konflikte aus dem Umweltbereich zu beschränken. Als Methode für die Ideensammlung bietet sich entweder ein offenes Brainstorming an, bei dem die Vorschläge auf einem Flipchart gesammelt werden, oder jede/r TeilnehmerIn schreibt seine/ihre Idee zunächst individuell auf und man liest sie sich hinterher vor. (Bei der Gruppe professioneller MediatorInnen, mit der wir es in unserem Seminar zu tun hatten, war eine genauere Anleitung für diese Phase allerdings nicht vonnöten.)

---

[47] *Es spart Zeit, wenn die Fragen entweder auf drei Flipcharts (eines für jede nationale Gruppe in ihrer Sprache) oder auf einem Handzettel (DIN A 4) schriftlich festgehalten sind, sodass man sie wirklich nur kurz verlesen braucht und die Gruppen sie dennoch zur Überprüfung in Phase 2 vor Augen haben können.*

*Zu Phase 3 und 4*

Je eine der beiden Gruppen, die das betreffende Szenario nicht geschrieben haben, spielt den Fall, d.h., alle SpielerInnen, also die
Konfliktparteien und die MediatorInnen im Rollenspiel, gehören jeweils derselben nationalen Gruppe an. In unserer tabellarischen Übersicht sind es zum Beispiel beim ersten Durchgang Mitglieder der Gruppe
1, die den von Gruppe 2 beschriebenen Fall spielen.

Alle übrigen, d.h. die überzähligen Mitglieder der Spielgruppe (in
unserem Beispiel die restlichen Mitglieder der Gruppe 1), die
AutorInnengruppe und die dritte nationale Gruppe, sollen lediglich
beobachten, was passiert, und besonders auf Interaktionssequenzen
achten, die bei ihnen Irritationen auslösen.

Bei der Auswertung der Rollenspiele sollen jeweils zunächst die
MediatorInnen, dann die SpielerInnen der Konfliktparteien, anschließend die AutorInnen, also die Kleingruppe, die den Fall verfasst hatte, und als Letztes dann die übrigen BeobachterInnen ihre Beobachtungen mitteilen können.

Diese Reihenfolge einzuhalten hilft zunächst einmal den SpielerInnen
aus ihren Rollen wieder herauszukommen. Den Anfang machen dabei
die MediatorInnen, die, weil sie gewissermaßen sich selbst verkör-
pern, die geringste Distanz zum Rollenspiel haben und erst einmal
Gelegenheit bekommen sollen „Dampf abzulassen". Die SpielerInnen
der Konfliktparteien haben zwar nicht sich selbst, sondern eine Rolle
verkörpert, aber auch bei ihnen kann sich einiges an Emotionen an-
gesammelt haben, was loszuwerden ihnen ermöglicht werden muss.
Für die AutorInnen hingegen ist die Beobachtung mit dem Ende des
Rollenspiels eigentlich noch nicht zu Ende. Vielmehr sind auch die
Mitteilungen, die Eindrücke und die möglicherweise schon von den
SpielerInnen zur Sprache gebrachten Irritationen weitere Eindrücke,
die sie sammeln und die sie in ihre Beobachtungen noch mit einbe-
ziehen werden. Den Abschluss der Auswertung bilden dann die Nur-
BeobachterInnen. Leitende Fragestellung bei der Auswertung ist: Was
in der Mediation, die ich gerade beobachtet habe, war anders als
gewohnt, befremdlich oder verunsichernd oder auch erheiternd; und
was war genauso wie gewohnt, und was erstaunte mich, gerade weil
es nicht anders als gewohnt war, obwohl ich es erwartet hätte?

Zeitlimits für die einzelnen Untergruppen sollten (und brauchen auch)
unserer Erfahrung nach nicht vorgegeben werden. Es ist aber wichtig,
darauf zu achten, dass die SpielerInnen ausreichend Zeit zur Verfügung haben, damit sie sich dem Rest der Gruppe, der in der von
ihnen geforderten Beobachtungshaltung ja einfach bleiben kann, für
die Auswertung zugesellen können. Ist diese Phase der Auswertung

**Spielen der
Szenarios**

**Keine Zeitlimits**

abgeschlossen, dann startet ein neuer Durchgang, der wieder mit einem einstündigen Mediationsrollenspiel anfängt und dann in der bekannten Reihenfolge mit der Auswertung fortfährt:

**Auswertung**

- SpielerInnen der MediatorInnen
- SpielerInnen der Konfliktparteien
- AutorInnen des Szenarios
- BeobachterInnen

Ist auch der zweite Durchgang abgeschlossen, beginnt der dritte und letzte Durchgang in gleicher Weise.

Zwischen den Phasen 3 und 4 und zwischen dem Ende des einen Durchgangs und dem Beginn des nächsten sollten unbedingt wenigstens kurze Pausen eingelegt werden, in denen man vielleicht auch mit ein paar Entspannungsübungen zur Aufrechterhaltung des Wohlbefindens beiträgt, und die v.a. das Ende einer Phase/eines Durchgangs unübersehbar markieren.

Hilfreiche Fragen bei der Auswertung können sein:

- Wie hast du den Konflikt verstanden?
- Worum ging es den Konfliktparteien auf der Ebene der Positionen und auf der Ebene der Interessen/Bedürfnisse?
- Wie denkst du war der Konflikt in dem Szenario angelegt?
- Wenn anders gespielt wurde, als er angelegt wurde: Worauf führst du diese Differenz zurück?

4.2.3
**Einschätzung**

Bei dieser Übung liegt der Fokus der (Selbst-) Beobachtung darauf, welche Struktur der *Konflikt, so wie er gespielt wurde*, in der eigenen Wahrnehmung und Deutung hat, was daran einem vertraut ist und was fremd. Insofern geht es vornehmlich um Selbstreflexion, für die die Aufmerksamkeit der TeilnehmerInnen auf einen weiteren möglichen Unterschied zwischen Angehörigen verschiedener Kulturen gelenkt wird, nämlich darauf, wie man sich Konflikte erklärt und worauf man dabei Bezug nimmt.

*Eine mögliche Variation der Übung*

Grundsätzlich wäre aber vorstellbar, dass man die Aufmerksamkeit stärker auf die Unterschiede zwischen den beschriebenen Konflikten selbst verlagert. Nur müsste man dann ein wenig anders vorgehen,

**Schwerpunkt:
Entwicklung der
Konfliktszenarios**

als dies bislang beschrieben wurde. Der Schwerpunkt der Aufmerksamkeit müsste sich dann weg von der eigentlichen Mediation und hin zur Entwicklung des Konfliktszenarios bewegen. Ganz praktisch könnte das so aussehen, dass man in der 2. Phase statt in nationalen Gruppen in einer Konstellation arbeitet, bei der es gewissermaßen

„Spione" aus den anderen Gruppen gibt. Deren Funktion wäre es, die Irritationen, die bei ihnen während des Einigungsprozesses der Mehrheit entstehen, zu notieren und diese Beobachtungen in der Auswertung der Rollenspiele der Gesamtgruppe zur Verfügung zu stellen.

Denkbar wäre sogar, die nationalen Gruppen die Fallbeschreibungen nicht zeitgleich, sondern nacheinander und in einer Fish-Bowl-Situation entwickeln zu lassen. Die Rollenspiele würden dann allerdings entfallen müssen, da die SpielerInnen der MediatorInnen den Fall ja schon kennen würden. Beibehalten könnte man sie bei dieser Variante nur, wenn diejenigen, die jeweils die MediatorInnen und Konfliktparteien spielen sollen, während der Fish-Bowl-Sitzungen vor die Tür geschickt würden. Das Prozedere sähe dann so aus: Phase 1 bleibt, wie sie ist, Phase 2 bedeutet: Die (z.B.) deutsche nationale Gruppe entwickelt im Innenkreis ein Konfliktszenario für ein Mediationsrollenspiel, die amerikanische und Teile der französischen Gruppe beobachten sie dabei. Anschließend folgen Phase 3 und 4 wie beschrieben. Bedingung, dass diese Variante funktionieren kann, ist, dass die Zahl der für Konfliktparteien plus MediatorInnen benötigten SpielerInnen schon festgelegt werden müsste, bevor man weiß, auf was für einen Konflikt man sich am Ende einigt. Denn diese müssten ja während der Phase 2 draußen bleiben.

Diese Variationen könnten dazu beitragen, die Aufmerksamkeit stärker auf das, was den anderen nationalen Gruppen an dem Konfliktszenario und an seiner Entstehung befremdlich erscheint, zu konzentrieren, und damit einen weniger subjektiven Blickwinkel auf die Unterschiede ermöglichen.

*Braucht diese Übung noch eine abschließende, zusammenfassende Auswertung?*

**Ist eine Auswertung nötig?**

Sollte nach dem letzten Durchgang der Phasen 3 und 4 noch Bedarf bestehen, kann man noch eine zusammenfassende Debatte anschließen, in der die drei Rollenspiele miteinander verglichen werden können; (wie gesagt: sollte Bedarf bestehen). Wahrscheinlicher sein dürfte es aber angesichts der für diese Übung benötigten Zeit und der Intensität, dass, wie man so schön sagt, die „Luft raus" sein wird.

Wir halten, von dieser eher pragmatischen Begründung abgesehen, eine solche Auswertungsphase auch deshalb nicht für nötig, weil die Rollenspiele im ungünstigen Fall wenig oder gar keine Vergleichsmöglichkeiten bieten, man also Äpfel mit Birnen vergleichen würde. Ob sich nämlich tatsächlich Irritationen bei einem dieser Rollenspiele eingestellt haben, und ob sie tatsächlich auf unterschiedliche kulturelle Bezüge verweisen, hat keinerlei Bedeutung für die anderen Fälle. Es ist durchaus vorstellbar, dass das eine Konfliktszenario, weil

**Auftreten oder
Nicht-Auftreten
von Irritationen**

in ihm z.B. die nationalen Unterschiede hinsichtlich des staatsbürgerrechtlichen Status von MigrantInnen eine Rolle spielen, zum Nicht-Verstehen des Konfliktes führt und dadurch Irritationen auslöst, während im nächsten Fall dank der z.B. in allen beteiligten Kulturen ähnlich gelagerten Scheidungsproblematiken keine Irritationen entstehen. Das Ausbleiben von Irritationen im zweiten Fall erlaubt nicht den Schluss, dass die Irritationen im ersten Fall nichts mit der kulturellen Zugehörigkeit zu tun hatten, oder dass Kultur generell keine Relevanz für das Verstehen von Konflikten hat. Solange man also mithilfe dieser Übung untersuchen will, worauf man Bezug nimmt, wenn man versucht einen Konflikt zu verstehen, solange es also nicht darum geht, genauer zu identifizieren, in welcher Art von Fällen denn Nicht-Verstehen auftritt, ergibt sich für eine abschließende Auswertung auch aus Sicht der Forschung kein Bedarf.

Noch eine nicht ganz unwichtige Bemerkung zum Schluss: Anders als bei den in Kapitel 2 dargestellten Rollenspielen gibt diese Übung der *Gesamtgruppe* Gelegenheit an demselben Geschehen teilzunehmen. Die Vergleichsebene zwischen den nationalen Gruppen ist daher auf den Vergleich der den Gruppen jeweils zugeordneten verschiedenen Rollen (AutorInnen, Konfliktparteien, MediatorInnen und BeobachterInnen) und den sich aus ihnen ergebenden unterschiedlichen Perspektiven verlagert. Dies erlaubt der Gruppe eine Erfahrung mit allen ihren Mitgliedern zu teilen und sich auch auf eine von allen getragene Bewertung dieses Geschehens zu verständigen, und das kann sich als sehr förderlich für den Gruppenzusammenhalt erweisen.

**Gesamtgruppe
nimmt an einem
Geschehen teil**

# 5 Komplexe Simulationen interkultureller Konflikte

Erfolgreich ist Mediation im Allgemeinen dort, wo es gelingt, Konflikte verhandelbar zu machen. Wenn sich nicht mehr Positionen gegenüberstehen, sondern die Suche nach einer Befriedigung der beidseitigen Interessen beginnt, wenn beide Seiten eine Lösung anstreben und es zu einer gleichberechtigten Kommunikation mithilfe einer dritten Partei kommen kann.

**Funktioniert Mediation unter allen Umständen?**

Wann ist das alles jedoch in der Realität gegeben? Was passiert mit den Konflikten, die nicht verhandelbar sind, weil der Konfliktgegenstand in seiner Komplexität Identitätsfragen der Konfliktparteien berührt, nicht so sehr sich unterscheidende Interessen das Problem darstellen, sondern viel grundsätzlichere Fragen nach gegenseitiger Anerkennung den Kern des Konflikts bilden? Was passiert, wenn Konfliktparteien sich schlicht nicht verstanden und akzeptiert, sich unterdrückt fühlen (und/oder es tatsächlich auch sind), sich gar von der anderen Seite bedroht fühlen (und/oder tatsächlich werden), weil sie beispielsweise einer Minderheitenkultur angehören oder als Frauen in Hierarchien eingebunden sind, deren Regeln von Männern bestimmt werden? Was passiert mit den Konfliktparteien, die das Angebot einer gleichberechtigten Kommunikation schon deshalb nicht wahrnehmen können, weil sie es schlicht nicht nutzen können, da sie es nicht gelernt haben, ihre Bedürfnisse zu formulieren? Oder sie in einer Gesellschaft sozialisiert wurden, die das Offenlegen von eigenen Bedürfnissen nicht vorsieht? Wie verhält sich eine vermeintliche und intendierte gleichberechtigte Kommunikation zu einer gegebenen Machtasymmetrie, die auch nach der Konfliktbearbeitung fortsteht? Was passiert bei den Konflikten, bei denen es um fundamentale Positionen geht, sei es von Leuten, die das ungeborene Leben aus religiösen Überzeugungen schützen wollen, oder bei Leuten, die grundsätzlich gegen die Produktion von Atomstrom sind?

Wie groß ist eigentlich die Reichweite von solchen kommunikativen Konfliktbearbeitungsverfahren und wie viel ‚Leidenschaft‘[48] lassen sie zu? Ist das bestechend Formale und Rationale dieser Verfahren nicht bei genauerer Betrachtung eine unzulässige Reduzierung und im schlimmsten Fall ein Taschenspielertrick, um Konflikte zu entschärfen, zu beruhigen, um ihnen den ihnen innewohnenden Stachel von Veränderung zu ziehen? Dienen diese Verfahren nicht bloß der Sicherstellung der bestehenden Herrschaftsverhältnisse und sind die Angebote zum Dialog nur der trügerische Schein einer eben nur vorgegebenen gleichberechtigten Partizipation? Und natürlich – bezogen auf unseren speziellen Kontext – inwieweit entziehen sich interkulturelle Konflikte nicht ihrer Natur nach einer rationalen Interessensfokussierung und sind demnach mit – noch dazu – westlich geprägten Modellen der Konfliktbearbeitung überhaupt nicht einzufangen?

**Zwei Konfliktszenarios**

Wir entwickelten zwei komplexe Konfliktszenarios zu einer ethnopolitischen Konfliktkonstellation und einem innergesellschaftlichen Gruppenkonflikt und machten Vorschläge für deren Bearbeitung.

In dem so unternommenen Versuch der Bearbeitung zweier konkreter Fälle, deren Substanz viele der oben stehenden kritischen Fragen beinhaltete, wollten wir ermitteln *unter welchen Bedingungen eine konstruktive Bearbeitung der Konflikte möglich ist.*

Die Konstruktion dieser Simulationen jedoch macht von vornherein klar, dass es nicht um eine schnelle Lösung gehen kann. Dies schärft den gemeinsamen Blick auf den Interaktionsprozess bei der Bearbeitung.

---

[48] *Die Gegenüberstellung von Interessen und Leidenschaft stammt von Albert O. Hirschman. In seinen politischen Begründungen für den Sieg des Kapitalismus hat das Entdecken von ‚Interessen‘ eine wichtige Bedeutung. Im Geistesleben des späten 16. und frühen 17. Jahrhunderts taucht diese Kategorie erstmals auf. „Sobald einmal die Leidenschaft als zerstörerisch und die Vernunft als wirkungslos betrachtet wurden, bot die Auffassung, dass das menschliche Handeln sich aus einem von beiden erschöpfend erklären ließe, eine außerordentlich düstere Perspektive für die Menschheit. Als daher das Interesse sich wie ein Keil zwischen die beiden überkommenen Kategorien des menschlichen Verhaltens schob, war dies eine hoffnungsvolle Botschaft. Das Interesse schien an den besten Eigenschaften beider Kategorien Anteil zu haben: Die Leidenschaft würde, so meinte man, als Eigenliebe durch die Vernunft zugleich erhöht und beschränkt, als Vernunft erhielte es eben durch diese Leidenschaft Richtung und Kraft. Die daraus entstehende Zwitterform menschlichen Handelns wäre, so glaubte man, frei von der Destruktivität der Leidenschaft wie von der Wirkungslosigkeit der Vernunft. Kein Wunder, dass die Lehre von den Interessen damals als wahre Heilsbotschaft aufgefasst wurde."*
*Albert O. Hirschman; Leidenschaften und Interessen. Ffm 1987. S. 52*

Hierzu stellen sich nun drei Fragen, auf die wir im Folgenden eingehen wollen:

1. Ist die Möglichkeit des Scheiterns in einer konstruierten Simulation überhaupt gegeben? (Stichwort: Falsifikation)
2. Was bringt Simulation für die Praxis? (Stichwort: Authentizität)
3. Was genau meint ‚konstruktiv' im Zusammenhang mit Konfliktbearbeitung? (Stichwort: Selbstevaluation von interkulturellen
   Interaktionsprozessen)

**Drei Fragen**

Zu 1)

Natürlich ist der vorzeitige Abbruch einer Simulation, etwa weil eine
Konfliktpartei aussteigen will oder weil die MediatorInnen denken,
dass das so keinen Sinn macht, ein Schrecken für TeilnehmerInnen
und für die Leitung eines Seminars – und erst recht für die ForscherInnen, die sich das alles so schön ausgedacht haben. Stellt sich
doch sogleich die Frage, was wir denn jetzt machen sollen. Man hat
Angst vor dem Loch, das sich nach dem vorzeitigen Abbruch eines
solchen Spiels unweigerlich auftut. Das unterscheidet sich im Wesentlichen aber nicht vom realen Leben. Wenn nach einem riesigen
Aufwand erst einmal alle an einem Tisch sitzen, ist es zwar möglich,
aber auch relativ unwahrscheinlich, dass der erste Zwischenfall von
einem der Beteiligten zu einem Ausstieg genutzt wird. Beginnt erst
einmal die Dynamik, dann will man sie auch möglichst lange erhalten. In der Simulation wie im realen Leben steht ein vorzeitiger Abbruch für eine als persönlich empfundene Niederlage. Auch wenn es
bei den Simulationen durchaus kritische Momente gab, so kam es
nicht zu einem Abbruch – und dies halten wir für sehr realistisch.

**Abbruch der
Simulation als
persönliches
Scheitern**

Zu 2)

Bei der Beantwortung dieser Frage kommt es sehr darauf an, genau
zu wissen, wessen Praxis gemeint ist. In unserem Fall geht es um die
Praxis der dritten Partei. Wie organisieren und strukturieren die
MediatorInnen den Prozess der Konfliktbearbeitung? Dazu ist es hilfreich, aber nicht absolut notwendig, dass die Konfliktszenarios selbst
möglichst genau der Realität nachgebildet sind, und es ist hilfreich,
aber ebenfalls nicht notwendig, dass die RollenspielerInnen als
Konfliktparteien überzeugend agieren. Ausdrücklich geht es nicht
darum, einen gegebenen realen Konflikt nachzuspielen, um ihn möglichst authentisch zu simulieren. Wir wollen lediglich Aufschlüsse
über die Art und Weise erhalten, wie sich MediatorInnen angesichts
eines komplexen interkulturellen Konflikts verhalten, um daran zu
ermitteln, welche Methoden und Vorgehensweisen den Prozess der
Bearbeitung voranbringen.

**Was bringt
die Simulation
für die Praxis?**

Simulationen, deren Dauer eine längere Zeitspanne umfassen, errei-chen ein hohes Maß von Authentizität. Es entfaltet sich eine Dyna-mik, die es den Akteuren beinahe unmöglich macht, sich ihr gegen-über indifferent zu zeigen. Die Bindewirkung, die Gruppenkonflikte auf die Involvierten ausüben, tut dabei das ihrige. Solange von einer Simulation nicht erwartet wird, dass sich die Akteure in ihr so verhal-ten, wie es die realen Akteure im realen Leben getan hätten, so lange steht zu erwarten, dass eine Simulation ein hohes Maß an in-nerer und äußerer Beteiligung bei den spielenden Akteuren stimu-liert.

Zu 3)

**Konstruktive Konfliktbearbeitung = Konstruktiver Interaktionsprozess**

Für uns ist der Ausgangspunkt des Verständnisses von ‚konstruktiv' - hier als Attribut zu Konfliktbearbeitung – der Interaktionsprozess. Die Konfliktbearbeitung selbst kann nur dann als konstruktiv beschrie-ben und bewertet werden, wenn der Interaktionsprozess so beschrie-ben und bewertet werden kann. Der Interaktionsprozess ist quasi die Materialisierung der Konfliktbearbeitung und als solche greifbarer und handhabbarer. Der Intention nach zielt der Begriff Konfliktbearbeitung immer auf das Ganze, wohingegen der Interaktionsprozess die Sum-me aller Teile umfasst. Dies klingt nach einer typischen akademi-schen Haarspalterei, entfaltet aber seinen praktischen Nutzen, wenn sich beispielsweise die MediatorInnen innerhalb des Prozesses fra-gen: „Wie läuft es eigentlich?"

Der Interaktionsprozess lässt sich präzise in seine Teile zerlegen, re-konstruieren und analysieren. Wollen die MediatorInnen nicht nur auf ihre Intuition bei der Beantwortung dieser Frage vertrauen, las-sen sich anhand einzelner Interaktionen oder Sequenzen von Inter-aktionen objektivere Kriterien ermitteln, die helfen den abgelaufe-nen Prozess besser zu verstehen. Anhand der aus den Interaktionen ermittelten Kriterien können die MediatorInnen überprüfen, ob es ihnen mit dem von ihnen gewählten Verfahren gelungen ist, eine für alle Beteiligten gültige und gleichberechtigte Kommunikationsstruktur gefunden zu haben. Diese Form der Selbstvergewisserung oder Selbst-auswertung ist insbesondere dann angezeigt, wenn die MediatorInnen vor der Aufgabe stehen, die in den Interaktionen sichtbar geworde-nen Unterschiede angemessen in das gemeinsame Verfahren integrie-ren zu müssen.

Diese Unterschiede könnten sich z.B. mit der kulturellen Herkunft erklären oder aber ganz andere Ursachen haben.[49] Wird das selbstreflexive Moment in das Verfahren als konstitutiver Bestandteil mit aufgenommen, so wird sich Stück für Stück erhellen, was für diesen Kontext ‚konstruktiv' meint. Ob ein konstruktiver Interaktionsprozess zu einer substanziellen Befriedigung der Konfliktparteien führt, ist dabei noch eine offene Frage. Aber erst nach einer Lösung werden alle Beteiligten von einer konstruktiven Konfliktbearbeitung sprechen.

---

[49] *Ob die im Prozess sichtbar gewordenen Unterschiede – und nur diese sind wichtig, nicht die vorweg unterstellten oder angenommenen – einer tiefer gehenden wechselseitigen Erklärung bedürfen, hängt ganz von der gegebenen Situation ab. Generell gilt jedoch, dass sie wahrgenommen und aufgefangen werden müssen, weil es sonst obsolet ist, weiterhin von einer gemeinsamen Kommunikationsstruktur zu sprechen.*

# 5.1 Können komplexe Konflikte kommunikativ konstruktiv bearbeitet werden?

Die oben gestellte Frage möchten wir in diesem Abschnitt mit der Mediationstheorie verbinden. Zu diesem Zweck greifen wir nochmals auf die bereits vorgestellten Phasen der Mediation zurück, die grafisch als Zirkel dargestellt werden. Der Mediationsprozess ist eingebettet in die Lebenswelt der Akteure. In gewisser Weise erscheint er als Fremdkörper, weil die in ihm geltenden Regeln des Miteinanderredens nicht deckungsgleich mit denen des Alltags sind. Die Kommunikation wird kontrolliert und strukturiert. Der Punkt **A** in der Grafik[50]

**Ausgangspunkt der Akteure**
stellt den Eintritt der Akteure in den Mediationsprozess dar. Bei diesem Eintritt nehmen die Akteure einen Teil ihrer Lebenswelt mit und bringen sie in den Prozess ein: den Konflikt selbst, die Gefühle gegenüber der anderen Partei, Erfahrungen mit ähnlichen Situationen, bestimmte Werte, Normen, Vorstellungen usw. Dies gilt für jeden Akteur, der an diesem Setting beteiligt ist, auch für die dritte Partei. Zumindest die Konfliktakteure bringen einander widersprechende und stark divergierende Anteile mit ein, denn ihre Sicht über ihre Realität ist momentan geprägt durch ihren gemeinsamen Konflikt und die zu erwartende kommende Auseinandersetzung.

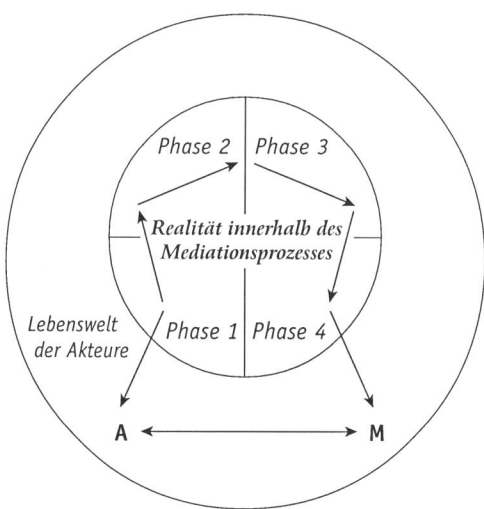

---

50 *Die Darstellung der Fragestellung habe ich von Thomas Fiutak übernommen.*
*Die Punkte A, B, C ... bis M markieren bestimmte schwierige Phasen innerhalb des*
*Mediationsprozesses, deren eingehende Erläuterung den hier gegebenen Rahmen*
*jedoch verlassen würde. Für die aufgeworfene Fragestellung benötigen wir lediglich*
*den Anfangspunkt A und den Endpunkt M.*

Ihre Sicht der Dinge wird sein, dass sie über praktisch keine gemeinsamen Anteile mehr verfügen. Der ganze Mediationsprozess kann verstanden werden als ein Prozess der De-, Re- und Konstruktion der
Wahrnehmung von den Lebenswelten der Akteure. In der Phase I
erfolgt zunächst eine Reduzierung der komplexen Anteile der jeweiligen Lebenswelten, um den Gegenstand des Aushandlungsprozesses
für alle Beteiligten klar und einheitlich zu formulieren, ohne dabei
jedoch die unterschiedlichen Perspektiven der beteiligten Akteure
aufzugeben (Dekonstruktion). In der Phase II erfolgt eine zunächst
individuelle, dann interaktive Form der Rekonstruktion des Gesche-
henen. Die unterschiedlichen Perspektiven bleiben auch hier erhalten, werden aber kommunizierbar. Sie finden sich in einer neuen,
imaginierten Realität ein, um zu einer neuen Perspektive zu kommen. In der Phase IV schließlich, bei der es zu einer verbindlichen
Übereinkunft kommen soll, wird die Konstruktion vollendet. Die neue
gemeinsame Perspektive wird auf ihre Realisierungsmöglichkeiten in
der Lebenswelt überprüft und die Bedingungen hierfür werden festgelegt. Dann verlassen die Akteure den Mediationsprozess, finden
sich in ihrer Lebenswelt wieder und stehen an dem Punkt **M**.

**Phasen der Mediation**

An dem Punkt M stellen sich nun zwei Fragen, eine ganz praktische
und eine theoretische, die aber unmittelbar miteinander zusammenhängen. Zum einen werden die Akteure prüfen und erfahren, ob die
in der Realität der Mediation zu Stande gekommene Übereinkunft
sich in ihrer Lebenswelt tatsächlich bewährt. Zum anderen stellt sich
die Frage, wie sich die Wahrnehmung ihrer Lebenswelt durch die Erfahrung des Mediationsprozesses verändert hat. Wie ist also das Verhältnis von A zu M?

**Das Verhältnis von
„Vorher"–„Nachher"**

Hierzu gibt es zwei polarisierende Ansichten:
Die *pessimistische* Variante würde sagen, dass die Differenz zwischen
A und M minimal ist, allenfalls in einer vielleicht positiven Erfahrung
besteht, die aber an dem Punkt M zumindest nicht langfristig konser-
viert werden kann. Die vielleicht veränderte Wahrnehmung der Lebenswelt verändert ja nicht die gegebenen objektiven Strukturen und
Verhältnisse, sodass abzusehen ist, wann sich das positive Gefühl
erschöpft und der Konflikt, vielleicht in neuer Gestalt, wieder auf-
taucht.

**Pessimistische
Ansicht**

Die *optimistische* Variante würde zunächst einmal feststellen, dass es
eine Differenz von A zu M gibt, sei sie auch minimal. Die entscheidende Frage ist dann jedoch nicht, ob sich eine wie auch immer zu
beschreibende positive gemeinsame Erfahrung langfristig konservie-
ren ließe. Auch die Optimisten hätten daran ihre Zweifel. Entschei-

**Optimistische
Ansicht**

dend ist vielmehr, ob in der geschützten Realität der Mediation die viel grundlegendere Erfahrung einer Relativierung der individuellen Perspektive (Phase I und II) und der Relativierung der gesellschaftlich bedingten Perspektive (Phase III und IV) vermittelt und erfahren werden konnte. Damit beginnt nicht die Revolution, aber ein Prozess der Demokratisierung, der bei dem Versuch M in die Lebenswelt zu transferieren den Konflikt qualitativ verändert, weil er ihn gesellschaftlich verbreitert und andere Akteure einbezogen werden. Erst bei dieser optimistischen Variante ließe sich von einer konstruktiven Konfliktbearbeitung sprechen. Eben nicht in dem Sinne, dass der Konflikt verschwindet, aus der Welt ist, sondern indem er den Akteuren erlaubt besser zu verstehen, warum ausgerechnet sie die Akteure sind. Diese Konfliktanalyse könnte zum Ausgangspunkt einer viel zielgerichteteren Weiterverfolgung der Anteile am Konflikt werden, die in ihm zum Ausdruck bringen, dass momentan nicht vereinbare Unterschiede veränderte Rahmenbedingungen erfordern, die diese wieder vereinbar werden lassen.

Nach diesem Ausflug in die Theorie der Mediation wollen wir in den zwei folgenden Abschnitten versuchen einen solchen, immerhin theoretisch möglichen Prozess der konstruktiven Konfliktbearbeitung mit den Simulationen zu inszenieren. Hierzu ist es notwendig, bestimmte Modifikationen der bestehenden Verfahren vorzunehmen. Hinsichtlich der dritten Partei erscheint es uns ratsam, den zu bearbeitenden interkulturellen Gruppenkonflikt in einem Team von MediatorInnen präsent zu haben. Zusätzlich machen wir Vorschläge, wie sich der verfahrensmäßige Rahmen für diese Teamarbeit gestalten sollte.

#  5.2 Plurikulturelle Teamarbeit von MediatorInnen

**Das plurikulturelle Team**

Der Vorschlag, die Simulationen mit einem plurikulturell besetzten Team durchzuführen, entspringt nicht der Idee, dass eine solche Komposition eines Teams für die Bearbeitung interkultureller Konflikte in jedem Fall die geeignetste ist[51]. Uns geht es darum, viele der bereits genannten Problematisierungen des Konzepts von Mediation aufzu-

---

[51] Es gibt in der Literatur wie in der Praxis die unterschiedlichsten Meinungen dazu, ob Angehörige der Konfliktparteien in einem solchen Team vertreten sein sollen. Im Hinblick auf die Wichtigkeit der Neutralität der dritten Partei gibt es auf diese Frage keine allgemein gültige Aussage. Sie muss für den Einzelfall geprüft werden.

greifen, beobachten und analysieren zu können. Bei beiden Simulationen bestehen die Konfliktparteien (im Folgenden mit KPx und KPy benannt) aus national homogenen Gruppen. Die MediatorInnenteams setzen sich jeweils aus einem Vertreter der Konfliktpartei zusammen (im Folgenden mit Mx und My bezeichnet) und einem Mediator, der eine andere kulturelle Herkunft besitzt (im Folgenden Mn, wobei n = neutral). Diese Anordnung lässt sich folgendermaßen darstellen:

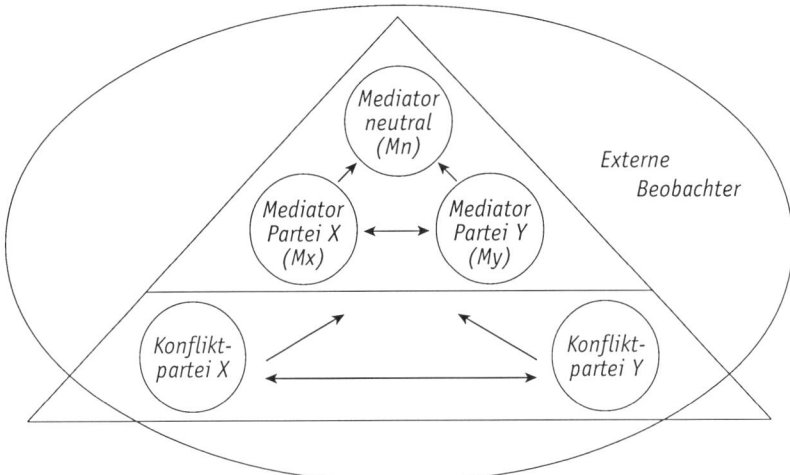

*Drei Begründungen für diese Anordnung wollen wir herausheben:*

1. Anhand des Verhaltens des MediatorInnenteams wollen wir beobachten und analysieren, ob und wie sich die kulturellen Unterschiede in den Interaktionen ausdrücken, wie sie auf das Team wirken und was mit ihnen gemacht wird. Um zu gewährleisten, dass diese Interaktionen auch zum Gegenstand der Reflexion innerhalb des Teams werden, sind MediatorInnen notwendig, denen die Hintergründe für das Verhalten der Konfliktparteien geläufig sind. Sie sollen die jeweils speziellen Perspektiven für das Team transparenter machen und damit auch Dolmetscherfunktion übernehmen können (im weiteren Sinne des Wortes). Die MediatorInnen Mx und My haben somit eine Doppelrolle, mit der sehr schwer umzugehen ist. Einerseits können sie als Repräsentanten oder Delegierte für eine der Konfliktparteien gelten, andererseits sind sie Bestandteil einer neutralen dritten Partei.[52]

**Auswirkungen interkultureller Unterschiede im Mediatorenteam**

---

[52] *Eine solche Doppelrolle ist in der Praxis allerdings durchaus üblich. Vermittelnde Parteien innerhalb einer Konfliktpartei müssen permanent diesen Drahtseilakt ausführen, von den einen als Verräter der eigenen Sache angegriffen, von den anderen als feindlicher Spion misstrauisch beäugt.*

**Die Neutralität der dritten Partei**

2. Mit dieser Komposition des Teams der MediatorInnen stellt sich natürlich direkt die Frage nach der Neutralität der dritten Partei. Allerdings verstehen wir Neutralität ohnehin innerhalb der Mediationstheorie und Praxis als eine Kategorie, der sich die dritte Partei möglichst annähern sollte, der sie aber letztlich nie in einem absoluten Sinn entsprechen kann. Das Entscheidende bei dieser Anforderung ist, dass die beteiligten Konfliktparteien die dritte Partei als neutral *anerkennen*. Der alleinige Versuch der dritten Partei, neutral *zu sein*, ist immer prekär, denn es sind die Konfliktparteien, die die dritte Partei in ihrer Rolle legitimieren. Entzieht in Krisensituationen während der Mediation eine Konfliktpartei der dritten Partei diese Legitimität, so muss das nicht zwangsläufig bedeuten, dass sie aus einer objektiveren Sicht eines Außenstehenden betrachtet nicht doch neutral war. Dies wäre auch völlig unerheblich, denn wenn es dann der dritten Partei nicht gelingt, die Legitimation von dieser Konfliktpartei wiederzuerhalten, lässt sich der Prozess nicht fortsetzen. Gerade aber diese Krisensituationen sind mit hoher Wahrscheinlichkeit sehr entscheidende Punkte auch im Verlauf der Konfliktbearbeitung, sodass das mit dieser Teamkomposition intendierte Konzept einer allparteilichen Neutralität die ihr innewohnende Schwierigkeit als Teil des Aushandlungsprozesses deutlich zur Verfügung stellt.[53]

**Offenheit der Konfliktparteien für den Prozess**

3. Die dritte Begründung ist sehr kontextbezogen und variiert auch bei unseren zwei Simulationen. (Dies wird an der entsprechenden Stelle noch ausführlicher dargestellt). Sie bezieht sich sehr praxisbezogen auf die Frage, wann und unter welchen Umständen die Konfliktparteien überhaupt bereit sind sich einem solchen Prozess zu unterziehen. Dies hängt u.a. auch von der Frage ab, ob die dritte Partei allein von ihrer Zusammensetzung her von den Konfliktparteien angenommen werden kann. Bedauerlicherweise ist es ja nicht so, dass sich die Konfliktparteien darum reißen, ihre Konflikte in einem solchen Rahmen bearbeiten zu wollen. In aller Regel sind hierfür viele Vorgespräche und viel Überzeugungsarbeit vonnöten, damit überhaupt so ein Versuch gestartet werden kann. Ohne direkte Kontakte zu den Konfliktparteien und ohne eine angemessene Integration der entsprechenden Personen werden solche Versuche scheitern.

---

[53] In der Literatur wie in der Praxis wird unterschieden zwischen drei Konzeptionen von Neutralität: unparteiliche, überparteiliche und allparteiliche Neutralität.

# 5.3 Modifikationen des Verfahrens

Für die Konfliktbearbeitung der Teams machen wir ihnen den Vorschlag, zweiteilig vorzugehen (wir sprechen im Folgenden von den Teilen A und B). Der *Teil A* bezieht sich ausschließlich auf den Konstitutions- bzw. Reflexionsprozess des Teams. Bevor die Arbeit mit den Konfliktparteien beginnen kann, muss sich das Team erst selbst verständigen. Für das Team ist die dabei leitende Frage: Welches Verfahren, welche Verfahrensregeln und welche Methoden sind aus unserer Sicht für die Bearbeitung dieses Konflikts angemessen? Darüber hinaus muss eine Rollenklärung innerhalb des Teams stattfinden. Innerhalb dieses Teils können wir von einer idealen Kommunikationsstruktur ausgehen, in der sich alle Beteiligten wechselseitig als freie und gleichberechtigte Personen anerkennen und behandeln. Dieser herrschaftsfreie Raum erlaubt einen rationalen Diskurs, der in einen Konsens münden kann, dem alle Beteiligten zustimmen können. Dieser Konsens ist als eine regulative Idee zu verstehen, an der sich die Diskurspraxis im Teil B messen lassen muss.

**Teil A:
Abstimmung
im Team**

Wenn das Team den Eindruck hat, diesen Prozess (Teil A) *vorläufig* abgeschlossen zu haben, beginnt die Arbeit mit den Konfliktparteien. Dies ist der *Teil B*. In ihm wird jetzt überprüft, inwieweit die in der idealen Kommunikationsstruktur als regulative Idee entwickelten und dort gültigen Absprachen unter nicht herrschaftsfreien Bedingungen anerkannt werden können. Funktioniert das abgestimmte Verfahren? Ist mit ihm wirklich gewährleistet, dass alle Beteiligten reden und hören können? Gerade zu Beginn einer solchen Gruppenarbeit kann es leicht passieren, dass die vorgestellten Abläufe für den Prozess sich als doch nicht so ganz stimmig und praktikabel erweisen. Dies ist an sich kein Beinbruch, weil es dann lediglich darauf ankommt, wie das Team mit diesen Schwierigkeiten umgehen kann. Der Vorschlag der Zweiteilung sollte die Teams ermutigen in einer schwierigen Situation die konkrete Konfliktbearbeitung des Teils B jederzeit unterbrechen zu können, um erneut in den Teil A zurückzugehen, den Prozess zu reflektieren und danach erst wieder mit dem Teil B weiterzumachen. Es sollte also immer wieder zu einer Abfolge zwischen den Teilen A und B kommen, weil mit dem Teil A ein selbstreflexives Moment für das Team im Gesamtprozess verankert wird.
Unser Vorschlag zur Modifikation des Verfahrens bezieht sich also lediglich auf die äußere Gestaltung und zollt dem Teamgedanken Rechnung.

**Teil B:
Arbeit mit den
Konfliktparteien**

# 5.4 Spielvorgaben: inner- und zwischengesellschaftliche Konfliktszenarios

Komplexe Simulationen verlangen nicht nur sehr viel gedankliche Vorarbeit und Zeit für die Vermittlung, auch die Durchführung ist einigermaßen kompliziert. Die Mühe lohnt sich aber. Allerdings müssen die Rahmenbedingungen stimmen.

**Rahmenbedingungen**    Man braucht:

- ⊚ einen geeigneten, gestaltbaren Raum für die Durchführung der Gruppenmediation (bitte auch daran denken, dass die BeobachterInnen genügend unauffällige Plätze finden!);
- ⊚ mindestens zwei, besser drei Arbeitsgruppenräume;
- ⊚ alle verfügbaren Möglichkeiten der Visualisierung für die spielenden Teams der MediatorInnen;
- ⊚ ausreichend Zeit, sowohl für die Vorbereitung als auch für die Durchführung und die Auswertung;
- ⊚ SpielanleiterInnen, die den Ablauf so verinnerlicht haben, dass sie auch unter Stressbedingungen möglichst immer die gleichen Antworten auf ähnliche Fragen geben können, auch wenn sie von unterschiedlichen Personen gestellt werden.

Den technischen Ablauf wollen wir im Folgenden tabellarisch wiedergeben. Im Anschluss an den technischen Ablauf findet sich eine zusätzliche Tabelle mit Stichworten und Kommentaren zu übergreifenden Aspekten. Die Spielanleitungen zu den Konfliktszenarios, jeweils unterteilt in allgemeine Informationen und Rollenbeschreibungen für die Simulationen I und II, befinden sich hinter diesen Darstellungen.

Der technische Ablauf unterscheidet sich bei den zwei Simulationen geringfügig. Der innergesellschaftliche Gruppenkonflikt: „Sonst gibt es wieder Zoff" ist die Simulation I; der ethno-politische Konflikt: „Der Fall Klopstokia" die Simulation II. *In der Tabelle zum technischen Ablauf bezieht sich die Variante I auf die Simulation I und entsprechend die Variante II auf die Simulation II.*

## 1) Klärung der theoretischen Vorannahmen

*Es wurde vorab geklärt:*

- die theoretische Begründung für die Komposition des Teams der MediatorInnen (Mn, Mx und My).

**Vorab-Klärung**

- die theoretische Begründung für die Zweiteilung in den Teil A (interne Konstitutions- und Reflexionsphasen des Teams) und den Teil B (direkte Konfliktbearbeitung mit den Konfliktparteien) und deren prozessbedingte Weiterführung.

- Um ein hohes Maß an Authentizität zu erhalten, wurde festgelegt, dass die Konfliktparteien sich jeweils aus national homogenen Gruppen zusammensetzen sollten (s. Tabelle: Stichworte S. 115–117)

*allgemeine Spielregeln:*

Mit Beginn der ersten Spielphase (also mit dem Punkt 8 in dieser Tabelle) übernimmt das Team der MediatorInnen die gesamte Verantwortung für den weiteren Ablauf. Es entscheidet über Pausen und Essenszeiten und bestimmt den Arbeitsablauf. (s. Tabelle: Stichworte S. 115–117)

**Spielregeln**

- Es gibt kein vorab festgelegtes Ende der Simulation, keinen festen Zeitpunkt, der das Ende der Simulation schon zu Beginn festsetzt. Das Team der MediatorInnen kann die Zeit frei gestalten und kann so tun, als wenn der Prozess tage- und wochenlang weitergehen könnte. (s. Tabelle: Stichworte S. 115–117)

- Die Simulation wird irgendwann von außen, durch das Leitungsteam unterbrochen. Für dieses Eingreifen gibt es keine erklärten Kriterien.

## 2) Grober Überblick über die Simulationen

| Variante I | Variante II |
|---|---|
| *Es wurde mitgeteilt:* | *Es wurde mitgeteilt:* |
| - Es handelt sich um einen inner-gesellschaftlichen Gruppenkonflikt. | - Es handelt sich um ein Szenario eines ethno-politischen Konflikts. |
| - Es gibt zwei Gruppen, die einander gegen-überstehen (Kpx und Kpy). | - Es gibt zwei Spielgruppen, Kpx und Kpy. Kpx und Kpy bestehen aus je sechs Rollen. |
| - Kpx und Kpy bestehen aus jeweils sieben Rollen. Für die Konfliktparteien werden also 14 SpielerInnen benötigt. | - Für die Konfliktparteien werden also 12 SpielerInnen benötigt. |
| - Das Team der MediatorInnen soll aus drei Personen bestehen. Es wird also zusätzlich die neutrale MediatorIn Mn benötigt. | - Das Team der MediatorInnen soll aus drei Personen bestehen. Vor Festlegung der einzelnen Rollen sollen alle drei nationalen Teilgruppen jeweils eine MediatorIn für das Team bestimmen. |
| Die MediatorInnen Mx und My werden nach einem internen Diskussionsprozess von den Konfliktparteien Kpx und Kpy in das Team der MediatorInnen delegiert. | |

## 3) Rollenverteilung in der Gruppe

*Nun muss entschieden werden, wer welche Konfliktpartei spielt.*
*Die Nicht-Spielenden werden BeobachterInnen.*

| Variante I | Variante II |
|---|---|
| ◎ Es wird festgelegt, von welchen nationalen TeilnehmerInnen-Gruppen dieser Konflikt gespielt werden soll. | ◎ Es wird festgelegt, dass dieser Konflikt von der nationalen Gruppe A und der nationalen Gruppe C gespielt werden soll. |
| ◎ Diejenigen, die eine Rolle übernehmen wollen, kommen in die Mitte des Raumes (also sieben der Gruppe A und sieben der Gruppe B) | ◎ Alle Mitspieler kommen in die Mitte des Raumes. |
| ◎ Per Los wurde bestimmt, wer Kpx und Kpy sein sollte. | ◎ Per Los wurde bestimmt, wer Kpx und Kpy sein sollte. |

## 4) Verteilung der allgemeinen Spielvorgaben

*Jetzt werden an die gesamte Gruppe (SpielerInnen plus BeobachterInnen)*
*die allgemeinen Spielvorgaben verteilt.*

## 5) Verteilung der Rollen für die Konfliktparteien Ermittlung des Teams von MediatorInnen

| Variante I | Variante II |
|---|---|
| ◎ Die SpielerInnen bekommen von der Spielleitung die individuellen Rollenvorgaben ausgehändigt. Dabei sagt die Spielleitung den Namen und die Funktion der zu spielenden Rolle. Der/die erste Interessierte bekommt diese Rolle. | ◎ Mit den allgemeinen Spielvorgaben treffen sich die drei nationalen Gruppen in getrennten Räumen, um aus ihrem Kreis eine/n MediatorIn zu ermitteln. |
| ◎ Die Spieler haben dann die Aufgabe, sich ihre Rolle zunächst individuell anzueignen. | ◎ Ist ein/e MediatorIn bestimmt, verlässt er/sie die nationale Gruppe und trifft sich mit den anderen zwei Mediatoren aus den anderen nationalen Gruppen in dem Raum, in dem die Gruppenmediation stattfinden soll. |
| ◎ Anschließend treffen sich Kpx und Kpy in getrennten Räumen, um sich jeweils der eigenen Gruppe vorzustellen. | |
| *(fließender Übergang zum nächsten Punkt)* | |

## 6) Verteilung der Rollen für die Konfliktparteien Ermittlung des Teams von MediatorInnen

| Variante I | Variante II |
|---|---|
| ⊚ Die Konfliktparteien diskutieren ihre Konstellation und sollen eine/n Delegierte/n für das Team der MediatorInnen bestimmen. | ⊚ Die Gruppen wählen nun sechs SpielerInnen aus. |
| ⊚ Der Gruppe muss klar sein, dass ihr/e Delegierte/r innerhalb des Teams eine neutrale Rolle einnehmen muss. | ⊚ Die SpielerInnen bekommen von der Spielleitung die individuellen Rollenvorgaben ausgehändigt. Dabei sagt die Spielleitung den Namen und die Funktion der zu spielenden Rolle. Der/die erste Interessierte bekommt diese Rolle. |
| ⊚ Wenn der/die Delegierte bestimmt ist, verlassen diese ihre Gruppe und gehen zu dem neutralen Mediator Mn. | ⊚ Die Spieler haben dann die Aufgabe, sich ihre Rolle zunächst individuell anzueignen. |
| ⊚ Haben beide Gruppen diese Arbeit erledigt, hat sich somit das Team der MediatorInnen konstituiert. | ⊚ Anschließend treffen sich Kpx und Kpy in getrennten Räumen, um sich jeweils der eigenen Gruppe vorzustellen. |

## 7) Informationen für die BeobachterInnen

| Variante I | Variante II |
|---|---|
| ⊚ Die Instruktionen für die BeobachterInnen können bei dieser Variante zeitgleich mit dem Punkt 5 stattfinden (nachdem die Konfliktparteien ihre Rollenvorgaben erhalten und den Raum verlassen haben). Der/die neutrale MediatorIn muss bei dieser Vorstellung ebenfalls den Raum verlassen. | ⊚ Die Instruktionen für die BeobachterInnen können bei dieser Variante zeitgleich mit dem Punkt 6 stattfinden. Wenn die RollenspielerInnen der Konfliktpartei bestimmt sind, treffen sich die anderen im Plenumsraum. Für die Dauer der Instruktionen müssen die MediatorInnen diesen Raum verlassen. |
| ⊚ Die BeobachterInnen werden nochmals an das Beobachtungskonzept der Irritation erinnert. | ⊚ Die BeobachterInnen werden nochmals an das Beobachtungskonzept der Irritation erinnert. |
| ⊚ Sie erhalten von der Spielleitung eine Strukturierungshilfe, um ihre Beobachtungen festzuhalten (wird in dem Folgekapitel Auswertung erklärt). | ⊚ Sie erhalten von der Spielleitung eine Strukturierungshilfe, um ihre Beobachtungen festzuhalten (wird in dem Folgekapitel Auswertung erklärt). |
| ⊚ Sie bekommen eine Vorschau über den Prozess der Auswertung, um ihnen zu verdeutlichen, wie wichtig gerade ihre Beobachtungen sind. | ⊚ Sie bekommen eine Vorschau über den Prozess der Auswertung, um ihnen zu verdeutlichen, wie wichtig gerade ihre Beobachtungen sind. |

## 8) Spielphase Teil A1

Die erste Spielphase beginnt, wenn

◉ das Team der MediatorInnen mit seiner ersten gemeinsamen Sitzung anfangen will –

◉ die BeobachterInnen ihren Platz eingenommen haben.

Von nun an bestimmt das Team der MediatorInnen den weiteren Ablauf des Prozesses.

## 9) Spielphase Teil B1

Diese Spielphase beginnt, wenn das Team der MediatorInnen die Konfliktparteien zu dem ersten gemeinsamen Gespräch einlädt.

## 10) Spielphase Teil A2

Reflexionsphase des Teams.

## 11) Spielphase Teil B2

Wiederaufnahme der gemeinsamen Arbeit mit den Konfliktparteien.

## 12) Abbruch des Spiels

Das Leitungsteam bricht den Prozess bei der Simulation nach einiger Zeit ab.

## 13) Ritual: „Aus den Rollen rauskommen"

Nach dieser langen Anspannung ist es sehr wichtig, dass genügend Raum und Zeit zur Verfügung steht, damit alle Beteiligten diesen Prozess verlassen können, um wieder in die ‚normale' Seminarwelt zurückzukommen. (s.Tabelle: Stichworte S. 115–117)

## 5.4.1.
## Stichworte zu übergreifenden Aspekten

| *Stichworte A-Z* | *Kommentare und Erläuterungen* |
|---|---|
| *Audiovisuelle Aufzeichnung* | In unserem Rahmen war es selbstverständlich, dass die Spielphasen sowohl mit der Videokamera als auch mit Tonband mitgeschnitten und aufgezeichnet wurden. Zu begründen war dies mit der später folgenden Verschriftlichung und deren Auswertung.<br>Allerdings sind solche Simulationen einerseits derart aufwändig, andererseits derart bereichernd und erhellend, dass es in jedem Fall ratsam ist, sie zu dokumentieren, selbst dann wenn noch völlig unklar ist, was später mit dem Material erfolgen soll. |
| *Authentizität* | Eine Simulation bleibt immer eine Simulation. Authentisches Verhalten kann nur heißen, dass es dem Verhalten der Akteure in einer möglichen Realität sehr nahe gekommen ist. Gleichwohl darf berechtigt vermutet werden, dass sich das Verhalten der Gruppen in ihrer jeweiligen Art die Rollen zu interpretieren unterscheidet. Es ist jedoch nicht unser Anliegen, diese Unterschiede als national typische zu etikettieren, sondern wir fragen, ob das Team der MediatorInnen diese Unterschiede bemerkt hat, und wie es mit ihnen umgegangen ist. |
| *Konstruktion der Spielgruppen* | Die brisante Frage bei Gruppenkonflikten ist, wie sich die internen Konflikte in meiner Gruppe zu dem Konflikt mit der anderen Gruppe verhalten. Wie homogen sind die einzelnen Konfliktparteien tatsächlich und wie lässt sich eine erträgliche Heterogenität für sie herstellen, um sie für eine konstruktive Konfliktbearbeitung nutzen zu können? Um solche Prozesse beobachtbar zu machen, braucht es zwei Voraussetzungen:<br>a) Zwei Konfliktgruppen, die jeweils nach außen zunächst homogen wirken, über eine gemeinsame Gruppenidentität verfügen und miteinander einen Konflikt haben, der diese Gruppenidentität tangiert;<br>b) Rollenträger, deren andere Identitätsanteile potenziell in Konflikt zu der Gruppenidentität treten können.<br>Wenn wir mit nationalen Gruppen gearbeitet haben, dann deshalb, weil Gruppenidentitäten sich nicht spielen lassen, wenn nicht tatsächlich auch starke Gemeinsamkeiten innerhalb dieser Gruppe vorhanden sind. |
| *Pausen* | Die Simulationen sollten – zumindest offiziell – in den Pausen nicht weitergehen. Für die Zeiten, in denen gemeinsam gegessen wird, für die Abendveranstaltungen und für alle übrigen Leerzeiten gibt es keine Instruktionen. SpielerInnen und BeobachterInnen bleiben sich selbst überlassen. Natürlich wird in diesen informellen Zeiten auch über das gerade laufende Rollenspiel geredet und ebenso zwangsläufig bleibt |

*Fortsetzung der Übersicht auf der nächsten Seite*

*Fortsetzung der Übersicht von Seite 115*

| *Stichworte A-Z* | *Kommentare und Erläuterungen* |
|---|---|

dabei unklar, wer da eigentlich mit wem redet. Ganz offensichtlich, weil dies dann im sich anschließenden weiteren Spielverlauf sichtbar wird, kommt es im informellen Rahmen zu Absprachen, gerade auch zu Absprachen zwischen Mitgliedern der unterschiedlichen Konflikt-parteien.

Es fällt also schwer, genau zu ermitteln, ob in den Pausen die Simulationen weitergehen oder nicht. Es lässt sich jedoch sagen, dass die strikte Trennung von Arbeits- und Freizeit durch die Dynamik der Simulationen aufgehoben wird. Zumindest einige im informellen Bereich entstandene Interaktionen fließen direkt in den formellen Bereich ein, sie gehen also nicht verloren.

Andere Konfliktbearbeitungsverfahren, wie etwa Problem Solving Workshops, gehen so vor, dass es in den informellen Zeiten zu keinem Austausch zwischen den Akteuren kommen darf.

### *Ritual: ,Aus der Rolle rauskommen'*

Die Wichtigkeit eines abschließenden Rituals, welches die Beteiligten nutzen können um sich angemessen aus dem Rollenspiel zu verabschieden, kann nicht deutlich genug unterstrichen werden. Wir zelebrieren dieses Entlassen aus der Rolle folgendermaßen: Nach dem Abbruch des Spiels sollen alle Beteiligten auf ihren Plätzen bleiben (in unseren Fällen saßen sie halbkreisförmig den drei MediatorInnen gegenüber). Zunächst sollen sich die Rollenspieler von ihrer Rolle verabschieden. Der oder diejenige, die beginnen will, steht auf, tritt hinter ihren/seinen Stuhl und beginnt Abschiedsworte an die Rolle, die sitzen geblieben ist, zu richten. Sehr entlastend wirkt dabei, wenn zusätzlich ein Requisit auf dem Stuhl verbleiben kann. Dieser Abschied kann mit den Worten eingeleitet werden: „Ich habe durch dich erfahren..." und beendet werden mit: „Ich wünsche dir für deinen zukünftigen Weg..." Nach den SpielerInnen verabschieden sich dann die MediatorInnen ebenfalls von ihrer Rolle. Im Nachhinein würden wir vorschlagen, zumindest auch ein offenes Angebot an die BeobachterInnen für einen solchen rituellen ,Abschied' vorzuschlagen, denn auch sie befinden sich in einer bestimmten Rolle. Wir brauchen nicht zu betonen, dass diese Abschiede sehr eindrücklich waren.

### *Das Unerwartete*

Jede/r, der/die sich animiert fühlt einmal selbst eine komplexe Simulation auszuprobieren, muss und sollte damit rechnen, dass nicht alles so verläuft wie geplant. Je mehr die Autoren ein bestimmtes Theaterstück mit dem Szenario verbinden, desto größer wird die Frustration sein, wenn man beobachten muss, wie sich bestimmte Rollen ganz anders entwickeln und dem Ganzen eine unerwartete Richtung geben.

Im Allgemeinen lässt sich davon ausgehen, dass dies ein gutes Zeichen ist, oder etwas konkreter gesprochen, das Szenario ist komplex genug.

| Stichworte A-Z | *Kommentare und Erläuterungen* |
|---|---|

*Realität soll nicht planbarer werden, sondern erprobt werden. Hätten wir nochmals die Möglichkeit, mit den gleichen Personen dieselben Szenarios zu spielen, käme mit Sicherheit etwas ganz anderes heraus. Insofern ist jede gespielte Simulation ein Unikat.*

### Zeitplanung

*Für uns war es sehr wichtig, dem Team der MediatorInnen keine feste Zeit für das Ende der Simulation mitzuteilen. Zum einen haben wir damit aus den vergangenen Erfahrungen gelernt, weil professionelle MediatorInnen dazu neigen, es für eine Sache ihrer Berufsehre zu halten, eine ihnen gestellte Aufgabe in dem gegebenen Zeitrahmen erfüllen zu wollen. Zum anderen, und dieses Argument ist bedeutender, ist die gemeinsame Zeit eine wichtige Ressource, die mit in den Aushandlungsprozess einbezogen werden muss. Wie viel Zeit bin ich bereit zur Verfügung zu stellen, konnte und wurde auch Thema innerhalb der Simulationen, besonders dann wenn das Gefühl bestand, es ginge nicht weiter. Das Team der MediatorInnen sollte seinen Rahmen möglichst frei von äußeren Strukturen gestalten können.*

### Zur Differenz der Varianten I zu II

*Diese Differenz beim Vorgehen wird verständlicher, wenn die Spielszenarios gelesen sind. Die unterschiedlichen Kontexte verlangten auch ein anderes methodisches Vorgehen – auch bei der Komposition der dritten Partei. Schlagwortartig lässt sich sagen, dass das Konfliktszenario der Simulation I eine dritte Partei benötigt, die Loyalitäten an sich binden kann, während bei dem Konfliktszenario der Simulation II die Frage der offiziellen, seriösen Neutralität der dritten Partei weit mehr im Vordergrund steht.*

### Zur Konstruktion der Simulationen

*Zu den Konfliktszenarios, die im Folgenden vorgestellt werden, ist zu sagen, dass der/die SchreiberIn sich an die Faustregel halten sollte: Je weniger Fiktion, desto besser. Es ist nicht nötig und nicht wünschenswert, ein Theaterstück zu schreiben; allerdings müssen die Charaktere stimmig sein und entwicklungs- und gestaltungsfähig. Dann ergibt es sich nämlich fast automatisch, dass die zunächst sehr homogen wirkenden und sich einander ausschließenden Konfliktparteien immer differenzierter werden. Es werden unterschiedliche Positionen innerhalb einer Gruppe deutlich und es gibt immer und überall auch etliche Übereinstimmungen mit bestimmten Mitgliedern von der anderen Partei. Solche – sehr realen – Konstrukte sind umso interessanter, als dass sich dann beobachten lässt, wie eine Konfliktpartei im Verlauf des Spiels mit den internen Widersprüchen umgeht, ob sie zum Vorschein kommen oder unter den Teppich gekehrt werden. Dies ist natürlich auch ein wichtiger Parameter, um das MediatorInnenteam daraufhin zu untersuchen, wie es mit den Widersprüchen innerhalb der Konfliktparteien umgegangen ist.*

## 5.4.2
## Simulation I:
## „Sonst gibt es
## wieder Zoff"

Spielplan für Simulation I „Sonst gibt es wieder Zoff":

| | |
|---|---|
| *AutorIn:* | *F. Liebe* |
| *Spieldauer:* | *reine Spielzeit (ohne Vorbereitung) mindestens drei Stunden, max. Spielzeit beinahe unbegrenzt.* |
| *Informationen:* | *alle SpielerInnen und BeobachterInnen bekommen die allgemeinen Informationen* |
| *SpielerInnen Konfliktpartei X (KpX):* | *Trittfest 04 e.V.:*<br>◎ *KX1, Walter Pawelski, Jugendleiter*<br>◎ *KX2, Anne Marie Zickel, Trainerin*<br>◎ *KX3, Hartwig Müller, Mannschaftskapitän*<br>◎ *KX4, Christian Schaffer, Spieler*<br>◎ *KX5, Ute Schaffer, Fan*<br>◎ *KX6, Joachim Kutter, Fan*<br>◎ *KX7, Berta Schuchkow, Mutter* |
| *SpielerInnen Konfliktpartei Y (KpY):* | *Hitzkopf e.V.:*<br>◎ *KY1, Metin Yilmaz, Jugendleiter*<br>◎ *KY2, Dino, Trainer*<br>◎ *KY3, Ahmet Asünger, Mannschaftskapitän*<br>◎ *KY4, Yasar Chebba, Spieler*<br>◎ *KY5, Serpil Kader, Fan*<br>◎ *KY6, Mustafa Baba, Fan*<br>◎ *KY7, Gulay Ökten, Mutter* |
| *Team der MediatorInnen:* | ◎ *1 neutraler Mediator*<br>◎ *je 1 Delegierter von KpX und KpY*<br>　*(vgl. 5.4.1 Stichworte: „Zur Differenz der Varianten I und II")* |
| *BeobachterInnen:* | *je mehr, desto besser* |
| *Kategorisierung des Szenarios:* | *Mehr- und Minderheitenkonflikt innerhalb einer Gesellschaft, Eskalation durch mögliche Ideologisierung und Ethnisierung des Konflikts möglich. Spannend: Wie verhalten sich interne Gruppenkonflikte zu dem ‚eigentlichen' Konflikt?* |

Simulation I
**„Sonst gibt es wieder Zoff"**
Rollenspielvorgabe: **Allgemeine Information**

Vor vier Wochen ging es durch die Berliner Presse: „Berliner Jugendfußball am Ende?" An jenem Wochenende kam es nämlich nach z.T.
heftigen Ausschreitungen zu insgesamt 12 Spielabbrüchen. Die Pres-
sesprecherin des Berliner Fußballverbandes hatte dazu erklärt, dass
man die Sache nicht überbewerten solle, und daran erinnert, dass ja
immerhin 81 Spiele an diesem Wochenende friedlich verlaufen seien.
Sie versicherte, dass die betroffenen Vereine mit strengen Auflagen
für die nächsten Spiele bestraft würden.
Unser Fall bezieht sich auf eins der 81 Spiele, die stattfanden. Die
Jugendleiter der beteiligten Vereine „Hitzkopf e.V." und „Trittfest 04
e.V." waren am Ende heilfroh, dass alles doch so glimpflich über die
Bühne gegangen war. Beide eint aber nun die Angst vor dem Rückspiel. Aus diesem Grund wenden sie sich gemeinsam an eine dem
Jugendleiter von „Hitzkopf" bekannte Mediationsagentur, um prä-
ventiv etwas zu unternehmen.

Der „Fall"

*Zur Ausgangslage*
(geschildert von den beiden Jugendleitern bei dem Treffen mit einer
VertreterIn der Mediationsagentur):
Beim Spiel in der Liga der B-Jugend (14–16 Jahre) zwischen Trittfest
(verschrieen als ‚rechter' Verein) und Hitzkopf (verschrieen als Chao-
ten- und Kanakenverein), das auf dem Reinickendorfer Platz der Trittfesten stattfand, konnte ein Spielabbruch nur durch ein massives
Polizeiaufgebot verhindert werden. Nachdem es auf dem Platz sofort
knallhart zuging und die ‚Unterstützer' von Trittfest beständig, verbunden mit eindeutigen Gesten, ausländerfeindliche Parolen grölten,
alarmierte der Jugendleiter von Hitzkopf die Polizei. Zunächst trafen
sechs Mannschaftswagen ein. Da es aber bis dahin noch zu keinen
weitergehenden Ausschreitungen gekommen war, zogen sie bis auf
einen Mannschaftswagen wieder ab, was aber dennoch bewirkte, dass
das Spiel ohne Ausschreitungen zu Ende gebracht werden konnte und
die Hitzköpfe unbeschadet den Heimweg antreten konnten.
Die Angst vor dem Rückspiel, das auf dem Platz der Hitzköpfe in
Kreuzberg stattfinden soll, sitzt allerdings allen im Genick, da der
Jugendleiter von Hitzkopf keine Garantie für die Sicherheit der Mannschaft von Trittfest übernehmen will (und nach Aussagen einiger
Spieler auch nicht guten Gewissens könnte).

Die Ausgangslage

*Übereinkunft der Mediationsagentur mit den Jugendleitern*

**Vorgeschichte**

Die VertreterIn der Mediationsagentur macht deutlich, dass dies ein für sie ungewohnter Fall ist. Auf dem Feld der Prävention von soziokulturellen Konflikten haben sie keine Erfahrung. Zusätzlich schreckt sie die Komplexität des Falls, zumal sie/er auch nicht davon ausgeht, dass alle für eine konstruktive Lösung notwendigen Seiten sich auf ein Verfahren der Gruppenmediation einlassen werden. Sie/er hat auch keine Vorstellung, mit welcher Übereinkunft die beiden Seiten denn aus der Verhandlung gehen sollten. Andererseits reizt sie/ihn die professionelle Herausforderung. Zumal die Jugendleiter im Gespräch sehr überzeugend vermitteln konnten, dass sie sich bereits Hilfe suchend die Hacken abgelaufen hätten, aber sie letztlich immer alleine dastünden. Schließlich erkennt sie/er die Relevanz des Problems an und die Notwendigkeit, etwas zu tun. Sie/er erklärt sich bereit den Fall bei der nächsten Teamsitzung vorzutragen und den Jugendleitern dann die Entscheidung zu übermitteln.

*Ergebnis der Teamsitzung der Mediationsagentur*

**Zusammensetzung der beteiligten Gruppen**

Nach langer und heftiger Debatte will sich die Agentur der Aufgabe stellen. Allerdings werden folgende Bedingungen formuliert:

1. Die Agentur betont den Versuchscharakter dieser Arbeit.
2. Die Jugendleiter sollen sich *dann* wieder an die Agentur wenden, wenn sie sichergestellt haben, dass folgende Personen *freiwilllig* erklären bei der Konfliktbearbeitung mitzumachen:
   - Jugendleiter beider Vereine
   - der/die jeweils zuständige TrainerIn
   - mindestens zwei Vertreter der Mannschaften
   - jeweils zwei Fans
   - jeweils ein/e ElternvertreterIn
3. Wenn die Jugendleiter eine solche Gruppe zusammenhaben, soll die Gruppe jeweils eineN VertreterIn dieser Gruppe bestimmen, der/die mit dem/der MediatorIn der Agentur zusammen das Team bilden soll. Der Hintergrund für diesen Punkt ist, dass sich die Agentur so eine höhere Akzeptanz und Verbindlichkeit verspricht.
4. Der/die Delegierte verpflichtet sich zu einer konstruktiven Haltung gegenüber der Teamarbeit.
5. Alle an der Gruppe Beteiligten sollen vor Beginn der Verhandlung einer schriftlichen Erklärung zugestimmt haben, die besagt,
   - dass sie freiwillig an dem Mediationsverfahren teilnehmen, und
   - dass sie die Verhandlung mit dem Ziel führen, eine Lösung zu finden, die es Zuschauern beider Vereine ermöglicht, zum Spiel und auch wieder nach Hause zu kommen und v.a. das Spiel anzusehen, ohne dass sie Gewalttätigkeiten ausgesetzt werden.

*Die Überraschung*
Nach nur einer Woche (!) melden sich die von der Agentur gewünschten zwei Delegierten bei der Agentur. Die Jugendleiter haben die Gruppen in der gewünschten Komposition zusammen. Der/die neutrale MediatorIn der Agentur vereinbart nun mit beiden einen Termin, um sich abzusprechen. Der Teil A 1 beginnt...

Simulation I
**„Sonst gibt es wieder Zoff"**
Rollenspielvorgabe: **KX1**

---

*Hintergrund für den Jugendleiter von Trittfest 04 e.V., Walter Pawelski*
Trittfest ist ein Verein mit langer Tradition im Norden Berlins. Wie seine Jungs und auch die wenigen Mädchen immer wieder betonen, ist der Verein praktisch „ausländerfrei". Das soziale Klima ist in dieser Gegend v. a. seit der Wiedervereinigung erheblich rauer geworden. Da er bereits seit 15 Jahren Jugendleiter ist, hat er die Veränderungen im Verein hautnah miterleben können. Natürlich wehrt er sich nach wie vor gegen den Vorwurf, dass Trittfest zu einem rechten Verein verkommen ist, aber sogar für ihn selbst klingt das immer weniger überzeugend. Er fühlt sich in seinem Ehrenamt, denn für seine Tätigkeit gibt es kein Gehalt, oft überfordert, vor allem mangelt es seit einiger Zeit am wirklichen Kontakt zu ‚seinen' Jugendlichen. Früher hat ihm diese Arbeit viel Spaß gemacht, jetzt hat er manchmal einfach nur noch „die Schnauze voll".

Das Geschehen aus seiner Sicht:
Wenn die Hitzköpfe bei Trittfest spielen, kann es immer leicht Ärger geben. Deshalb war er an diesem Sonntag auch auf dem Platz (was ihm wieder mal Ärger mit seiner Frau eingebracht hat).
‚Ganz objektiv' haben die Hitzköpfe gleich angefangen extrem hart einzusteigen. Ohne Rücksicht auf Fairnessregeln haben sie geholzt, dass seinen Jungs Hören und Sehen verging; so was anzuschauen macht echt keinen Spaß. Ihm war denn auch sofort klar, dass sich das die anwesenden Fans von Trittfest auch nicht lange würden bieten lassen. Früher waren das ja ganz normale Zuschauer, heute ist er sich da nicht mehr so sicher. Andererseits: Wenn man so was mit ansehen muss, da kann man schon mal aus der Haut fahren!!
Als ihn dann der Jugendleiter von den Hitzköpfen angesprochen hat, dass er gefälligst die Polizei holen solle, fand er das zunächst über-

trieben und wiegelte deshalb auch erst mal ab. Als jedoch dann plötzlich sechs Mannschaftswagen kamen, fand er das doch ganz beruhigend. Glücklicherweise blieb ein Wagen die ganze Zeit stehen das
Spiel endete 1:1 und es gab auch danach keinen Krawall.

Da aber auch er Angst vor dem Rückspiel hat, ging er gerne auf den
Vorschlag des Jugendleiters von den Hitzköpfen ein, gemeinsam nach
einer Lösung zu suchen empfand er doch nach langer Zeit mal wieder
so etwas wie Solidarität unter Sportsfreunden.

Der andere Jugendleiter ist wirklich gar nicht so übel, denkt er. Er
sieht in der jetzt anberaumten Sitzung eine Möglichkeit, dass mal
endlich zur Sprache kommen kann, was schon lange ansteht. Vielleicht findet er auch wieder einen Draht zu seinen Jugendlichen,
wenn die sehen, wie er sich für den Verein einsetzt.

Simulation I
**„Sonst gibt es wieder Zoff"**
Rollenspielvorgabe: **KX2**

---

*Hintergrund der Trainerin von Trittfest (B-Jugend), Frau Zickel*
Frau Zickel ist 45 Jahre alt und ledig aus Überzeugung. Sie unterrichtet die Fächer Sport und Geschichte an einer Realschule im Bezirk
Reinickendorf, in dem Trittfest beheimatet ist. Sport ist ihre Leidenschaft. So nimmt sie beispielsweise regelmäßig an Marathonläufen
teil.

Im Verein ist sie schon sehr lange als Trainerin anerkannt. Sie trai-
niert stets die männliche Jugend in dieser Altersgruppe. Für sie ist
die Körpererziehung eine Erziehung für das Leben. Am Mannschafts-
sport interessiert sie die Vermittlung von Grundwerten. Sie möchte
den jungen Männern eine Orientierung geben, was es heißt, diszipli-
niert und mannschaftsdienlich zusammenzuarbeiten. Ein Schlendrian
kommt bei ihr nicht vor; Unpünktlichkeit oder individuelle Extrawür-
ste gibt es nicht. Sie liebt ihre Jungs – rein sportlich. Ihre Mannschaften sind soziale Biotope voller Harmonie und Gemeinschaft. Was
die Jungs sonst noch so treiben, interessiert sie nicht, dafür fühlt sie
sich nicht zuständig. Ihr Spezialgebiet in ihrem Fach Geschichte ist
die Antike.

Sie akzeptiert zwar den Jugendleiter als eine institutionelle Autorität, hält ihn persönlich aber für einen Waschlappen. Sie würde allerdings nie mit ihm tauschen wollen, weil sie die konkrete Arbeit mit
ihren Jungs vorzieht.

Rein sportlich sind die Hitzköpfe für sie eine ernsthafte Konkurrenz. Auch wenn ihr deren undogmatische Spielweise und ihr Auftreten zuwider sind: Man muss doch anerkennen, dass sie nicht schlecht Fußball spielen können. Andererseits: Sie weiß, dass auch sie gute Arbeit mit ihren Jungs vorweisen kann. Zu verstecken braucht sie sich vor denen gewiss nicht!

Sie teilt die Befürchtungen des Jugendleiters im Hinblick auf das Rückspiel, wenn sie sich auch aus einem anderen Grund Sorgen macht. Für sie wäre das nämlich eine Gelegenheit, endlich in einem fairen Wettstreit zu beweisen, dass ihr Spielsystem das überlegene ist. Sie unterstellt, dass die Hitzköpfe nach irgendwelchen Vorwänden suchen werden um diesem sportlichen Wettstreit aus dem Wege zu gehen, und dass sie sie so um die Chance bringen, Bestätigung für ihre Arbeit und ihr Spielsystem zu bekommen.

Simulation I
**„Sonst gibt es wieder Zoff"**
Rollenspielvorgabe: **KX3**

*Hintergrund für Hartwig Müller*
Er wurde von der Mannschaft gewählt sie bei dieser 'Meditation' zu vertreten, weil er am besten reden kann und weil er sowieso der Mannschaftskapitän ist. Fußball ist für ihn einfach sein Ding, v. a. wenn man mannschaftsdienlich spielen kann und taktisch, eben so, wie es die Türken nicht können. Er vergöttert seine Trainerin, weil sie für ihn der erste Mensch ist, der ihn so, wie er ist, anerkennt und seine Leistungen hervorhebt. Seinen Jugendleiter mag er eigentlich auch, aber der hat sich irgendwann von ihm zurückgezogen.

Er kommt aus einem gutbürgerlichen Elternhaus, hat aber mit seinen Eltern nur Knatsch. In der Schule (er besucht ein Gymnasium) läuft es auch nicht so gut. Aus seiner Sicht liegt das an den ‚linken Bazillen' von Lehrern, die von vornherein gegen ihn eingestellt sind. Ihm werden nämlich Kontakte zur rechten Szene nachgesagt, die er allerdings offiziell nie bestätigt hat. Im Verein hält er sich politisch sowieso bedeckt und gilt ausschließlich als ausgezeichneter Fußballspieler.

Einige der Fans, die regelmäßig zu den Spielen kommen, kennt er persönlich. Mit Ute ist er schon sechs Monate zusammen. Er himmelt sie an, schon weil sie ihrer Familie total kontra gibt und so richtig geradeaus ist. Joachim ist sein bester Freund, und wenn den Trittfesten mal Ärger droht, kann er sich vertrauensvoll an ihn wenden. Auf Joachim ist Verlass. Das darf seine Trainerin natürlich nicht wissen. Für die wäre das unsportliches Verhalten und das duldet sie nicht bei sich in der Mannschaft.

Für ihn ist die Sache ganz klar: Wenn die Hitzköpfe nicht für die Sicherheit garantieren wollen, dann müssen sie eben aus der Liga fliegen. Keine Ausländer, keine Probleme. Und die deutsche Polizei soll gefälligst die Deutschen schützen. Angst vor dem Rückspiel hat er natürlich auch, deshalb will er sich auch nicht zu weit aus dem Fenster hängen. Andererseits ist er aber wütend darüber, dass sich alle Welt Sorgen um die armen Ausländer macht, wohingegen sie selber, wenn sie sich mal wehren, höchstens noch bestraft werden, anstatt dass man ihnen Hilfe gibt. Das ist einfach ungerecht.

Simulation I
**„Sonst gibt es wieder Zoff"**
Rollenspielvorgabe: **KX4**

---

*Hintergrund von Christian Schaffer*
Christian ist 16 Jahre alt und geht auf die Realschule, auf der Frau Zickel unterrichtet. Er hat lernen müssen sich mit ihr zu arrangieren, auch beim Fußball. Er gilt als ruhender Pol, wirkt ausgleichend und beruhigend und für die Mannschaft ist er als Organisator der Abwehr nicht zu ersetzen, aber um von der Zickel Anerkennung zu kriegen, dafür ist er wohl zu ruhig. Außerdem muss sie irgendwie gemerkt haben, dass er ihre Art „Zucht und Ordnung" manchmal als fürchterlich kleinlich empfindet. In der Mannschaft genießt er hohes Ansehen. Gleichzeitig wirkt er zurückgezogen, manche nennen ihn sogar langweilig. Tatsächlich frisst er fast alles in sich rein, aber das registrieren die wenigsten. Auf ihn will niemand verzichten, aber als richtigen Kumpel sieht man ihn auch nicht.

In seiner Familie muss er ständig zwischen seiner Schwester Ute und seiner Mutter vermitteln. Früher war Hartwig sein bester Freund, aber das hat sich abgekühlt, seitdem Joachim aufgetaucht ist. Seit dieser Zeit ist Hartwig mit seinen rechten Sprüchen nicht wieder zu erkennen; für Christian jedenfalls eine echte Enttäuschung. Joachim ist in Christians Augen ein echtes Arschloch. Er hält ihn für brutal und gewissenlos, ein richtiger Fascho eben.

Vor dem Rückspiel hat er eine Heidenangst, denn er befürchtet, dass Joachim ein Schlägerkommando zusammenstellen wird. Genaues weiß

er nicht darüber, denn mit Hartwig ist ja nicht zu reden, genauso
wenig wie mit Ute; aber er möchte wenigstens irgendwas versuchen,
dass es ohne Keilerei abgeht.

Daher ging für ihn ein Wunsch in Erfüllung, als bei der Mannschafts-
sitzung der Jugendleiter den Vorschlag mit der Mediation gemacht
hat. Für seine Verhältnisse ist er mit seiner Unterstützung für diese
Idee richtig aus sich herausgegangen. Als nämlich Hartwig gesagt
hat, dass er die zwei Fans besorgt, ist er aufgesprungen und hat
gesagt: „Dann will ich da aber auch dabei sein." Das kam derart
explosiv heraus, dass niemand was dagegen zu sagen wagte, und so
wurde er einstimmig zum zweiten Vertreter der Mannschaft bei dem
Gespräch bestimmt.

Später, zu Hause, hat er bemerkt, dass der Ausgang dieses Gesprächs
für ihn auch darüber entscheiden wird, ob er noch weiter bei Trittfest
spielen will oder nicht. Entweder, es klärt sich jetzt was, oder er will
da nicht länger mit reingezogen werden und hört auf. „Die Zickel
halt' ich sowieso nicht mehr lange aus."

## Simulation I
## „Sonst gibt es wieder Zoff"
Rollenspielvorgabe: **KX5**

---

*Hintergrund von Ute Schaffer*

Ute ist eine vierzehnjährige Rebellin. Der Vater ist praktisch nie da,
die Mutter versucht sie dafür ständig zu überwachen und ihr Bruder
Christian ist ein Zweifler. Sie hingegen ist eine Frau der Tat; in der
Schule ist sie mit ihrer großen Klappe ebenso vorneweg wie zu Hause. Fußball fand sie immer ätzend, bis sie Christian Hartwig, der wie
sie aufs Gymnasium geht, kennen gelernt hat. Mit dem ist sie jetzt
zusammen und seitdem findet sie Fußball super.

Nicht so sehr das Spiel an sich, sondern eher das Drumherum. Die
Clique, das Zusammengehörigkeitsgefühl und dass immer was los ist.
Schlägereien findet sie zwar nicht so toll, aber grundsätzlich findet
sie es richtig, wenn man sich wehrt. Und irgendwie haben Joachim
und Hartwig ja recht, wenn sie sagen, dass die Ausländer von hinten
und vorne bedient werden und sie selber einfach überall zu kurz kommen. Davon abgesehen: Es bringt ihr auch 'ne Menge Spaß, wenn sie
zusammen vom Spielfeldrand die anderen provozieren.

Hartwig hat ihr gesagt, dass er einmal einen Spruch von ihr gehört
hat und nur noch losprusten musste. In dem Moment, hat er gesagt,

hätte er sich so richtig in sie verliebt. Und bei den Türken ist das ja sowieso so, dass die nur auf so was warten, um ausrasten zu können. An und für sich hat sie nichts gegen Ausländer. Als sie vor einem Jahr mit ihren Eltern in der Türkei war, hat es ihr sogar total gut gefallen, bloß dass die eben so empfindlich sind und keinen Spaß verstehen, das nervt.

Als Hartwig ihr sagte, dass sie da mitkommen solle zu diesem Palaver, hat sie erst Nein gesagt. Als sie aber erfuhr, dass Christian auch da ist, ist sie neugierig geworden. Und als dann auch noch klar war, dass Matthias' Mutter, auch so eine, die immer alles überwachen will, als ‚Elternvertretung' da erscheinen soll, hat sie doch noch Ja gesagt. Sie freut sich schon diebisch darauf, bei dem Gespräch mit ihrer großen Klappe vor Hartwig glänzen zu können.

Simulation I
**„Sonst gibt es wieder Zoff"**
Rollenspielvorgabe: **KX6**

*Hintergrund für Joachim Kutter*
Joachim erklärt von sich, dass er keine Vergangenheit hat; Fakt ist, dass er nicht besonders stolz darauf ist, von seinem dritten bis vierzehnten Lebensjahr ein Heimkind gewesen zu sein. Jedenfalls hat für ihn das Leben erst richtig angefangen, seit er 18 geworden ist: Da hat er Arnulf und seine ‚Organisation' kennen gelernt, ist sofort eingetreten und fühlt sich seitdem wie ein neuer Mensch.

Jetzt ist er 20 und versucht – möglichst unauffällig – Netzwerke für die Organisation aufzubauen. Dafür ist auch die Bekanntschaft mit Hartwig nützlich. Dass er sich eigentlich nicht sonderlich für Fußball interessiert, muss man Hartwig ja nicht auf die Nase binden. Für die Organisation jedenfalls, das sagt auch Arnulf, ist das Fußballfeld ein lohnendes Betätigungsfeld. Hier sind Leute zu rekrutieren, die nicht zu unbequemen Fragen neigen, wenn man mal „Manpower" brauchen sollte, für Saalordner oder so.

Joachim ist redegewandt, worauf er insgeheim angesichts seiner Heimvergangenheit sehr stolz ist (so weit hat es sonst keiner von denen gebracht!), außerdem immer freundlich, medienerfahren (er hatte schon einen Auftritt in einer Talkshow, in der Fußballfans zu Randale interviewt wurden), kurzum: ein Vorzeige-Rechter, der nicht zu pakken ist, sich eben dieser Etikettierung entzieht.

Aktuell ist er sehr an einer konstruktiven Lösung, sprich: am Zustandekommen des Rückspiels interessiert, weil er im Auftrag der Organisation für das Rückspiel eine Aktion geplant hat. Davon weiß außer ihm allerdings keiner etwas, zumindest nichts Genaues.

Tatsächlich plant er etwas, was er insgeheim, nicht ohne Ironie, „Aktion Reichstagsbrand" getauft hat: Es soll trotz Kontrakt zu Ausschreitungen kommen. Dabei muss es allerdings so aussehen, als würden ganz klar die Fans der Hitzköpfe den Kontrakt brechen, nicht etwa die der Trittfesten. Ein diskreter Wink an die Presse, die wie zufällig beim Spiel anwesend sein wird, und schon stehen die Kreuzberger Multi-Kultis in der breiten Berliner Öffentlichkeit als die gewalttätigen Störenfriede da; Motto: Seht ihr, mit den Türken geht es einfach nicht!

Simulation I
**„Sonst gibt es wieder Zoff"**
Rollenspielvorgabe: **KX7**

---

*Hintergrund für Berta Schuchkow*

Berta Schuchkow ist die Mutter von Matthias. Für Fußball interessiert sie sich eigentlich überhaupt nicht; aber seit Matthias vor einem Vierteljahr mit reichlich schlimmen Blessuren von einem Spiel nach Hause kam, hat sie angefangen sich mit dem Vereinsleben vertrauter zu machen.

Damals war sie zunächst stinkewütend auf die Spieler der anderen Mannschaft gewesen (es war ein Spiel gegen den Neuköllner Klub „Rixdorfer Halbmond"), die nach den Erzählungen von Matthias im Berliner Jugendfußball nach den Hitzköpfen als zweitschlimmste Chaoten- und Kloppertruppe verschrieen sind. Einige Wochenenden hat sie jetzt auf der Tribüne verbracht und ihre ursprüngliche Wut auf die anderen ist einem massiven Unbehagen an den so genannten „Fans" der Trittfesten gewichen. Was da an Sprüchen vom Spielfeldrand auf den Platz schallt, das kommt in ihren Augen der Volksverhetzung ziemlich nahe. Sie hat sich inzwischen sogar eingestanden, dass sie ein bisschen verstehen kann, weshalb die „Halbmonde" ausgerastet sind; selbst ihr, die ja gar nicht gemeint ist, gehen die z.T. wüsten Beschimpfungen mächtig an die Nieren.

Sie hat Matthias seit seinem 10. Lebensjahr alleine großgezogen, und obwohl sie sich alle Mühe gegeben hat ihn zur Selbstständigkeit und zur Toleranz zu erziehen, ist sie nach eigener Einschätzung dabei nicht sehr erfolgreich gewesen. Sie hält ihn für leicht beeinflussbar, sowohl durch die „Fans" wie auch durch Frau Zickel, die Trainerin, mit der sie im Übrigen auch überhaupt nicht einverstanden ist. Deren Kameradschaftsideologie ist ihr höchst suspekt, zumal sich ihr Junge, wie sie glaubt ihretwegen, mehr und mehr von ihr entfernt.

Sie ist jedenfalls dem Jugendleiter dankbar, dass endlich mal was unternommen wird. Ihr durch einige Jahre Tätigkeit in der Familienfürsorge geschulter kritischer Blick hat Joachim als eine treibende Kraft in der Gruppe der Fans ausgemacht; auf die Freundlichkeit von Joachim ist sie nicht hereingefallen und sie ist sehr misstrauisch, ob und was der wohl vorhat.

Wenn bei dem Gespräch nichts rauskommt, will sie alles versuchen, damit ihr Junge aus dem Verein aussteigt. Sie weiß aber, dass die Auseinandersetzung mit ihm darüber schwierig werden wird, und hofft daher auf eine gütliche Lösung.

Simulation I
**„Sonst gibt es wieder Zoff"**
Rollenspielvorgabe: **KY1**

---

*Hintergrund für den Jugendleiter von Hitzkopf e.V., Herrn Metin Yilmaz*
Hitzkopf e.V. ist beheimatet in Kreuzberg, *dem* Outsider-Bezirk der Stadt. Positiv betrachtet spiegelt der Verein das ganze bunte Leben in der Großstadt, aber eben auch mit allen Negativaspekten. Metin Yilmaz macht die ehrenamtliche Arbeit als Jugendleiter schon 10 Jahre. Er ist nach wie vor sehr engagiert und hat zu den Jugendlichen einen guten Draht. Wie selbstverständlich hat er inzwischen Hilfe bei der Jobvermittlung oder bei Scherereien mit der Polizei usw. in seine Tätigkeit integriert.

Schon lange kämpft er darum, dass das Problem ‚Gewalt beim Jugendfußball' ernst genommen wird. Beim Berliner Fußballverband, der Trägerorganisation, rennt er damit nicht gerade offene Türen ein. Für seinen Verein hat er es zwar geschafft, Gelder für Fortbildungen für TrainerInnen und BetreuerInnen zu organisieren um zumindest die internen Konflikte, die es auch immer mal wieder gibt, besser in den Griff zu kriegen. Für solche Programme kann man vom Bezirk und von der Ausländerbeauftragten des Landes Zuschüsse kriegen.

Das große Problem besteht für ihn aber darin, dass sich die Hitzköpfe bei Wettkampfspielen wie Freiwild behandelt fühlen. Oft sind es nicht

mal die anderen Spieler, sondern die Zuschauer oder Eltern, verein-
zelt sogar BetreuerInnen der anderen Mannschaften, die die Aggres-
sion auf das Spielfeld tragen, und was kann man dagegen machen? Es
gibt inzwischen etliche türkische oder Multikulti-Vereine in der Stadt,
aber zur Normalisierung hat das leider gar nicht beigetragen. Im Gegenteil: Die Auseinandersetzungen werden immer schlimmer und aggressiver.

Die Auswirkungen merkt er mittlerweile auch an sich selbst. Früher
war er stolz auf seine Besonnenheit, jetzt merkt er, dass er seine
Fantasien bezogen auf das Rückspiel eher zügeln muss. Sportliche
Fairness – was für ein Hohn!

Wenn die Hitzköpfe bei Trittfest spielen, kann es immer leicht Ärger
geben. Deshalb war er auch auf dem Platz und ist raus nach Reinickendorf gefahren (was ihm wieder mal Ärger mit seiner Frau eingebracht hat). Und richtig: Kurz nach Spielbeginn gab es die ersten
Reibereien. Glücklicherweise wurde ihr hitzigster Hitzkopf gleich von
Dino, dem Trainer, ausgewechselt. Andererseits waren da die Zuschauer,
die ständig und lautstark rassistische Parolen brüllten und entsprechende Gesten machten.

Da er nicht zusehen wollte, wie sich die Situation immer mehr auf-
heizte, ging er zu Walter Pawelski, dem Jugendleiter von den Trittfesten, damit der die Polizei hole. Er selbst wurde dabei von einigen
Zuschauern attackiert. Als Pawelski nichts unternahm, rief er selbst
auf dem Revier an und sagte, dass er befürchte, dass es hier bald eine
brutale Schlägerei geben würde. Kurz darauf erschien die Polizei mit
sechs Mannschaftswagen, was für sehr viel Beruhigung auf dem gesamten Platz sorgte. Der Einsatzleiter erklärte allerdings, dass sie
nicht alle bleiben könnten, da ja noch nichts passiert sei. Ein Mannschaftswagen blieb jedoch vor Ort, sodass die Hitzköpfe heil nach
Hause fahren konnten.

Dass der Jugendleiter von den Trittfesten in ein von ihm vorgeschla-
genes Gespräch mit einem Mediator eingewilligt hat, stimmt ihn zu-
versichtlich. Er hat diesem allerdings auch klipp und klar erklärt,
dass er nicht für die Sicherheit beim Rückspiel garantieren könne. Er
sieht in der Auseinandersetzung die Chance, dass das Problem der
Gewalt endlich auch mal als ein allgemeines Problem anerkannt wird,
und es nicht immer nur heißt, dass das ein für seinen Verein typisches Phänomen wäre. Für ihn ist es unabdingbar, dass der Anhang
von den Trittfesten beim Rückspiel zu Hause bleibt.

Simulation I
**„Sonst gibt es wieder Zoff"**
Rollenspielvorgabe: **KY2**

---

*Hintergrund für „Dino", den Trainer der Hitzköpfe (Jugend B)*
Dino ist ein sehr, sehr typischer Berliner, soll heißen: Er fühlt sich als
Kreuzberger. Er ist in diesem Kiez geboren, wahrscheinlich wird er
auch dort begraben. Schon lange bevor aus den Hitzköpfen ein quasi
türkischer Verein wurde, ist Dino Spieler für diesen Verein gewesen
und hat auf ‚seinem' Platz gebolzt. Sogar die Idee, den Verein Hitzköpfe zu nennen, stammt von ihm und war seinerzeit als (selbst)iro-
nische Anspielung gedacht.
Dino ist inzwischen 45 Jahre und immer noch ein Fußballnarr. Dass
er als deutscher Trainer in einem türkischen Verein arbeitet, hat ihn
zu keiner Zeit gekratzt. Im Gegenteil: Zwar versteht er seine Jungs
kaum – und in letzter Zeit immer weniger –, aber er war schon immer
davon überzeugt, dass er eigentlich als Brasilianer hätte zur Welt
kommen sollen. Diese ästhetische, individualistische und anmutige
Spielweise entzückt ihn immer wieder. Ballgeschick, Dribbeln, Kurz-
pass-Spiel, das ist es, was er seinen Jungs beibringen will.
Bei der Mannschaftsbesprechung hat er gesagt, dass die Trittfesten
deshalb immer so oft den Ball abgeben, weil sie mit Ball immer über
ihre eigenen Füße stolpern würden. Früher hätte er mit so einem
Spruch viel Gelächter geerntet. Heute heißt es nur noch: So sind sie
eben, die Faschos, können nur marschieren.
Ihm selbst wird das immer unheimlicher. Dino war früher immer gut
drauf, die Seele des Vereins; heute umgibt ihn immer mehr eine klei-
ne Mauer. Metin Yilmaz hat ihm gesagt, dass die Jungs von ihm eine
klare Stellungnahme erwarten, aber die kann er einfach nicht geben.
Als Kanaken wurden seine Jungs doch immer schon beschimpft, das
ist doch nichts Neues, und schließlich: Wen kratzt's, wenn wir dann
anschließend zaubern und gewinnen? Diese angeblichen Faschos sind
doch sowieso nur vereinzelte Spinner, von denen man sich einfach
nicht die gute Laune verderben lassen darf.
Er unterstützt aber den Vorschlag von seinem ‚Patrone' (Metin Yilmaz),
dass beim Rückspiel die Anhänger von Trittfest zu Hause bleiben
sollen. Deren blöde Sprüche sorgen bei seinen Mannen für solche
Wut, dass sie einfach kein schönes Spiel mehr hinkriegen.

Simulation I
**„Sonst gibt es wieder Zoff"**
Rollenspielvorgabe: **KY3**

*Hintergrund für Ahmet Asünger*
Er ist von seiner Mannschaft als Vertreter gewählt worden, weil er am
besten reden kann, und weil er sowieso der Mannschaftskapitän ist.
Ahmet ist Schülersprecher an seiner Realschule. Er ist der Spielgestalter
seiner Mannschaft, aber er ist auch ein Kämpfer.
Er ist in Berlin geboren und aufgewachsen und der Verein ist für ihn
seine zweite Familie. Es stellt sich für ihn überhaupt nicht die Frage,
ob er in Deutschland bleiben will oder nicht, allerdings reagiert er
mittlerweile immer aggressiver und empfindlicher auf die Ungerechtigkeiten und Benachteiligungen, denen er sich als Türke ausgesetzt
fühlt. In letzter Zeit widmet er sich verstärkt seiner kulturellen Herkunft, weil er Angst davor hat, diese Wurzeln zu verlieren. Darüber
hat er sich schon oft mit seiner Freundin Serpil gestritten.
Er weiß, dass zwei Mitspieler enge Kontakte zu einer türkischen Gang
haben, und dass die auch schon von dem Rückspiel informiert ist.
Umso mehr wundert es ihn, dass die zugestimmt haben bei dem Gespräch mitzumachen. Er mag Mustafa nicht, aber... es ist wirklich
nicht so, dass er abgeneigt wäre den Trittfesten mal eine ordentliche
Abreibung zu verpassen, aber andererseits sieht er auch die Vereins-
schwierigkeiten – und er fürchtet nichts so sehr wie einen Polizeieinsatz. Da er schon einige Spielabbrüche bei seinem Bruder (A-Jugend)
mitgekriegt hat, weiß er, dass die „Bullen" eher auf sie, die „Ausländer" losgehen als auf die anderen. Vom Polizeieinsatz beim letzten
Spiel war er deshalb überrascht, es hat aber nichts an seinem grundsätzlichen Misstrauen geändert.
Es kotzt ihn einfach an, ständig um die ihm eigentlich selbstverständlich zustehende Anerkennung kämpfen zu müssen. Manchmal
geht's dann eben nicht anders als mit Gewalt: Er ist kein Opfer, er will
einfach Gerechtigkeit. Dass die Anhänger von Trittfest draußen bleiben müssen, steht für ihn außer Frage. Die Spinner unter den Spielern von denen können schon genug Unheil anrichten.
Bleibt nur noch das Problem, dass Mustafas Leute die Trittfesten nach
dem Spiel garantiert abfangen werden, und dann – aber ist das eigentlich sein Problem?

Simulation I
**„Sonst gibt es wieder Zoff"**
Rollenspielvorgabe: **KY4**

---

*Hintergrund für Yasar Chebba*
Yasar wurde von der Mannschaft als ihr zweiter Vertreter für das Gespräch gewählt. Er spielt zwar eigentlich nicht gut Fußball und wird von Dino, seinem Trainer, auch öfter wegen seiner Behäbigkeit belächelt, aber sonst kritisiert ihn niemand und die Mannschaft hat gegenüber Dino durchgesetzt, dass er seinen Stammplatz in der Mannschaft behält.

Sie nennen ihn das „Licht". Er ist ein sehr religiöser Mensch und überzeugter Moslem. Vielen von den Spielern hat er schon geholfen, nicht nur mit Koran-Zitaten, sondern ganz konkret bei der Jobsuche oder bei Ärger mit Behörden. Wenn er sich nicht selbst einmischt, dann kennt er wenigstens Leute, die weiterhelfen können, Leute, denen sie vertrauen können, die sie nicht betrügen oder übers Ohr hauen. Im Umgang mit Menschen ist er sehr zurückhaltend, beinahe schüchtern, und immer wirkt er sehr ausgeglichen. Er redet nicht viel, aber das, was er sagt, klingt nach einer tiefen inneren Überzeugung. Sein Wort hat Gewicht.

Er teilt durchaus die Empörung der anderen über die erlittenen Beschimpfungen, aber im Gegensatz zu den anderen hätte er einem unbeteiligten Beobachter den Eindruck vermittelt, dass ihn solche rüpelhaften Menschen wie die Fans der Trittfesten zutiefst gleichgültig lassen. Beispielsweise hat er, als ihr Jugendleiter – „Herr Yilmaz", wie er ihn nennt, obwohl sonst alle Metin zu ihm sagen – vorschlug, dass die Anhänger der Trittfesten nicht auf den Platz kommen sollen, entgegnet, dass das aber nicht sehr gastfreundlich wäre und ihrer eigentlich unwürdig.

So hätte auch nur ein Eingeweihter die stille Drohung erkannt, die in den Worten lag, die er nach einer Pause hinzufügte: „Ich werde mit meinem Freund Mustafa reden."

Metin Yilmaz hat ihn jedenfalls prompt angeschnauzt, dass er weder beim Spiel noch nachher ein Rollkommando oder sonst irgendwelche Scherereien gebrauchen könne, und wenn er seinen Freund Mustafa irgendwohin mitbringen wolle, dann gefälligst lieber zu dieser Mediation.

Simulation I
## „Sonst gibt es wieder Zoff"
Rollenspielvorgabe: **KY5**

---

*Hintergrund für Serpil Kader*

Serpil ist eine selbstbewusste Frau von 16 Jahren. Alles, was sie bisher an Selbstständigkeit und Unabhängigkeit gewonnen hat, hat sie sich erkämpfen müssen. Gegen ihre Familie, gegen die Traditionen, gegen die deutsche Schule und immer auch ein bisschen gegen sich selbst. Das, was sie erreicht hat, gibt sie nicht auf.

Mit Ahmet ist sie seit einem Jahr fest zusammen, auch ohne Eheversprechen. Mit Angst verfolgt sie aus der Entfernung die Entwicklungen in der Türkei. Aber auch hier in Berlin, ihrer Heimatstadt, gewinnen die Fundamentalisten an Einfluss. Sie macht sich nichts vor und ist – unter Schmerzen – Realistin geworden.

Als ihr Ahmet erzählte, was vorgefallen ist, und dann hinzufügte, dass es ein Vermittlungsgespräch geben sollte, wollte sie in jedem Fall dabei sein; auch wenn sie nur höchst selten zu den Spielen der Hitzköpfe geht – meistens hat sie Besseres zu tun, als dieses Macho-Tralala – und auch wenn sie sich selbst nicht gerade als Fan bezeichnet. Das gab einen ziemlichen Streit mit Ahmet, weil er findet, dass sie sich nicht in seine Angelegenheiten einmischen solle, aber für sie war klar, dass das sie genauso betrifft wie ihn. Sie hat dann schließlich bei Metin angerufen und ihm gesagt, dass sie dabei sein will. Ahmet hat sich dazu nicht mehr geäußert.

Ihre Wut über die Faschos von Trittfest ist gewaltig, aber immerhin wollen sie sich stellen. Man wird sehen, was die *wirklich* damit bezwecken. Yasar und seinem Freund Mustafa, Spieler und Fan der Hitzköpfe, traut sie allerdings genauso wenig über den Weg.

In ihren Augen ist das formulierte Verhandlungsziel nicht weitreichend genug, ja, geradezu sträflich naiv. Denn trotz allem Gerede hält sie eine Auseinandersetzung zwischen den beiden Gruppen für unvermeidlich, weil es auf beiden Seiten Leute gibt, die dies so wollen, egal was sie „offiziell" sagen. Bei dieser Veranstaltung muss jedenfalls Klartext gesprochen werden, d.h., die wirkliche Gefahr einer Auseinandersetzung zu einem späteren Zeitpunkt muss benannt werden.

Sie hat Angst um Ahmet. Wenn es nämlich irgendwann später zu dem Aufeinandertreffen kommt, wird er ja doch dabei sein, ob er will oder nicht. Und er wird dann wieder was von Ehre erzählen, und dass er sich vor den anderen nicht blamieren kann. Dazu darf es einfach nicht kommen.

Simulation I
**„Sonst gibt es wieder Zoff"**
Rollenspielvorgabe: **KY6**

───────────────────────────────

*Rollenvorgabe für Mustafa Baba*
Mustafa ist ein eher verschlossener Mensch. Er ist 19 Jahre alt, lebt
bei seinen Eltern, sofern er denn mal zu Hause ist, hat weder eine
vernünftige Schul- noch Berufsausbildung. „Die einzige Bildung, die
er wirklich betrieben hat, ist „Body"-Bildung", sagen die, die ihn
kennen, allerdings lieber nur hinter seinem Rücken. Über seine Zukunft denkt er jedenfalls vorzugsweise lieber nicht nach.
Früher hat er auch bei den Hitzköpfen gespielt. Er ist aber so oft vom
Platz geflogen, dass er irgendwann den Verein verlassen musste. Jedenfalls hat er im Verein Yasar kennen gelernt. Yasar ist für ihn mehr
als nur sein bester Freund. Er bewundert dessen Selbstbewusstsein,
sein Wissen, seine innere Kraft. Mustafa würde für ihn durchs Feuer
gehen.
Er ist stolz auf seine Kraft und seinen Körper. Yasar hat ihm gezeigt,
wie wertvoll beides sein kann, wenn er diese Vorzüge nicht einfach
vergeudet. Er wurde Chef einer Gang, alles durchtrainierte Leute, mit
klaren Strukturen und einer eisernen Disziplin. Die Gangmitglieder
bauen nicht einfach irgendeinen Mist um Spaß zu haben, sondern sie
erledigen ‚Aufträge'.
Seine Gang ist die inoffizielle Schutztruppe der Hitzköpfe. Natürlich
betreiben sie dieses Geschäft diskret, aber deshalb nicht weniger
wirkungsvoll. So gibt es einige Mannschaften, die Angst davor haben, bei den Hitzköpfen zu spielen – vor allem davor, zu gewinnen.

Yasar hat sich noch nicht konkret zum Rückspiel geäußert, er will
wohl erst die Verhandlung abwarten.
Ihm persönlich reicht in diesem Fall das bloße Angstmachen gegenüber den Trittfesten nicht aus. Da gibt es für ihn nämlich noch eine
offene Rechnung. Als er noch aktiver Fußballer war, hatte er seine
letzte rote Karte, die das Maß voll machte und wegen der Metin ihn
letztlich sogar aus der Mannschaft schmiss, wegen eines angeblichen
Fouls gegen Hartwig von den Trittfesten gesehen. Hartwig war damals, theatralisch, wie es sonst nur Profis tun, regelrecht zusammen-
gebrochen, dabei hatte er ihn doch kaum berührt!

Yasar hat ihm eingeschärft, bei der bevorstehenden Verhandlung eine
Haltung würdevoller Zurückhaltung einzunehmen. Das wird ihm nicht
schwer fallen, denn im Reden war er noch nie eine Leuchte, und er

muss sowieso vorsichtig sein, denn Metin hat ihn schon seit damals ‚auf dem Kieker'. Metin weiß natürlich auch von der Gang und von ihrer Funktion. Offenen Krawall würde er nicht dulden, da ist sich Mustafa sicher. Und mit Metin ist im Falle eines Falles auch nicht zu spaßen.

Simulation I
**„Sonst gibt es wieder Zoff"**
Rollenspielvorgabe: **KY7**

*Hintergrund für Gulay Ökten, Mutter des Spielers Hakki von Hitzkopf e.V.*
Gulay Ökten ist 1967 im Alter von zehn Jahren nach Deutschland gekommen. Sie hat sich durchgebissen und alle nur erdenklichen Phasen dabei erlebt. Von Überanpassung bis zur totalen Distanz war alles dabei.
Sie besitzt seit fünf Jahren die deutsche Staatsangehörigkeit und seit eben dieser Zeit fühlt sie sich immer mehr türkisch. Als Ausländerbeauftragte arbeitet sie seit drei Jahren in diesem ach so multikulturellen Bezirk. Ach so multikulturell, weil es, bevor sie diesen Job antreten konnte, ein fürchterliches Hauen und Stechen auf der Ebene der Bezirkspolitik gab, weil eine Türkin diese Planstelle besetzen sollte.
Sie ist diplomierte Pädagogin und von ihrem professionellen Anspruch her versteht sie sich als Mittlerin zwischen den Kulturen. Als Mensch jedoch, wenn sie mit Fällen von ganz offenem Rassismus zu tun hat, möchte sie den ganzen Kram am liebsten hinschmeißen, weil sie es manchmal einfach nicht mehr ertragen kann. Wieder und wieder und wieder dieser Hass und das Misstrauen!
Als ihr Sohn Hakki vom letzten Spiel gegen die Trittfesten nach Hause kam und ihr erzählte, was da passiert war, ist sie regelrecht explodiert. Als er daraufhin lächelnd sagte: „Keine Angst, es gibt ja noch das Rückspiel!" und die Tür hinter sich zuzog, war sie nur noch verzweifelt. Zu dem angekündigten Gespräch zu kommen hat sie deshalb sofort zugesagt. Sie hat sich aber andererseits fest vorgenommen auf keinen Fall eine professionelle Verständigungsmiene aufzusetzen, sondern ihre Wut rauszuschreien.

5.4.3
# Simulation II: „Der Fall Klopstokia"

Spielplan für Simulation II „Der Fall Klopstokia":

| | |
|---|---|
| *AutorInnen:* | *P. Haumersen/F. Liebe* |
| *Spieldauer:* | *reine Spielzeit (ohne Vorbereitung) mindestens drei Stunden; max. Spielzeit beinahe unbegrenzt.* |
| *Informationen:* | *alle SpielerInnen und BeobachterInnen bekommen die allgemeinen Informationen* |
| *SpielerInnen Konfliktpartei X (KpX):* | *Stoker:*<br>◎ *KX1, Bonapartus, StaatssekretärIn*<br>◎ *KX2, Vampus, Opposition*<br>◎ *KX3, Brontoterrus, Bauer/Bäuerin*<br>◎ *KX4, Poetapopulus, HeimatdichterIn*<br>◎ *KX5, Paxus, ‚Pro-Menschenrechte'*<br>◎ *KX6, Bigbus, Dekan* |
| *SpielerInnen Konfliktpartei Y (KpY):* | *Custoden:*<br>◎ *KY1, Migrantnix, StaatssekretärIn*<br>◎ *KY2, Doublebindix, DiplomatIn*<br>◎ *KY3, Brontoterrix, Bauer/Bäuerin*<br>◎ *KY4, Dangerix, IntellektuelleR*<br>◎ *KY5, Ponto-Pilatix, Kirche*<br>◎ *KY6, Kulturalistix, Universität* |
| *Team der MediatorInnen:* | *drei vorher ermittelte MediatorInnen* |
| *BeobachterInnen:* | *je mehr, desto besser* |
| *Kategorisierung des Szenarios:* | *Ethno-politisches Szenario.*<br>*Offizielle und NGO-VertreterInnen sitzen an einem Tisch, aber nicht unbedingt in einem Boot.*<br>*Spannend: Mit welchen realen Fantasien füllen die SpielerInnen ihre Rollen?* |

Simulation II
**„Der Fall Klopstokia"**
Rollenbeschreibung: **Allgemeine Informationen**

---

Angesiedelt ist dieser Konflikt in Klopstokia. Klopstokia ist ein idyllisches Eiland mitten im Oceano Aggresso. Die nächste Nachbarinsel heißt Custerix und befindet sich in ca. 120 km Entfernung. Der Südwesten von Klopstokia besteht aus der Halbinsel Descartia. Descartia gehörte in der wechselvollen Geschichte abwechselnd mal zu Klopstokia und mal zu der ehemaligen Monarchie Custerix. Seit den letzten großen weltpolitischen Unruhen gehört Descartia zu Klopstokia. Die Halbinsel Descartia wird zu etwa gleichen Teilen von den Klopstokisch sprechenden Stokern und den Custerisch sprechenden Custoden bewohnt.

**Vorgeschichte**

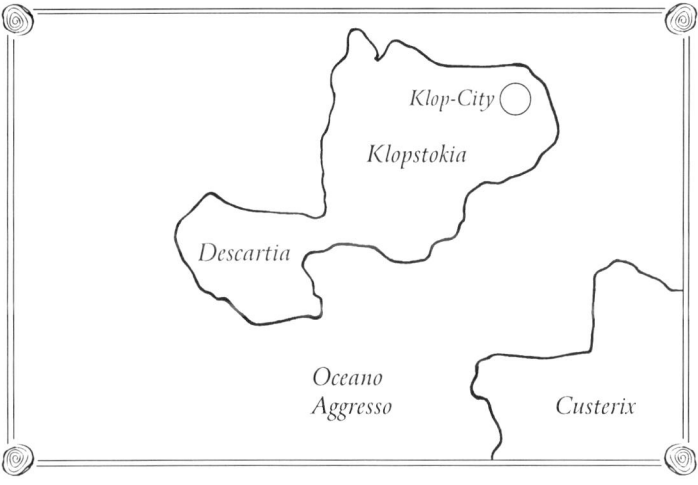

**Übersichtskarte
Klopstokia**

Klopstokias leidlicher Reichtum entspringt der landwirtschaftlichen Nutzung und der Förderung einiger Bodenschätze. Descartia ist die Kornkammer der Insel, auf der die Spezialität ‚Immergrüner Weizen' besonders gut gedeiht.

Die Bevölkerung von Klopstokia lebt eher auf sich zurückgezogen, sehr darauf bedacht, für sich selbst zu sorgen (Autarkie), und hat einen ganz besonderen Stolz- und Ehrbegriff entwickelt. Dies findet seine geschichtliche Begründung in vielerlei Besetzungen und Ausplünderungen, die die Bevölkerung ertragen musste. Fremde sind daher nicht sehr gern gesehen, was sich auch darin ausdrückt, dass die Versuche von Touristikunternehmen, ein neues Reiseziel auszubauen, bisher von den Inselbewohnern abgewehrt werden konnten.

Custerix hingegen besteht praktisch nur aus Granit. Die Custoden waren schon immer ein See- und Handelsvolk mit einer zeitweise sehr kriegerischen Geschichte. So haben sie auch im Laufe der Geschichte mehrmals Descartia erobert und besetzt.

Aus diesem Grunde gibt es ein tiefes Misstrauen der Stoker den Custoden gegenüber. Dabei schreckt sie nicht nur die andere Lebensart der Custoden, sondern eben auch die Erinnerung an die zurückliegenden Kriege.

Mit diesen Vorbehalten haben auch die Custoden auf Descartia zu kämpfen. Kleinste Anlässe dienen dazu, den klopstokischen Custoden vorzuwerfen, dass sie den Reichtum Klopstokias nach Custerix verschleudern. Damit begründet so mancher Stoker die recht unterschiedliche wirtschaftliche Entwicklung der letzten vierzig Jahre von Klopstokia und Custerix.

*Wirtschaftliche Entwicklung im Vergleich*

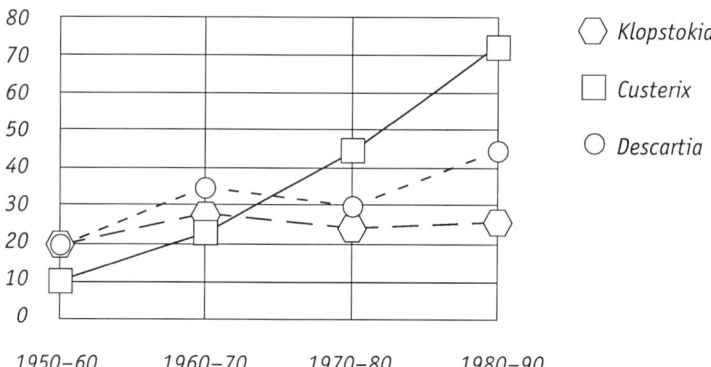

Die Custoden auf Descartia empfinden das ihnen entgegengebrachte Misstrauen und die daraus resultierenden Vorwürfe als zutiefst ungerecht. Schließlich leben sie mit Stokern zusammen und erarbeiten mit ihnen zusammen die wirtschaftliche Grundlage für Klopstokias Autarkiebestrebungen.

Durch eine Bodenreform – Initiative der neu gewählten Regierung von Klopstokia – soll versucht werden den Befürchtungen hinsichtlich des Ausverkaufs der Agrarerträge an Custerix den Boden zu entziehen (im wahrsten Sinne des Wortes).

*Die Initiative sieht eine Gesetzesreform folgenden Inhalts vor:*

**§ 22 Abs. 1: „Landwirtschaftliche Bodennutzung wird nur dem erlaubt, der an der landwirtschaftlichen Fakultät der Universität in Klop-City ein Examen als Agraringenieur ablegt. Fernstudien sind fortan nicht mehr zulässig."**

Die Bewohner von Descartia empfinden dieses Gesetz als diskriminierend, da es sie zu jahrelanger Abwesenheit von Descartia zwingt und sie die Notwendigkeit einer solchen Regelung nicht einsehen.

Als erste Opposition formiert sich eine Gruppe, die sich „Descartia Libre" (DL) nennt. Sie fordert die Autonomie Descartias. In ihr finden sich Stoker wie Custoden.

Unter den custodischen Bewohnern Descartias mehren sich die Stimmen, die offen eine Wiedervereinigung mit dem – liberaleren – Custerix fordern. Es entsteht eine separatistische nationale Front der Custoden (SNFC), die zunehmend anti-klopstokische Forderungen, z.B. nach Einführung der custerischen Sprache im gesamten öffentlichen Leben Descartias, erhebt. Eine separatistische, custerisch-sprachige Universität wird gegründet.

Die Stoker auf Descartia sind von dieser Entwicklung überrascht und erschreckt. Die Spannungen innerhalb der DL nehmen zu.

Die klopstokische Regierung sieht in den Forderungen der SNFC eine nachträgliche Rechtfertigung für ihre Politik des Misstrauens gegenüber den Custoden. Der DL will sie das Wasser dadurch abgraben, dass sie das Gesetz so verändert, dass de facto nur noch die Custoden auf Descartia von den Enteignungen betroffen sind.

Durch diese neuerliche Verschärfung sehen sich wiederum die Custoden – allen voran natürlich die SNFC – in ihren Forderungen nach Abspaltung von Klopstokia bestärkt.

Die Regierung von Custerix verhält sich ambivalent. Offiziell werden keinerlei Ansprüche auf Descartia geltend gemacht. Es halten sich allerdings hartnäckig Gerüchte, wonach Custerix die SNFC mit Waffen versorgen soll.

Tatsächlich kommt es zu einigen Anschlägen auf administrative Einrichtungen Klopstokias, für die der radikale Flügel der SNFC ‚Cogito' die Verantwortung übernimmt.

Daraufhin erklärt die Regierung von Klopstokia den Ausnahmezustand für Descartia.

Auf Initiative der international anerkannten Organisation „Mediation Oceanicum" wird ein Vermittlungsgespräch anberaumt.

Simulation II
**„Der Fall Klopstokia"**
Rollenbeschreibung: **KX1**

*Herr/Frau Bonapartus, StaatssekretärIn im Außenministerium von Klopstokia, Rechtsabteilung;*
(Bitte wählen Sie Ihr Geschlecht selbst)
Er/Sie...

◎ wohnt mit seiner Frau/Mann und seinen Eltern in Klop-City, wo er/sie auch geboren ist;

◎ ist trotz seines/ihres Alters (47 Jahre) noch neu in der Administration;

◎ ist von daher mehr oder weniger profilierungssüchtig;

◎ war auch schon vor den letzten Wahlen ein/e eindeutige/r VerfechterIn der neuen harten Regierungslinie gegenüber den Descartiern, v.a. gegenüber den custodischen Descartiern;

◎ ist Stoker aus Überzeugung mit einem Hang zum Chauvinismus;

◎ arbeitet im Rahmen seiner/ihrer Möglichkeiten an seinem politischen Ziel, das da lautet: „Descartia muss stokisch werden!"

◎ wirft Custerix Eingriffe in die inneren Angelegenheiten seines/ihres Landes vor, behauptet, dass Custerix trotz der offiziellen Dementis die Separistische Nationale Front der Custoden mit Waffen unterstützt, und macht die Regierung von Custerix für die Anschläge auf Klopstokia verantwortlich;

◎ will eine eindeutige und offizielle Erklärung von Custerix, dass sie nicht nur keine Ansprüche auf Descartia hat, sondern auch international verbindlich anerkennt, dass Descartia ein Landesteil von Klopstokia ist.

Simulation II
**„Der Fall Klopstokia"**
Rollenbeschreibung: **KX2**

*Herr/Frau Vampus, VertreterIn der derzeitigen Oppositionspartei von Klopstokia*
(Bitte wählen Sie Ihr Geschlecht selbst)
Er/Sie ...

◎ ist in nationalen Angelegenheiten eher leidenschaftslos;

◎ ist von eher liberaler Grundhaltung;

- war vor der letzten Wahl im Kabinett als wirtschaftspolitische SprecherIn;
- ist gegenüber der Regierung loyal, aber skeptisch hinsichtlich der neu eingeschlagenen nationalen Richtung;
- ist ein wirtschaftlich denkendes Wesen;
- empfand die Behauptung der Regierungspartei beim Wahlkampf, dass die Custoden von Descartia den stokischen Reichtum an Custerix verschleudern um sich selbst zu bereichern, als reine Propaganda;
- weiß angesichts der momentanen Entwicklung aber nicht, ob nicht er/sie auf die Custoden hereingefallen ist. Die Autonomieforderung von Descartia lehnt er/sie entschieden ab.

Simulation II
**„Der Fall Klopstokia"**
Rollenbeschreibung: **KX3**

*Herr/Frau Brontoterrus, VertreterIn von DL (Descartia libre)*
(Bitte wählen Sie Ihr Geschlecht selbst)
Er/Sie ...

- ist der Abstammung nach StokerIn;
- hasst Klop-City;
- ist für die Autonomie, denn er/sie will den Weizen selbst auf dem Weltmarkt verkaufen, um selbst davon profitieren zu können;
- hasst Politik und Bürokratie;
- liebt seine/ihre Region Descartia, will Weizen anbauen, damit sein/ihr Geld verdienen und sonst seine/ihre Ruhe haben;
- findet das neue Gesetz völlig überflüssig – und ist erleichtert, dass es jetzt wenigstens nicht mehr für die Stoker gelten soll aber das glaubt er/sie auch nicht so richtig, weil das auch nur eine Finte sein kann, und grundsätzlich will er/sie, dass es überhaupt nicht in Kraft tritt.

Seine/Ihre Familie ...

- ist seit Generationen als Bauern in Descartia ansässig;
- ist vor 400 Jahren vor der Fronarbeit im Bergwerk im Norden Klopstokias nach Süden geflohen;
- hat im damals custerischen Descartia Zuflucht gefunden und eine Chance bekommen eine neue Existenz zu gründen.

- Seine/Ihre älteste Tochter heiratete einen descartischen Custoden.

Simulation II
**„Der Fall Klopstokia"**
Rollenbeschreibung: **KX4**

---

*Herr/Frau Poetapopulus, größte/r lebende/r HeimatdichterIn von Klopstokia*
(Bitte wählen Sie Ihr Geschlecht selbst)
Er/Sie ....

◎ ist der/die geistige Vater/Mutter des ‚Panstokerialismus'

◎ ist VerfasserIn des Epos „Und immer grünt der Weizen" (Klop-City, 1942), einer stokischen Mythologie in Versen, in der nachgewiesen wird, dass Descartia schon immer stokisch war;

◎ ist schon ziemlich alt;

◎ wurde jahrzehntelang verkannt und bespöttelt, erlebt eine Renaissance;

◎ will nicht eher sterben, bis Descartia von fremden Elementen gereinigt ist;

◎ hasst die Custoden schon deshalb, weil Prof. Homerix von der Universität Cust-City behauptet, dass Poetapopulus alles von ihm abgeschrieben hätte (Grüne Kleie – tiefes Land, Cust-City; 1942).

Simulation II
**„Der Fall Klopstokia"**
Rollenbeschreibung: **KX5**

---

*Frau/Herr Paxus, VertreterIn der Organisation ‚Pro Menschenrechte' aus Klop-City*
(Bitte wählen Sie Ihr Geschlecht selbst)
Er/Sie ....

◎ ist erschrocken über die sich abzeichnende Gefahr eines Bürgerkriegs in seiner/ihrer Heimat, insbesondere da selbst die gemäßigten Kräfte auf beiden Seiten allmählich ihre Positionen zu radikalisieren scheinen;

◎ ist StudentIn der Geschichte, Schwerpunkt: ökologische Agrarwirtschaft Klopstokia und Descartia in der Moderne;

◎ hat keine Probleme mit der Autonomieforderung Descartias, da er/sie denkt, dass Nationen sowieso überflüssig sind;

◎ hat aber erhebliche Probleme mit dem Diskriminierungsgesetz der stokischen Regierung;

☙ hat aber auch Probleme mit dem gewaltvollen Auftreten der Custoden in Descartia;

☙ ist in Descartia geboren, lebt aber jetzt in Klop-City;

☙ empfindet den neu entflammten ethnischen Streit als Rückkehr ins Mittelalter und will unbedingt eine friedliche Lösung für alle Beteiligten.


Simulation II
**„Der Fall Klopstokia"**
Rollenbeschreibung: **KX6**

---

*Herr/Frau Bigbus, DekanIn der Universität von Klop-City*
(Bitte wählen Sie Ihr Geschlecht selbst)
Er/Sie ...

☙ ist ein/e glühende/r VerehrerIn von Poetapopulus, den/die er/sie ständig zitiert;

☙ sieht in dem neuen Gesetz die Möglichkeit, ihre Haushaltsmittel mit dem Hinweis auf den Zwangsstudiengang erhöht zu bekommen und so die bisher mangelhafte Ausstattung der Universität verbessern zu können;

☙ versteht das umstrittene Gesetz als Modernisierungsschub für ganz Klopstokia – natürlich einschließlich Descartias, um endlich eine moderne Agrarwirtschaft verbunden mit dem ersteigerten Ertrag ermöglichen zu können;

☙ hat lange in Iowa (USA) Agrarwissenschaften studiert;

☙ empfindet die politischen Aufgeregtheiten als absurd; das sei nur ein vorgeschobener Grund, um sich fälligen Veränderungen zu widersetzen.

☙ Sein/Ihr Motto ist, dass die Sturheit der stokischen Bauern nötigenfalls per Gesetz gebrochen werden muss, damit die endlich kapieren, wie man effizient und profitabel Landwirtschaft betreiben kann.

Simulation II
**„Der Fall Klopstokia"**
Rollenbeschreibung: **KY1**

---

*Frau/Herr Migrantnix, Staatssekretär beim Diplomatischen Dienst von Custerix*
(Bitte wählen Sie Ihr Geschlecht selbst)
Er/Sie...

☺ ist eine erfahrene DiplomatIn;

☺ sieht die Gefahr, dass die immer etwas schwierigen Beziehungen zu Klopstokia – gerade auch wegen der Gerüchte, dass bestimmte Kreise in Custerix die SNFC mit Waffen unterstützen – ernsthaft gefährdet sind;

☺ steht innenpolitisch unter einem zweifachen Druck: 1) Neu ist in Custerix eine radikale nationale Bewegung, die sehr schnell an Bedeutung zu gewinnen scheint, und die beständig propagiert den Custoden auf Klopstokia alle nur erdenkliche Hilfe zukommen zu lassen, 2) gibt es andererseits eine starke Befürchtung, dass die descartianischen Custoden vertrieben werden und Custerix drohen zu überschwemmen – und niemand in Custerix weiß, was mit diesen Bauern anzufangen wäre;

☺ hat den (halboffiziellen) Auftrag, dringend die Gespräche mit Klopstokia zu intensivieren, ohne dabei aber große Zugeständnisse zu machen;

☺ findet, dass es oberste Priorität hat, die wirtschaftliche Stabilität von Custerix nicht zu gefährden.

Simulation II
**„Der Fall Klopstokia"**
Rollenbeschreibung: **KY2**

---

*Frau/Herr Doublebindix, PräsidentIn des custodisch-stokischen Jugendwerkes (mit Sitz in Cust-City)*
(Bitte wählen Sie Ihr Geschlecht selbst)
Er/Sie...

☺ leitet seit 10 Jahren diese Institution, die Austauschprogramme zwischen Jugendlichen aus beiden Ländern organisiert; beide Regierungen sind an der Finanzierung dieser Programme beteiligt; jetzt drohen massive Kürzungen dieser Mittel von beiden Seiten;

- ist IdealistIn, der/die davon überzeugt ist, mit Friedenspädagogik und mit gezielten Programmen des kulturellen Austauschs jetzt gerade beruhigend einwirken zu können;
- ist PragmatikerIn, weil er/sie damit auch sein/ihr Institut retten kann
- fühlt sich dem Versöhnungsgedanken verpflichtet, der bei der Gründung dieser Institution das Hauptmotiv war;
- kann viele Beispiele für das friedvolle Zusammenleben zwischen Stokern und Custoden zitieren, gerade auch in Descartia;
- hält eine Wiederherstellung des alten Status quo für wünschenswert, allerdings bei gleichzeitiger Öffnung und Toleranz für die gegenseitige Andersartigkeit.

Simulation II
**„Der Fall Klopstokia"**
Rollenbeschreibung: **KY3**

*Herr/Frau Brontoterrix, VertreterIn von DL (Descartia libre)*
(Bitte wählen Sie Ihr Geschlecht selbst)
Er/Sie…

- ist der Abstammung nach CustodIn;
- hasst Klop-City;
- ist für die Autonomie, denn sie/er will den Weizen selbst auf dem Weltmarkt verkaufen, um selbst davon profitieren zu können;
- hasst Politik und Bürokratie;
- liebt seine/ihre Region Descartia, will Weizen anbauen, damit sein/ihr Geld verdienen und sonst seine/ihre Ruhe haben;
- findet das neue Gesetz völlig überflüssig, vertraut auf die Solidarität der Stoker, die er/sie kennt, nämlich die auf Descartia, und will die Autonomie und keine neue Abhängigkeit, auch nicht von Custerix;
- befürchtet, dass Descartia immer stokerischer werden könnte und die Nachkommenschaft womöglich Heimat und Lebensunterhalt verliert, wenn er/sie zur Emigration nach Custerix gezwungen wäre (denn dort ist keine Landwirtschaft möglich).

- Seine/Ihre Familie ist seit Generationen als Bauern in Descartia ansässig.

- In seiner/ihrer Familie gibt es keine Stoker.

Simulation II
**„Der Fall Klopstokia"**
Rollenbeschreibung: **KY4**

*Herr/Frau Dangerix, VertreterIn von SNFC (Separatistische Nationale Front der Custoden)*
(Bitte wählen Sie Ihr Geschlecht selbst)
Er/Sie...
- ⊚ ist CustodIn aus Überzeugung;
- ⊚ ist ein/e IntellektuelleR, verehrt Prof. Homerix aus Custerix, der schlüssig nachgewiesen hat, dass Herr/Frau Poetapopulus ein/e PlagiatorIn ist – und zu Recht keinen akademischen Titel führt;
- ⊚ ist der/die VerfasserIn der Streitschrift „Klopstokia ist weltfremd" und gilt als führender Kopf der Separatisten;
- ⊚ leidet an der ländlichen Umgebung, da er/sie sich für etwas Besseres hält, und bezeichnet die DL als sture Dickschädel, die einfach nicht kapieren, dass die Welt nicht nur aus Weizen besteht und es noch andere Ideale gibt;
- ⊚ sieht nur im Anschluss an Custerix die Möglichkeit, ein ihm/ihr angemessenes Forum und die ihm/ihr zustehende Anerkennung zu finden;
- ⊚ kann nicht nach Custerix emigrieren, weil er/sie dort nur als Bauer/Bäuerin belächelt werden würde und keine Chance hätte;
- ⊚ lehnt jede *moralische* Verantwortung für die Anschläge ab, weil seine/ihre Forderungen legitim sind. Unverantwortlich verhält sich nur der Custode, der sich nicht gegen seine Unterdrücker wehrt;
- ⊚ will und hat mit seiner/ihrer Bewegung keine Kontrolle über die Cogito, bei der die politische Verantwortlichkeit liegt.

Simulation II
**„Der Fall Klopstokia"**
Rollenbeschreibung: **KY5**

*Herr/Frau Ponto-Pilatix, Vertreter der custerischen Kirche in Klopstokia*
(Bitte wählen Sie Ihr Geschlecht selbst)
- ⊚ Er/Sie ist erschrocken über die sich abzeichnende Gefahr eines Bürgerkriegs in Klopstokia, insbesondere da selbst die gemäßigten Kräfte auf beiden Seiten ihre Positionen zu radikalisieren scheinen;

◉ Die Kirche ist beauftragt, alle Anstrengungen zu unternehmen, um gewaltvollen Aktionen Einhalt zu gebieten und mäßigend auf die custerische Bevölkerung von Klopstokia einzuwirken.

◉ Gleichzeitig jedoch muss auch versucht werden die Regierung von Klopstokia zu einem gütlichen Einlenken zu bewegen.

◉ Bei allem historischen Verständnis für das schwierige Miteinander von Custoden und Stokern überwiegt der christliche Appell zur Nächstenliebe.

Simulation II
**„Der Fall Klopstokia"**
Rollenbeschreibung: **KY6**

---

*Herr/Frau Kulturalistix, Gründer und Direktor der separatistischen, custerisch-sprachigen Universität in Descartia*
(Bitte wählen Sie Ihr Geschlecht selbst)
Er/Sie…

◉ ist eigenhändig von der DekanIn der Universität von Klop-City auf die Straße gesetzt worden, weil sein/ihr Lehrstuhl für custodische Linguistik auf Grund der Neustrukturierung des Universitätswesens „nicht mehr benötigt werde";

◉ ist daraufhin nach Descartia zurückgekehrt und hat sich der SNFC angeschlossen;

◉ sieht ganz klar, dass die Stoker zumindest den Kulturkrieg erklärt haben, und er/sie hat diese Herausforderung angenommen;

◉ meint, linguistisch betrachtet ist die custodische Sprache weit komplexer und differenzierter als die Barbarensprache der Stoker. Es ist an der Zeit, den Custoden endlich wieder eine Gelegenheit zu geben, um dieses Kulturerbe pflegen und entwickeln zu können;

◉ denkt, wenn die Stoker so primitiv denken, dann liegt das an ihrer armen Grammatik und nicht an fehlenden Kenntnissen über den Weizenanbau, wie die DekanIn der Uni von Klop-City annimmt;

◉ wünscht den Wiederanschluss an Custerix und die Formalisierung seiner/ihrer Universität. Für ihn/sie ist die einzig mögliche Art und Weise, damit Descartia wieder Anschluss an die großen Zivilisationen finden kann;

◉ denkt, es ging Descartia am besten, als es zu Custerix gehörte

◉ meint, die DL repräsentiert den Niedergang der custodischen Kultur auf Descartia, gleichsam der Beweis, dass Custoden – leben sie unter stokischem Einfluss – nur verdummen.

# 5.5 Wie können komplexe Simulationen ausgewertet werden?

**Was soll ausgewertet werden?**

Hierfür stellen wir zunächst die Frage, was genau eigentlich ausgewertet werden soll.[54] In unserem Fall geht es um das Verhalten und das Handeln eines Teams von MediatorInnen in einem interkulturellen Kontext. Dieses kann anhand der zwei Simulationen beobachtet werden. Die Auswertung vor Ort mit den TeilnehmerInnen dient der Rekonstruktion des Verhaltens und Handelns. Die Analyse dieses erhaltenen Materials soll ermitteln, ob und/oder unter welchen Bedingungen eine konstruktive Bearbeitung interkultureller Konflikte – konstruktiv in dem vorher vorgestellten Sinne – möglich gemacht werden kann. Dabei geht es zum einen um die Bedingungen für das Verfahren und zum anderen um die notwendigen Kompetenzen, über die die KonfliktbearbeiterInnen verfügen sollten.

Die folgenden Ausführungen beziehen sich exemplarisch auf die Rekonstruktion des beobachteten Verhaltens und Handelns der dritten Parteien in den Simulationen. Für diese Auswertung gibt es drei methodische Schritte:

**Individuelle Auswertung**

1. Die Phase der individuellen Auswertung anhand eines Fragebogens, um die subjektiven Beobachtungen aller Beteiligten und der BeobachterInnen festzuhalten.

**Perspektivische Auswertung**

2. Die Phase der perspektivischen Auswertung, in der die bestehenden Spielgruppen (MediatorInnen, Konfliktparteien Kpx und Kpy und die BeobachterInnen) in einem Gruppendiskussionsverfahren ihre individuellen und subjektiven Beobachtungen zu einer Gruppenperspektive verdichten sollen. Dabei entstehen drei, u.U. vier unterschiedliche Sichtweisen, die sich aus der unterschiedlichen Distanz zum Beobachtungsgegenstand ergeben:

   ◎ Introspektion oder Selbstbeobachtung (Gruppe der MediatorInnen)
   ◎ Beobachtungen der Konfliktpartei Kpx
   ◎ Beobachtungen der Konfliktpartei Kpy
   ◎ Beobachtungen der externen BeobachterInnen.

[54] In einem Forschungssetting ist die Frage der Auswertung natürlich viel stärker an den Forschungsfragen orientiert und dementsprechend systematisiert und formalisiert. Der gruppendynamische und vielleicht auch visionäre Aspekt kommt dabei zu kurz. Wir beschränken uns bei der Darstellung deshalb auf die Anteile, von denen wir meinen, dass sie auch für andere Seminar- oder Bildungskontexte interessant sein könnten.

3. Die Phase der Konfrontation der Ergebnisse der Gruppen mit ihren jeweils unterschiedlichen Perspektiven. Diese sollen nach auffälligen Ähnlichkeiten bzw. auffälligen Differenzen strukturiert werden. Bei dieser Konfrontation geht es nicht um Konsensbildung, sondern lediglich um das Festhalten der gefundenen Ergebnisse.

**Konfrontation der Perspektiven**

Diese drei Schritte zusammen ergeben die Rekonstruktion des Verhaltens und Handelns der Teams von MediatorInnen in den beobachteten Simulationen. Erreicht werden soll damit eine Identifizierung bestimmter zentraler Ereignisse und deren chronologische und entwicklungsbedingte, prozesshafte Zuordnung. Für diesen Dreierschritt gilt folgende Regel:

Je unzensierter die individuellen Beobachtungen in die sich anschließenden Gruppendiskussionen eingebracht werden, desto interessanter werden sich diese gestalten. Der Prozess der Verobjektivierung dieser subjektiven Eindrücke entspricht der Rekonstruktion. Er erfolgt in drei Richtungen:
⊚ vertikal in Form einer Verdichtung des Materials durch die perspektivische Gruppendiskussion, die die übereinstimmendsten Beobachtungen und die auffälligen Unstimmigkeiten als Ergebnisse formuliert;
⊚ horizontal in Form des Vergleichs von unterschiedlichen Perspektiven auf denselben Gegenstand;
⊚ zeitlich/räumlich, weil alle Beteiligten durch die strukturierte Reflexion ihre eigenen Wahrnehmungen überprüfen können.

Nun zu der wichtigen Frage, was eigentlich genau beobachtet werden soll? Um es nochmals ganz klar zu sagen: Kulturelle Unterschiede können nicht und sollen auch nicht beobachtet werden. Beobachtungsfokus ist hier das Handeln der dritten Partei in einem interkulturellen Kontext.

## 5.5.1 Der Beobachtungsgegenstand: Das Team der MediatorInnen

Die neutrale dritte Partei ist eine komplexe Angelegenheit. Folgende Unterscheidungen müssen für ein möglichst umfassendes Verstehen gemacht werden:
Die erste, einfachere Differenzierung bezieht sich auf die drei Personen, die das Team bilden, und das Team als Team. Dabei gilt zu unterscheiden:

⊚ Die drei Personen, die sich zu einer Gruppe zusammenfinden um ein Team zu werden, übernehmen innerhalb dieses Prozesses je-

**Einzelne Rollen und die Gestalt des Teams**

weils bestimmte Rollen. Diese Rollen wollen wir später identifizieren. Wir werden diese einzelnen Personen zukünftig als *Figuren* bezeichnen.

❂ Die drei Figuren ergeben zusammen ein bestimmtes Erscheinungsbild. Dieses Bild möchten wir zukünftig *Gestalt* nennen. Die Gestalt des Teams setzt sich aus den Figuren zusammen und beschreibt das Ensemble von internem Beziehungsgeflecht und dessen Erscheinungsbild nach außen.

**Tatsächliche Ungleichheiten im Team**

Die zweite Differenzierung bezieht sich auf die tatsächliche (nicht nur kulturell begründete) Ungleichheit der Figuren im Team:

❂ Der/die MediatorIn **Mn** ist die authentischste Figur bei der Simulation. Sie/er verfügt über den größten Abstand zu den Konfliktparteien und hat nur die Möglichkeit, auf persönlich gemachte Erfahrungen und Kenntnisse aus anderen Kontexten zurückzugreifen, um sie einzubringen. Er/sie kann also ihre/seine professionelle Identität voll einbringen.

❂ Hingegen verfügen die MediatorInnen Mx und My sehr wohl über Kontextwissen und sind als Delegierte ›ihrer‹ Gruppe im Team (Variante I). Für sie ergibt sich also die Wahl zwischen ihrer professionellen Identität als MediatorIn oder der Identifikation mit ihrer (Spiel-) Rolle als Delegierte einer Partei (dies gilt in abgeschwächter Form auch für die Variante II).

Bezogen auf die Aufgabe des Beobachtens muss also unterschieden werden, ob sich die Beobachtung auf eine Figur und wenn ja, auf welche, oder auf die Gestalt des Teams bezieht.

## 5.5.2 Die Verwandlung der Gestalt: Das Konzept der Metamorphose

Neben dieser Differenzierung zwischen Gestalt und Figuren und der Figuren untereinander benötigen wir zusätzlich noch eine zeitliche Einteilung des Interaktionsstroms, um sagen zu können, an welcher Stelle genau es beispielsweise zu einem Rollensurfen des Mx gekommen ist. Für diese Sequenzierung schlagen wir das Konzept der Metamorphose vor.

Es handelt sich um die Veränderung der Wahrnehmung des Phänomens in einem plurikulturellen Mediatorenteam. Es steht nicht zu erwarten, dass das Team sich zum Ende des Teils A 1 eine Gestalt gewählt hat, die sich bis zum Abbruch der Simulation nicht mehr verändert. Diese Momente der Verwandlung, bei denen das Team für die BeobachterInnen und/oder für sich selbst eine andere Gestalt bekommt, erlauben eine Sequenzierung des Interaktionsstroms.

Die Veränderung im Team im Prozess erklärt sich durch zwei direkt wirkenden und einer daraus resultierenden Gruppendynamik/en:

◎ Dynamik I besteht aus dem Gestaltfindungsprozess des Teams im Teil A 1. Damit ist der Aushandlungsprozess der idealen Kommunikationsgemeinschaft gemeint, bei dem drei Figuren sich zu einer Gestalt ergänzen.

◎ Dynamik II beschreibt den äußeren, direkten Einfluss der Konfliktparteien auf die Figuren (denn sie können nicht direkt auf die Gestalt einwirken) im Teil B.

◎ Dynamik III ist als resultierende zu verstehen, weil sie beschreibt, inwieweit das Selbstbild der Gestalt (Dynamik I) durch die Interventionen von außen auf die Figuren (Dynamik II) sich als stabil erwiesen hat oder sich verändern musste.

Die Auswirkungen dieser Dynamiken lassen sich im folgenden Tableau leicht zuordnen:

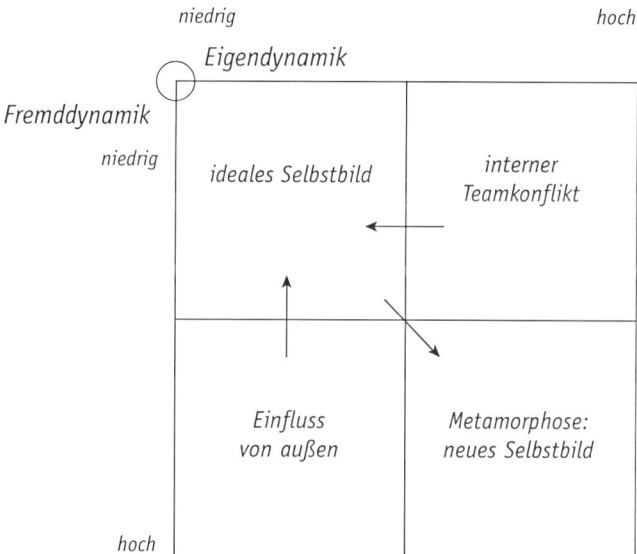

Um dieses Tableau mit Leben zu füllen, möchte ich ein Beispiel geben:

Versetzen Sie sich bitte in die Position einer externen Beobachterin. Wir befinden uns am Anfang des Teils B 1, die Konfliktbearbeitung mit den Konfliktparteien hat also gerade erst begonnen. Beim Ende des Teils A, den sie ja als externe Beobachterin auch verfolgen konnte, notierte sie sich in den Kasten ›ideales Selbstbild‹: sehr ausgeglichen; horizontales Machtverständnis; sehr homogen wirkend.

Nun verfolgt sie den Teil B. Ein Kopfschütteln des Mx erregt ihre Aufmerksamkeit, als dieser den Ausführungen von Mn zuhört. Aus dem Kopfschütteln entwickelt sich folgender Prozess, den sie mit 5 Interaktionen notiert:

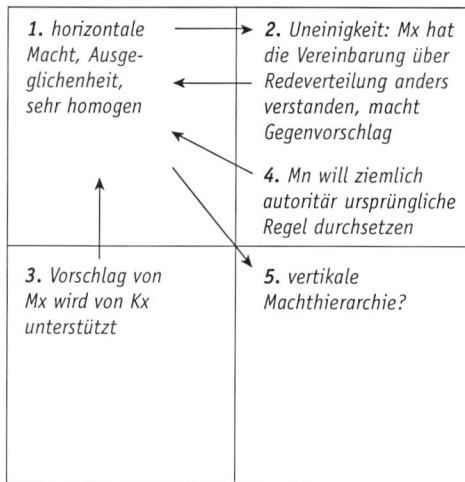

*Phase:* **Teil B1**
*Sequenz:* **1**

Die Beobachterin hat das Verhalten von Mn als einen deutlichen Widerspruch zur vorherigen Gestalt des Teams wahrgenommen. Es ist aber zu diesem Zeitpunkt noch offen, ob das Team die von Mn - aus der Sicht unserer Beobachterin – intendierte Veränderung des Selbstbildes durchsetzen kann. Deshalb setzt sie auch das Fragezeichen. Ihren neuen Kasten beginnt sie mit ihrer Vermutung oben links als Ausgangspunkt der sich anschließenden 7 Interaktionen. Sie notiert weiter:

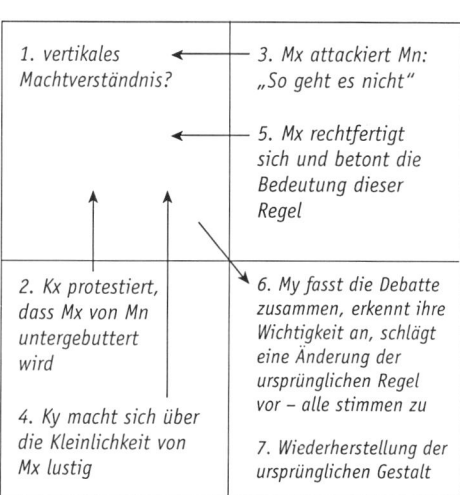

*Phase:* **Teil B1**
*Sequenz:* **2**

Aus ihrer Sicht hat My in der Situation einer erhöhten Fremd- wie Eigendynamik einen Kontrapunkt gesetzt. Da er Zustimmung erhält, hat das Team zu seiner ursprünglichen Gestalt zurückgefunden. Als weiteres Merkmal würde unsere Beobachterin hinzufügen: »Interne Konflikte werden öffentlich gemacht (was nicht bei allen Teams der Fall ist)«. Es kam zwar zu keiner wirklichen Metamorphose der Gestalt des Teams, aber anhand dieser beiden Kästen lässt sich erstens der Interaktionsstrom zeitlich sortieren und zweitens erfahren wir etwas über die Rollen der Figuren im Team.

Diese eben vorgestellte Art der Skizzierung ist natürlich allenfalls für die externen BeobachterInnen praktikabel. Sie ist auch lediglich ein Vorschlag, bei dem jeder/jede für sich überprüfen muss, ob die schnelle und eher intuitive Zuordnung bei der Beobachtung der Interaktionen gelingt, oder ob die Zuordnung so viel Nachdenken verlangt, dass er/sie sich besser wieder auf eigene Methoden besinnen sollte. In jedem Fall jedoch haben die BeobachterInnen die Aufgabe, der Gruppe einen chronologischen Ablauf vorzulegen, der dabei hilft, die Einzelbeobachtungen der anderen Spielgruppen zuzuordnen.

### 5.5.3 Ablauf und Materialien für die einzelnen Auswertungsschritte

| *Auswertungsschritte* | *Hinweise für die Durchführung* |
|---|---|
| 1) Individuelle Auswertung | Die individuelle Auswertung erfolgt direkt im Anschluss an das Spielende (also nach dem Ritual: ‚Aus den Rollen rauskommen'). Dies muss bei der Zeitplanung bedacht werden. Die Erinnerungen sind sonst nicht frisch. Nun werden die Fragebögen verteilt.[55] Sie bestehen aus jeweils vier Seiten. Für jede Spielgruppe gibt es ein gesondertes Exemplar: <br><br> ☺ Die MediatorInnen bekommen die Fragebögen $A_m$ (wobei A für Auswertung steht und m für Mediatorin); <br> ☺ Die Mitglieder der Konfliktpartei Kpx bekommen die Fragebögen $A_x$; <br> ☺ Die Mitglieder der Konfliktpartei Kpy bekommen die Fragebögen $A_y$; <br> ☺ Die externen SpielbeobachterInnen bekommen die Fragebögen $A_{exB}$. |

**Fortsetzung der Tabelle auf der nächsten Seite**

[55] Exemplarisch ist nach dieser Tabelle der individuelle Auswertungsbogen für die MediatorInnen abgedruckt (Am). Die Fragebögen für die Konfliktparteien und für die BeobachterInnen unterscheiden sich von ihm hinsichtlich der perspektivischen Befragung. Die Fragen unter II sind auf allen Bögen identisch.

*Fortsetzung der Tabelle von Seite 153*

| *Auswertungsschritte* | *Hinweise für die Durchführung* |
|---|---|
| 1) Individuelle Auswertung | *Nach dem Ausfüllen (ca. 30–45 Minuten) können die Bögen entweder eingesammelt werden (die Seite II ist relativ leicht und schnell grob auszuzählen, sodass die Ergebnisse für alle präsent in der Phase drei ausgehängt werden können) oder aber sie verbleiben als Gedächtnisstütze bei den TeilnehmerInnen.* |
| 2) Perspektivische Auswertung | *Anschließend erfolgt die perspektivische Auswertung in den Spielgruppen. Diese Diskussion sollte nicht von außen angeleitet werden und wenn doch, dann nur sehr moderat. Insbesondere die Gruppe der BeobachterInnen hat sehr viel an Material, welches es zu ordnen gilt, was für die Zeitplanung sehr wichtig ist. (In unserem Fall benötigten die Gruppen zwischen 2 und 3 Stunden).* |
| | *Alle Gruppen erhalten die Aufgabe, jemanden zu bestimmen, der die Ergebnisse anschließend im Plenum in der Phase 3 vorstellt.* |
| | ☺ *Für die aktiven Spielgruppen gilt die leitende Frage: Welches Verhalten oder Handeln des Teams der MediatorInnen hat mich besonders überrascht, geärgert, irritiert?* |
| | ☺ *Für die BeobachterInnen besteht zusätzlich und hauptsächlich die Aufgabe, eine Chronologie herzustellen. Wo gab es deutlich sichtbare Verwandlungen der Gestalt des Teams? Wo gab es sichtbare Einschnitte im Prozessverlauf?* |
| 3) Konfrontation der unterschiedlichen Perspektiven | *Diese Phase benötigt eine präzise und kompetente Anleitung. Insbesondere muss klargemacht werden, dass dieses Plenum kein Tribunal ist und die MediatorInnen nicht auf einer Anklagebank sitzen. Es empfiehlt sich zu Beginn an die allgemeinen Regeln des Miteinanderumgehens zu erinnern und die gemeinsame Lernsituation herauszustellen.* |
| | ☺ *Danach sollten die einzelnen Gruppen ihre Ergebnisse aus der 2. Phase vorstellen, wobei die BeobachterInnen anfangen sollten, um die Chronologie zu visualisieren. Danach sollten die Konfliktparteien ihre Ergebnisse zuordnen. Die MediatorInnen sollten das letzte Wort haben.* |
| | ☺ *Es empfiehlt sich, nach jeder einzelnen Präsentation in eine Diskussionsphase einzutreten. Die Ergebnisse sollten mit der Meta-Plan-Technik[56] visualisiert werden.* |
| | ☺ *Der letzte Schritt besteht in jedem Fall in einer Befindlichkeitsrunde.* |

---

[56] *Hinter dem hochtrabenden Begriff „Meta-Plan-Technik" verbirgt sich im Grunde eine etwas elegantere Form der Kartenabfrage. Es ist ein Verfahren, mithilfe von Karteikärtchen auf Wandzeitungen oder Pinnwänden Sachverhalte und Zusammenhänge zu visualisieren. Die TeilnehmerInnen schreiben ihre Ideen, Gedanken oder Wünsche auf Karten und diese werden dann im Seminarraum an einer Wandzeitung oder Pinnwand für alle Anwesenden sichtbar nach so genannten „Clustern" geordnet und aufgehängt. Die verschiedenen Farben und Formen der Karten können jeweils verschiedenen Aspekten der anstehenden Entscheidung zugeordnet werden.*

Exemplarisch findet sich nun im Anschluss der Auswertungsbogen für die MediatorInnen für deren individuelle Auswertung.

Name: _____

*Individuelle Auswertung*

Simulation, Nr.: ☐ ☐      1      2

*Fragebogen A$_m$*

MediatorInnenrolle:      Mn      Mx      My:

*(Falls Sie für die Beantwortung einzelner Fragen ein gesondertes Blatt Papier benötigen sollten, bitte notieren Sie diese Angaben auf jedem Blatt!)*

## Generelle Vorbemerkungen

Bitte beantworten Sie die folgenden Fragen nur stichwortartig und ohne großes Nachdenken. Je subjektiver Sie Ihre Antworten geben, desto anregender dürften sich die anschließenden Diskussionen erweisen. Es geht hier nicht um die letztliche Wahrheitsfindung, sondern um das Sammeln von Eindrücken. Die Skalierungen, die Sie unter Teil I und II finden werden, sind nichts anderes als Orientierungshilfen. Mit ihnen kann kein inhaltliches positiv oder negativ begründet werden.

1) Verfügen Sie über Teamerfahrungen bei Ihrer Tätigkeit als Mediator?

☐ ja    : _____
☐ nein : _____

2) Haben Sie schon mal in einem interkulturellen Team gearbeitet?

☐ ja    : _____
☐ nein : _____

3) In welchem Feld der Mediation haben Sie die meiste professionelle Erfahrung?

_____
_____
_____
_____
_____

——————————————————————— *I* ———————————————

1) Was war Ihr erster Eindruck vom Team, als die Arbeit mit den Konfliktparteien begann (im Teil B1)?:

2) Als für Sie die erste Rollenverteilung im Team erkennbar wurde, wie würden Sie die Rollen zuordnen? (Bitte ordnen Sie sich selbst ebenfalls zu.)

$M_n$:

$M_x$:

$M_y$:

3) Wie war Ihr Eindruck des Teams zu dem Zeitpunkt, als das Rollenspiel abgebrochen wurde?

4) Ergab sich für Sie eine Veränderung der Rollenverteilung?

$M_n$:

$M_x$:

$M_y$:

5) Als wie authentisch, bezogen auf Ihre professionelle Identität als MediatorIn, schätzen Sie selbst Ihr Verhalten während der Simulation ein: *(Bitte zutreffende Ziffer ankreuzen)*

a) Ich habe mich als MediatorIn gefühlt:

   Stimmt ganz und gar   1  2  3  4  5  6  7  8  9  10   stimmt überhaupt nicht

b) Ich vergaß, dass dies „nur" eine Simulation war:

   Stimmt ganz und gar   1  2  3  4  5  6  7  8  9  10   stimmt überhaupt nicht

c) Mein Vorgehen in der Simulation ist mit dem in realen Mediationssituationen vergleichbar:

   Stimmt ganz und gar   1  2  3  4  5  6  7  8  9  10   stimmt überhaupt nicht

d) Ich sah mein professionelles Verständnis von Mediation in der Simulation verwirklicht:

   Stimmt ganz und gar   1  2  3  4  5  6  7  8  9  10   stimmt überhaupt nicht

e) Ich habe in der Simulation bewusst nach einer neuen Rolle gesucht:

   Stimmt ganz und gar   1  2  3  4  5  6  7  8  9  10   stimmt überhaupt nicht

————————*II*————————

1) Wirkte für Sie das Team im gesamten Prozess eher homogen oder eher heterogen?

   homogen   1  2  3  4  5  6  7  8  9  10   heterogen

2) Waren für Sie im Großen und Ganzen die internen Machtverhältnisse im Team gleich verteilt oder asymmetrisch?

   gleich verteilt   1  2  3  4  5  6  7  8  9  10   asymmetrisch

3) Verlief der vom Team initiierte Prozess eher strukturiert oder eher improvisiert?

   strukturiert   1  2  3  4  5  6  7  8  9  10   improvisiert

4) Hatten Sie den Eindruck, dass das einmal vereinbarte Verfahren beibehalten wurde, oder gab es Neuorientierungen?

   neuorientiert   1  2  3  4  5  6  7  8  9  10   beibehalten

5) War der Einfluss der Konfliktparteien auf Verfahrensabläufe eher groß oder eher gering?

   eher groß   1  2  3  4  5  6  7  8  9  10   eher gering

6) Hatten Sie den Eindruck, dass das gewählte **Verfahren** Raum für einen gegenseitigen Verständigungsprozess zwischen den Konfliktparteien ermöglichte?

   eher ja   1  2  3  4  5  6  7  8  9  10   eher nein

7) Hatten Sie den Eindruck, dass das **Verhalten** des MediatorInnenteams Raum für einen gegenseitigen Verständigungsprozess zwischen den Konfliktparteien ermöglichte?

   eher ja   1  2  3  4  5  6  7  8  9  10   eher nein

8) Hatten Sie den Eindruck, einer interkulturellen Verhandlung beizuwohnen?

   eher ja   1  2  3  4  5  6  7  8  9  10   eher nein

9) Haben Sie die gefundenen Regelungen der sprachlichen Übersetzung als den Prozess unterstützend oder als den Prozess behindernd erlebt?

   unterstützend   1  2  3  4  5  6  7  8  9  10   behindernd

10) Als wie neutral haben Sie das Team wahrgenommen?

   neutral   1  2  3  4  5  6  7  8  9  10   eher parteilich

11) Mit welcher Kategorie würden Sie das Konzept der Neutralität des Teams beschreiben?
   ☐ **unparteilich** : extrem objektivierende Distanznahme, gesichts- und konturlos;
   ☐ **überparteilich**: objektivierende Distanznahme mit Recht zu Kommentaren, abgeleitet aus einer der dritten Partei innewohnenden Autorität;
   ☐ **allparteilich**: eher subjektives Konzept mit ständig wechselnder Perspektivenübernahme.
   Stimmt dieses Konzept mit Ihrem Verständnis weitgehend überein?:  ☐ ja  ☐ nein

───────────────────────*III*───────────────────────

1) Wie haben Sie den internen Teamfindungsprozess erlebt?

2) War für den Teamfindungsprozess die Unterteilung in den Teil A und den Teil B für Sie hilfreich?

3) Bitte tragen Sie unter Verwendung des Auswertungsquadrats die Antworten auf folgende Fragen in die entsprechenden Felder ein:

   ◎ Was war aus Ihrer Sicht zu Beginn des Teils B1 die ideale Gestalt des Teams *(oben links)*?

   ◎ Gab es für Sie einen internen Teamkonflikt, der den Gesamtprozess wesentlich mitprägte *(oben rechts)*?

   ◎ Gab es für Sie eine bemerkenswerte versuchte Einflussnahme auf einzelne Teammitglieder *(unten links)*?

   ◎ Ergab sich für Sie im Laufe des Prozesses eine Verwandlung der Gestalt des Teams im Vergleich zur Idealgestalt – u.U. resultierend aus den eben beschriebenen externen oder internen Dynamiken *(unten rechts)*?

| | |
|---|---|
| | |
| | |

# 5.6 Faktoren beim Gebrauch von komplexen Simulationen

**1) Zeit**

Eine unerlässliche Bedingung für einen sinnvollen Umgang mit komplexen Simulationen ist die, dass genügend Zeit vorhanden sein sollte. Ganz pragmatisch ist sonst die Gefahr groß, dass der zur Durchführung notwendige Aufwand gemessen am Ertrag unverhältnismäßig erscheint. Mit Ertrag ist hier lediglich gemeint, dass alle Beteiligten bei einer Simulation viel von sich investieren und der Frust dann groß ist, wenn die eigentliche Aufführung (sprich die reale Spielzeit) zu kurz ist und sich somit die mit dem Engagement entstehenden Erwartungen nicht erfüllen konnten. Mit unserem Vorgehen, die Simulation nicht von vornherein zeitlich zu begrenzen, haben wir sehr gute Erfahrungen gemacht. Sicherlich ist es nicht nötig, die Simulationen ebenso lang laufen zu lassen, wie wir es getan haben (1 1/2 bzw. 2 Tage), andererseits hätten wir uns jedoch auch gut und gerne die ganze Zeit mit einer Simulation beschäftigen können.

**2) Der Prozess im Prozess**

Simulationen werden in künstlich geschaffenen sozialen Welten erprobt. Innerhalb dieser Seminar- oder Gruppenwelt schaffen sie eine eigene Spielrealität. Dies ist nicht unproblematisch und beinhaltet Vor- und Nachteile. Gleichzeitig mit zwei künstlich erschaffenen Realitäten umgehen zu müssen ist ein Balanceakt, der leicht eine Gruppe zum Abstürzen bringen kann. Auch wenn durchaus verstanden wird, dass sich die BeobachterInnen gleichfalls in einer Rolle befinden, so erleben doch die Spielenden die Realität der Simulation als viel intensiver. Das kann gruppendynamisch durchaus zu Schwierigkeiten führen. Eine Simulation entfaltet jedoch erst dann ihre Stärke, wenn ihr eine Eigendynamik zugestanden wird. Erst wenn das Spiel als Spiel und als selbstständig gewordene Realität läuft, wird es authentisch. Dies wiederum bedeutet eine Herausforderung an die Initiatoren der Simulation. Soll die Gruppe nicht nur das reproduzieren, was die Anleiter mit der Simulation intendierten, so verlieren sie gewissermaßen die Kontrolle über die Spielrealität. Dies gilt es für die Leitung nicht nur auszuhalten, sondern muss auch in der Seminar- oder Gruppenrealität wieder aufgefangen werden. Nur wenn sich der Prozess der Simulation eigenständig entwickeln kann, emanzipiert sich die ‚pädagogische Methode' und wird zu einer lebensnahen Erfahrung.

**3) Das Experiment**
Die Komplexität einer realen sozialen Lebenswelt wird bei Simulationen nicht zu Gunsten eines gewollten Erfolgserlebnisses der an ihr Lernenden weggekürzt. Didaktisch wird eher der umgekehrte Weg eingeschlagen, in dem es fast unmöglich scheint, die gegebenen Konflikte lösen zu können. Damit entfällt die Möglichkeit für die Spielenden, mit extrem zielorientierten oder standardisierten Verhaltensmustern vorgehen zu können. Bei einer Simulation gibt es kein Schema F. Eben weil sich mit zunehmender Spieldauer die Protagonisten immer authentischer verhalten, immer mehr in ihren Rollen aufgehen, wird es immer schwieriger, vorauszusagen, wie sich der Prozess weiterentwickelt. Insofern wird jedes Handeln in diesem Kontext immer mehr zu einem Experiment, zu einem Probehandeln. Dies relativiert das ‚richtig‘ oder das ‚falsch‘ eines Verhaltens, denn an Stelle dieser scheinbaren Eindeutigkeiten rückt die Mehrdeutigkeit von Verhalten ins Bewusstsein. Wenn der Ablauf bei einer Simulation nicht prognostizierbar ist, dann erhöht sich der Druck auf den Einzelnen, situativ zu handeln. Dies erlaubt ein ganz anderes Lernen, welches nicht mehr darauf zielt, den Konflikt lösen zu wollen, sondern den gerade gegebenen Ansprüchen gerecht zu werden. Das Erfahren und Aushalten von eigener Verhaltensunsicherheit und das in seiner Wirkung ungewisse Probehandeln sind notwendige Bestandteile, um in komplexen sozialen Situationen agieren zu können.

**4) Interkulturelle Kooperation:**
Die Simulationen ermöglichen es, zwei interkulturelle Teams beobachten zu können. Sicherlich findet die Teamfindung vor Ort statt, doch haben sie genügend Zeit, um in einen Teamfindungsprozess treten zu können. Vom Ergebnis her wirkt das Bild zunächst ernüchternd: Für beide Teams wird festgestellt, dass es sehr unterschiedliche Stile gibt, die sich aber nicht bereichern, sondern sich eher gegenseitig blockieren. Mit anderen Worten: Viel zu schnell gehen die SpielerInnen davon aus, bereits ein Team zu sein, dabei befinden sie sich ‚lediglich‘ auf dem Weg, eins zu werden. Auf den zweiten Blick wird daraus die Erkenntnis, dass sich, auch bei einem hohen Maß an gemeinsam geteilter Identität, nicht automatisch eine interkulturelle Kooperation ergibt. Die unterschiedlichen Stile wurden von unseren TeilnehmerInnen als durchaus ‚national‘ beschrieben. Ohne die direkte Erfahrung der Simulationen, die einen längeren Prozess einfangen, der ermöglicht, dass Unterschiede sichtbar werden, wären die Beschreibungen wahrscheinlich nicht so krass ausgefallen. Kulturelle Unterschiede müssen keine nicht zu ermittelnde Barriere für eine Kooperation darstellen.

Zu einer erhöhten interkulturellen Sensibilisierung kommt es aber auch durch die ‚national'-homogene Zusammensetzung der Konfliktparteien. Sie erlaubt ebenfalls eine sehr spezielle und ‚typische' Dynamik in den jeweiligen Spielgruppen. Dies wird daran deutlich, dass sehr unterschiedlich mit den internen Konflikten umgegangen wird. Diese Erfahrungen führten bei vielen TeilnehmerInnen bei der Auswertung zu der Erkenntnis, sich auch als Bestandteil eines (nationalen) Kollektivs gefühlt zu haben. Auch in dem Verhalten der Konfliktparteien gab es also reichlich sichtbar gewordene Ansätze, über die Relevanz von kulturellen Unterschieden ganz konkret an Beispielen nachzudenken. Diese Prozesse wären ohne eine längere gespielte Realität so deutlich nicht zum Vorschein gekommen.

Ohne eine systematische Auswertung tauchen solche sensiblen Ergebnisse jedoch schnell wieder unter. Auch sie ist daher unabdingbar. Sie muss so organisiert werden, dass zum einen eine objektivierte chronologische Rekonstruktion des Interaktionsstroms der Simulation ermöglicht wird (Aufgabe der BeobachterInnen), um dann in einem zweiten Schritt durch die perspektivische Diskussion (unter Beteiligung aller Spielparteien) zu konkreten Schlüsselszenen zu kommen, deren Vertiefung ein gegenseitiges Verstehen in Gang setzt. In diesem Vorgehen liegt die Möglichkeit, schlüssig den Prozess der Konfliktbearbeitung zu evaluieren. Hieran wird sichtbar, ob eine Konfliktbearbeitung konstruktiv zu nennen ist, unabhängig vom Ergebnis her, sondern rein auf den gegenseitigen Verstehensprozess bezogen. Die ermittelten Schlüsselszenen sind Knackpunkte im Verstehen eines komplexen Prozesses und liefern Hinweise darauf, welche Kompetenzen für deren Handhabung vonnöten sind. Insofern erinnert dieses Vorgehen an ein Selbstauswertungsverfahren, welches den Konfliktbearbeitern ermöglicht besser zu verstehen, was sie eigentlich tun.

**5) Interkulturelle Sensibilisierung**

**6) Die Möglichkeiten der Interaktionsanalyse**

# 6. Multikulti: Konflikte konstruktiv ? ! ?

**Konflikte miteinander bearbeiten**
Mit dem Hauptanliegen dieses Buches verbindet sich die Ermutigung, mit Aushandlungsprozessen zu experimentieren. Experiment klingt in manchen Ohren vielleicht anrüchig. Verstanden wird es hier als eine *Suchbewegung*. Experiment wird also nicht mit einer gegebenen bestimmten Versuchsanordnung verwechselt, etwa *dem Verfahren* für die Bearbeitung interkultureller Konflikte, welches nun Anwendung für alle nur denkbaren Konflikte finden könnte. Gesucht wird nach einem ergiebigen Zusammenspiel zwischen dem gegebenen Konflikt und den Möglichkeiten von kommunikativen Konfliktbearbeitungsverfahren. Sie sollen eine Partizipation der von dem Konflikt betroffenen Akteure in dem Sinne erlauben, dass diese in die Lage versetzt werden, ihren Konflikt miteinander bearbeiten zu können. Damit wird jeder Konflikt als Einzelfall betrachtet, dessen Bearbeitung immer wieder eine Überprüfung der Methoden und Verfahren verlangt, ob eine Partizipation in diesem Sinne wirklich gegeben ist.

**Problem „interkulturell"**
Kommt die Beschreibung ‚interkulturell' hinzu, scheint dies nochmals schwieriger zu werden. Zumindest gibt es eine Tendenz im (auch wenn es problematisch ist, aber als zugespitztes Attribut vielleicht tauglich) – *deutschen* – Denken, unterschiedliche Kulturen und Sprachen als Kommunikationsbarriere anzusehen, die der sprachlichen Verständigung mehr oder weniger im Wege stehen.[57]

---

[57] *Richard Rorty beruft sich auf Davidson, wenn er schreibt:*
*„Davidsons Darstellung sprachlicher Kommunikation verzichtet auf das Bild von der Sprache als einem Dritten zwischen Selbst und Realität und von unterschiedlichen Sprachen als Barrieren zwischen Personen und Kulturen. (...) Dass zwei Gruppen Mühe mit der Verständigung haben, weil die Wörter, die sie verwenden, so schwer in die jeweils anderen Gruppen zu übersetzen sind, heißt nur, dass das sprachliche Verhalten von Angehörigen der einen Gruppe ebenso wie ihr sonstiges Verhalten auch schwer vorhersagbar für die andere Gruppe ist."*
*Richard Rorty. Kontingenz, Ironie und Solidarität. Ffm. 1992, S. 39*

Die Beschreibung begnügt sich zunächst damit, dass die Begegnung mit einer anderen Kultur als verhaltensverunsichernd erlebt wird. Es ergibt sich aber noch eine andere Perspektive, weil sich (eventuell) nicht davon ausgehen lässt, dass die eigenen Selbstverständlichkeiten im Verhalten Anklang finden oder angemessen sind.

Diese Verhaltensunsicherheit muss nicht zum Abbruch der Kommunikation führen. Vielmehr kann ebenso gut ein Annäherungsprozess stattfinden. Die jeweiligen Äußerungen werden zu einer „vorläufigen Theorie", zu einer Sammlung von Vermutungen über das Gesamtverhalten darüber, was die andere Person unter welchen Umständen macht.[58] Bleibt die Theorie über den anderen eine vorläufige und besteht diese Haltung beidseitig, so korrigiert sie sich mit jeder weiteren seiner Äußerungen. Von Äußerung zu Äußerung kann ein Annäherungsprozess zwischen den Akteuren entstehen. Dies ist weit mehr als bloße Philosophie. Interkulturell beschreibt aus dieser Sicht keine grundsätzliche Schwierigkeit der Kommunikation. Sie stellt die Frage, ob die ausgelöste eigene *Verhaltensunsicherheit* nicht kommunikativ in einen Annäherungsprozess überführt werden kann.

**Annäherung zwischen den Akteuren**

Der Rückgriff auf Vorurteile um den anderen einzuordnen ist nicht bloß Vereinfachung, sondern auch Abwehr der eigenen Verunsicherung und Abwehr der Anforderung, sich in einen gemeinsamen Aushandlungsprozess begeben zu sollen. Hierin liegt die besondere Gefahr interkultureller Konfliktkonstellationen. Fremdzuschreibungen zementieren Unterschiede und lassen sie als unüberwindbar erscheinen. In dieser Logik macht ein gemeinsames Gespräch nicht viel Sinn. Der Konflikt wird ethnisiert und eskaliert. Dies durchaus auch, um die Kommunikation über den Konflikt nicht zu Stande kommen lassen zu *wollen*. Eine gelungene Kommunikation bedroht zugeschriebene und selbst konstruierte Identitäten, weil die Bedeutung der Differenzen zwischen ihnen relativiert wird. Dies kann durchaus als ein Verlust von Sicherheit erlebt werden. Der Gewinn besteht darin, „Multikultur" und Dialog zusammenzuführen. Dieses Bild einer multikulturellen Demokratie befindet sich im Gegensatz zu dem vagen Begriff einer multikulturellen Gesellschaft, weil die Akteure miteinander in einen Verhandlungsprozess über ihr gemeinsames Leben treten.

**Der Einfluss von Vorurteilen**

Diese Art, Konfliktkultur zu denken, prozessorientiert mit Konflikten und deren Akteuren zu arbeiten, ist keineswegs selbstverständlich.

---

[58] *Vgl. ebenda. S. 38f*

Sie widerspricht gewissermaßen den Erfahrungen, die die gesellschaftlichen Akteure in diesem Lande gemacht haben, wenn sie ihren Lernprozess zum Phänomen Konflikt reflektieren.

**Konfliktlösung im System**

Einer der Gründe für die Erfolgsstory des Modells Sozialstaat der Bundesrepublik Deutschland bestand darin, dass es gelungen war, gesellschaftlich relevante Konflikte in das System zu integrieren, Konflikte zu institutionalisieren und sie somit beherrschbar und kalkulierbar werden zu lassen. Das exemplarische Beispiel hierfür sind sicherlich die Tarifverhandlungen. Andere Konfliktlinien wurden seitens der politisch Verantwortlichen lange Zeit als nicht relevant angesehen und eher geleugnet. Das Fehlen einer nachvollziehbaren Integrationspolitik bis heute ist hierfür ein trauriges Beispiel. Die Folgen dessen sind, dass für diese Konflikte keine institutionalisierten Formen der Bearbeitung entwickelt wurden. Die gesellschaftlichen Akteure innerhalb der entsprechenden Institutionen müssen sehen, wie sie selbst mit ihnen fertig werden.

**Der „erstarrte" Konflikt**

Beide Entwicklungen führen zu einer Konfliktkultur, die es sehr schwer macht, Konflikte als konstruktiv erleben zu können. Die institutionalisierte Form der Konfliktaustragung trägt viel zur Stabilität eines Systems bei, beinhaltet aber gleichzeitig die Gefahr zu einem Ritual zu werden, das seinerseits zur Verkrustung und Erstarrung der beteiligten Institutionen führt. Der Konflikt in dieser Form wird im Laufe der Zeit wohl kaum von außen als ein Motor für notwendige gesellschaftliche Veränderungsprozesse angesehen werden können. Die anderen sich ,wild' entwickelnden Konflikte haben das Problem, dass sie um ihre gesellschaftliche Anerkennung und Wahrnehmung erst ringen müssen. Sie sind es, die die Stabilität gesellschaftlicher Institutionen bedrohen, und diese reagieren als *Institution* auf diese ,Zumutung' weit eher mit Abwehr und Widerstand, als mit Freude, sich an gesellschaftliche Wandlungsprozesse neu anpassen zu dürfen.[59]

---

[59] *„Vermutlich existiert diese völlig erstarrte Organisation gar nicht. Ausnahme ist vielleicht die Meldebehörde in Berlin-Schöneberg, die sich trotz oder vielleicht dank der Vielzahl von Berliner Verwaltungsreformen in einem nahezu perfekten Erstarrungszustand zu erhalten scheint. Meine glücklicherweise nur punktuellen Lebenserfahrungen mit dieser Einrichtung haben mich fast davon überzeugt, dass allen Einredungen der systemtheoretisch orientierten Organisationssoziologie zum Trotz die triviale, maschinengleiche und darüber hinaus auch noch dysfunktionale Organisation doch zu finden ist."*
*Stefan Kühl: Widerspruch und Widersinn bei der Umstellung auf dezentrale Organisationsformen. (S.4–18) In: Organisationsentwicklung. 16. Jahrgang, 1997, Nr. 4. S. 16.*

In unserer Gesellschaft ist eine Suchbewegung notwendig, weil es in ihr nur sehr wenige Orte gibt, in denen wir als *Akteure Erfahrungen mit Aus- und Verhandlungsprozessen* machen können. Die Artikulation eigener Interessen verbindet sich sehr schnell – soll sie Erfolg versprechen – mit dem Prinzip der Delegation. Irgendwo gibt es jemanden oder eine hierfür extra eingerichtete Stelle, die meine Interessen stellvertretend und professionell wahrnimmt und mich vertritt. Dies ist keineswegs polemisch gemeint. Es handelt sich lediglich um die Beschreibung eines gesellschaftlich organisierten Herstellungsprozesses von Gerechtigkeit. Der Sinn dieses Prinzips besteht darin, vorhandene Machtunterschiede durch die entsprechenden Institutionen auszugleichen, damit diese dann in einen gleichberechtigten Aus- oder Verhandlungsprozess über die Berechtigung meiner Interessen verhandeln oder beschließen. Innerhalb dieser Sozialisation ist es eine prägende Erfahrung, im Falle eines Konfliktes, wissen zu müssen, wen ich mit der Wahrnehmung meiner Interessen beauftragen kann. Die Konfliktaustragung ‚person to person' beschränkt sich auf den privaten Raum und auch dort finden sich genügend institutionelle und professionelle Helfer.

**„Herstellungsprozesse" von Gerechtigkeit**

Diese sicherlich vereinfachende Darstellung verfolgt lediglich das Ziel, deutlich zu machen, dass die Konfliktkultur der Bundesrepublik Deutschland (hier stellvertretend für westlich geprägte Demokratien) sich nicht dadurch auszeichnet, ihren Angehörigen möglichst viele Orte bereitzustellen, in denen sie Erfahrungen mit einer dialogischen Konfliktbearbeitung machen können. Dies hat insofern seine volle Berechtigung, als dass dadurch der Einzelne vor möglichen Folgen des Konflikts und vor der anderen Konfliktpartei geschützt wird. Dieser Schutzraum vermittelt eine elementare Sicherheit für die Angehörigen dieser Gesellschaft, die sich darauf verlassen können, keiner Willkür ausgesetzt zu sein.

**Dialogische Konfliktbearbeitung braucht politische Schutzräume**

Problematisch wird es dann, wenn immer weniger Angehörige dieser Gesellschaft[60] den Schutzraum als solchen erfahren, die Verlässlichkeit des Systems bezweifelt wird und der individuelle Schutz und die Interessensvertretung nicht mehr gewährleistet scheint. Wandlungsprozesse in der Arbeitswelt, im sozialen wie politischen Leben führen dazu, über Konflikte als ein sie begleitendes soziales Phänomen neu

---

[60] *Damit sollen alle Individuen, die in dieser Gesellschaft leben und sie bilden, umfasst sein, also unabhängig von ihrer Nationalität.*

nachdenken zu müssen. Dies mag auch erklären, warum Fort- und
Weiterbildungsangebote nach Konfliktmanagement oder Mediation auf
eine so große Nachfrage treffen.

**Veränderte**
**Konfliktkulturen**

Richard Sennett beruft sich in seinem zeitdiagnostischen Essay auf
Lewis Cosers „The social Functions of Conflict", wenn er sagt:
„Der Schauplatz des Konflikts wird in dem Sinne zu einer Gemeinschaft, als die Beteiligten es lernen, einander zuzuhören und aufeinander einzugehen, obwohl sie ihre Differenzen sogar noch deutlicher
empfinden."[61]
Dieses Zitat gibt eine mögliche Richtung vor, was unter einer verän-
derten Konfliktkultur verstanden werden könnte. Es sei aber nochmals betont, dass es im Moment wahrscheinlich nur sehr wenige gesellschaftliche Akteure in diesem Land gibt, die mit dieser Vorstellung eine eigene Praxis verbinden können. Dies soll kein Vorwurf
sein, sondern wiederum lediglich eine Beschreibung, die zugesteht,
dass neue – oder besser neu gestaltete – Ideen oder gut ausgebildete
MediatorInnen allein noch kein Garant für die Durchsetzung dieser
Philosophie sind. In vielen Fällen entsteht das folgende Dilemma:

**Dilemma:**
**Mediation in**
**festen Strukturen**

Ein Konflikt ist da und wird auch von den Konfliktparteien als solcher
wahrgenommen. Vorausgesetzt es gibt ein den Konfliktparteien be-
kanntes und erreichbares Angebot einer neutralen dritten Partei, dann
könnte die Mediation stattfinden. Dieser einfache Weg dürfte eher
die Ausnahme sein. Da die meisten Konflikte in einem wie auch immer gearteten institutionellen Rahmen auftreten, ergeben sich plötzlich Bedenken, ob ein solches Vorgehen innerhalb der Organisation
möglich scheint, ob es nicht rechtliche Bedenken gibt, ob überhaupt
jemand von außen hinzugezogen werden sollte usw. Im Bereich Schule
beispielsweise führt das dann dazu, dass solche Angebote innerhalb
der Organisation verankert werden müssen, damit sie wahrgenommen werden können.

---

[61] *Richard Sennett: Der flexible Mensch. Die Kultur des neuen Kapitalismus.
Berlin, 1998. S. 197*

Wahrscheinlich geht es nicht anders, als diesen Umweg zu betreten; nur muss dann gesagt werden, dass ein Lehrer, der als Mediator ausgebildet wurde, etwas anderes ist, als ein von außen kommender Mediator.[62] Bei diesem Modell kommt es gewissermaßen zu einem Kompromiss zwischen alter und neuer Konfliktkultur und man muss im Auge behalten, ob dies ausreicht. Die Frage wird sein, ob es sich lediglich um einen institutionellen Reflex handelt, der sich auf die Beseitigung einer aktuellen Störung bezieht (Gewalt auf unserem Schulhof muss aufhören), oder ob Konflikte darüber hinaus als Hinweise auf Veränderungsnotwendigkeiten innerhalb des Systems verstanden werden. Zugespitzt formuliert muss sich eine integrierte Konfliktbearbeitung *innerhalb* eines Systems die Frage stellen, ob sie lediglich die Aufgabe hat, das gestörte System neu zu stabilisieren.

Ein anderer Grund, warum so viele Mediationen nicht zu Stande kommen, liegt in der subjektiven Disposition der Konfliktparteien. Auch sie ist im hohen Maße von der alten Konfliktkultur geprägt. Dies kann an einem Beispiel von Nachbarschaftsmediation verdeutlicht werden. Seit einiger Zeit gibt es in Berlin eine Agentur, die in Kooperation mit dem Mieterverein Mediation bei Konflikten zwischen den Mietern anbietet. Das Presseecho auf diese Initiative war gewaltig und es mangelt auch nicht an Anrufen und Nachfragen. Die ‚Verwechslung' besteht darin, dass das Angebot benutzt wird um einmal kräftig über seine Nachbarn herziehen zu können. Der Aufforderung, diese Nachbarn anzusprechen und um ein gemeinsames Gespräch zu ersuchen, kommen die wenigsten nach. Allein die ‚Zumutung' einer direkten Kontaktaufnahme führt zum Rückzug. Der Wunsch besteht lediglich darin, eine Stelle zu finden, von der man glaubt, dass die sich um alles Weitere kümmern wird.

**Alte Konfliktkultur gefährdet Dialog**

[62] *Ein kleines Beispiel mag dies illustrieren: Anläßlich einer Konferenz kam es zu einem Rollenspiel, bei dem zwei MediatorInnen zwischen einem Schulrat und einer Lehramtskandidatin vermitteln sollten. Die eine Mediatorin war Lehrerin und arbeitete im Bereich Schule, die andere nicht. Vor dem Beginn der Konfliktbearbeitung kam es zwischen ihnen zu einer kurzen Auseinandersetzung darüber, ob sich die Konfliktparteien an Tische setzten sollten oder nicht. Die Schulmediatorin setzte sich mit dem Argument durch, innerhalb der Schule müsse das so sein. Bei diesem Beispiel geht es nicht um die Frage, wann Tische grundsätzlich sinnvoll sind und wann nicht. Es geht um die Begründung. Wenn das Setting nach den Bedürfnissen und Konventionen des Systems ausgerichtet wird, verliert die dritte Partei ihre Möglichkeit, das Setting so zu wählen, wie sie es als richtig erachtet. Sie schränkt damit ihr Potential ein das System zu irritieren, deutlich zu machen, dass die Konfliktbearbeitung ein anderer ‚Schauplatz' ist.*

**Risiken der
Umsetzung**

Konflikte als konstruktiv begreifen zu können, Verfahren von Mediation als Schauplätze anzusehen, in denen ein Stück multikulturelle Demokratie geprobt werden kann, findet vielleicht unseren abstrakten, wenngleich überzeugten Beifall. Die konkrete Umsetzung verbindet sich mit *Risiken* sowohl für die beteiligten Systeme als auch für die Individuen. Sollen Konflikte als konstruktiv verstanden werden, so beinhaltet ihre Bearbeitung eine Überprüfung von Handlungsroutinen ihrer Akteure. Diese üblichen Verhaltensweisen sind weder geschichtslos noch rein individuell entwickelt. Allenfalls lässt sich sagen, dass sie eine individuelle Anpassungsleistung an einen gegebenen Rahmen darstellen, innerhalb dessen dieses Verhalten gewissermaßen Sinn macht, zulässig ist und aus individueller Sicht Erfolg verspre-

**Der intrakulturelle
Konflikt**

chend ist. Das Verhalten aller Akteure innerhalb eines Systems lässt sich als ein Gewebe von Interaktionen vorstellen, welches die Sozialordnung eines Systems ausmacht. Insofern berührt die Bearbeitung eines Konflikts zwischen Akteuren innerhalb eines Systems auch immer die gesamte Sozialordnung des Systems. Dieses gewordene Sozialsystem ist die spezifische Kultur einer Organisation. So verstanden ist es sinnvoll, von einer Schulkultur der Schule X, einer Arbeitskultur des Betriebs Y und einer Vereinskultur des Vereins Z zu sprechen. Eine Konfliktbearbeitung kann also einen *intra*kulturellen Konflikt auslösen, wenn sich herausstellt, dass die Überprüfung der Handlungsroutinen der Akteure das Gewebe der Interaktionen nachhaltig infrage stellt und beeinträchtigt.

**Einflüsse von
Umwelten**

Dies ist aber bedauerlicherweise noch nicht alles. Jegliche Organisation agiert in näheren und ferneren Umwelten, die sie direkt oder indirekt beeinflussen. Dieses äußerst heterogene und tendenziell eher instabile Bündel von Außeneinflüssen formuliert Ansprüche und Erwartungen an die betreffende Organisation. Je unklarer, diffuser und heterogener diese Ansprüche sind, desto schwieriger wird es für eine Organisation, ihre ‚eigentliche' Aufgabe zu ermitteln und zu bewältigen. Es ist relativ leicht, über die Starrheit von Gewerkschaften, Bildungsbehörden usw. zu spotten – wie die Fußnote über die Meldestelle deutlich macht –; gleichzeitig trifft dieser Spott aber immer Institutionen, die gerade auch *auf Grund* ihrer Stabilität und einer gewissen notwendigen Starrheit Eckpfeiler des gesellschaftlichen, sozialen Lebens darstellen und damit Sicherheiten bieten. Übersehen wird dabei, dass sich diese Organisationen in dem Dilemma befinden, einerseits ihre Stützfunktionen für die Gesellschaft erfüllen zu sollen, andererseits sollen sie dabei aber gleichzeitig flexibel auf veränderte Erwartungen ihrer Klientel eingehen können.

Dies mag eine Ursache für das Gefühl von Überforderung sein. Wenn sichere, grundsätzlich stabile Institutionen, wie z.B. Schule, zum Schauplatz für Konflikte werden, weil es sonst keinen gesellschaftlichen Rahmen gibt, in denen sie ausgetragen werden könnten, dann trifft dies auf ein System Schule, welches darauf nicht vorbereitet ist, gleichwohl aber mit ihnen zurechtkommen muss. Wie aus einem gesellschaftlichen, interkulturellen Konflikt ein intrakultureller Konflikt wurde, und was aus ihm wiederum erfolgt, soll nun exemplarisch an einem Beispiel eines Kreuzberger Fußballvereins verdeutlicht werden.

Der Verein in Kreuzberg besteht seit 1920. Er besteht aus den Abteilungen Damengymnastik, Tennis, Männerfußball und der Jugendabteilung. Im Folgenden wollen wir die Jugendabteilung betrachten. Sie wird durch einen Jugendleiter im Vorstand des Vereins vertreten. Zusätzlich gibt es einen Jugendvorstand (drei Männer, eine Frau), ca. 35 BetreuerInnen (10 Frauen, 25 Männer, 5 Nicht-Deutsche, 30 Deutsche) und ca. 330 Jugendliche zwischen 8–17 Jahren (300 männlich, 30 weiblich, 80% Nicht-Deutsche (23 Ethnien), 20% Deutsche). Vor zwei Jahren wendete sich der Jugendleiter an uns, weil sie sich als Kreuzberger ‚immer mehr als Freiwild' fühlten. Rassistische Beschimpfungen, Prügeleien, Polizeieinsätze, Spielabbrüche – und niemand tue etwas. Hinzu kam das Gefühl, dass sie dieses Problem nur hätten, weil die anderen Vereine nicht mit sich reden ließen, der Fußballverband auch nichts unternehmen würde und alle nur versuchten die Jugendgewalt auf den Plätzen zu ignorieren und runterzuspielen.

**Ein Beispiel**

Ein Gespräch beim Berliner Fußballverband blieb fruchtlos. Man verwies auf die zahlreichen eigenen Aktivitäten und die bereits existierenden Stellen, wie beispielsweise das ‚Fan-Projekt'.

Ein Versuch, die informelle Kommunikation zwischen den Jugendleitern in Berlin in Gang zu bringen oder zu verbessern, traf zunächst auf einigen Zuspruch. Inzwischen gibt es einen Gesprächskreis zum Thema Jugendgewalt, der sich regelmäßig trifft.[63]

---

[63] *Es muss allerdings gesagt werden, dass sich die Intention dieses Gesprächskreises gewandelt hat. Ursprünglich sollte er ein Forum sein, um über konkrete Konflikte zwischen den Vereinen zu reden. Aus vielerlei Gründen wurde und konnte dieser Ansatz nicht weiterverfolgt werden.*

**Die Problemlage**   Die Arbeit im Verein selbst hatte unerwartete Folgen. Begonnen wurde mit zwei Fortbildungen mit den BetreuerInnen des Vereins zum Thema: Umgang mit Konflikten. Bei der Konzeptionalisierung wurde die Perspektive des Vereins, die wir vorher in angeleiteten Gruppeninterviews ermittelten, sehr ernst genommen. Nach ihr wurde die Gewalt in erster Linie von außen auf die Plätze hereingetragen. Bei den Trainings stand deshalb die Frage im Vordergrund, welche Verhaltensalternativen für TrainerInnen und BertreuerInnen bestehen, um mäßigend auf das Umfeld wie auf die eigene Mannschaft einwirken zu können. Bei der Erhebung zur Problemlage gab es auch, wenngleich erheblich weniger, Hinweise auf vereinsinterne Konflikte. Die Konflikte zwischen TrainerInnen und SpielerInnen der eigenen Mannschaft wurden aber immer mit dem aggressiven Einfluss von außen in Verbindung gebracht. Aus diesem Grunde wurde auch Mediation als eine Methode vorgestellt, um die interne Konfliktkultur des Vereins zu verbessern. Eine Idee bestand darin, dass die Mannschaftskapitäne zu Mediatoren ausgebildet werden sollten. Ähnlich den Konfliktlotsen innerhalb der Schulmediation sollte sich so dieser Konfliktlösungsansatz innerhalb des Vereins verbreiten. ‚Eigentlich' sollten die TrainerInnen lediglich begutachten, inwieweit und wenn ja, auf welchen Wegen eine solche Methode in das Vereinsleben passen würde, es kam jedoch ganz anders:

Aufgefordert, eigene Konfliktskripte zu schreiben, die als Anleitung für die Mediationsrollenspiele dienen sollten und im Grunde lediglich demonstrativen Charakter haben sollten, verdichtete sich die sonst eher aufgelockerte Lernatmosphäre immer mehr.[64] Es gab Verblüffungen auf mehreren Ebenen:

◎ Die Skripte thematisierten keineswegs nur Konflikte zwischen TrainerInnen und SpielerInnen. Ebenso gab es Konfliktbeschreibungen zwischen Vorstand und TrainerInnen und zwischen den BetreuerInnen.

[64] *Um sich dies besser vorstellen zu können, muss gesagt werden, dass ca. 25 Personen jeweils an den Trainings teilnahmen. Die Altersspanne lag zwischen 16 und ca. 50 Jahren. Gerade bei den Jüngeren gab es auch nicht-deutsche TeilnehmerInnen. Die weiblichen Teilnehmer machten rund ein Drittel aus. Es gab sowohl AkademikerInnen als auch Azubis und Schüler. Diese Heterogenität spiegelte durchaus das reale Vereinsleben, stellte aber gewisse Anforderungen an die Planung und Durchführung solcher Trainings.*

⦿ Die sehr pragmatische Art und Weise, mit der die jüngeren TrainerInnen die Methode adaptierten, brachte so manche(n) gestan-
+dene(n) TrainerIn mächtig ins Schwitzen. Bei den Besprechungen
der Rollenspiele wurde deutlich, dass das von ihnen vorher entwik-
kelte Selbstbild: „Was ist ein(e) TrainerIn" in der Situation der
Mediation bröckelte. Die entstehenden Fragezeichen kreisten um
die Kategorie ‚Autorität'.[65]

⦿ Obwohl es nicht wenig an Überredung brauchte, bis sich die
TeilnehmerInnen mit Rollenspielen anfreunden konnten, waren sie
dann darüber verblüfft, wie echt diese Rollenspiele wirkten.

⦿ Bei einem Konflikt zwischen einem (nach Skript) sehr jungen
Schiedsrichter und einem erwachsenen Trainer wurde bei der Be-
sprechung nicht – wie sonst üblich – über den Schiedsrichter her-
gezogen, der das Spiel verpfiffen habe, sondern über die Haltung
des (eigenen) Trainers, woraufhin es zu einem realen Konflikt kam.

⦿ Ebenso intensiv wurde der Konflikt zwischen Vorstand und Trainerin erlebt, der offenbarte, wie viel (geheime) Erwartungen es aneinander gibt und wie wenig Möglichkeiten, dies auszusprechen.

⦿ Bei der Auswertung der Rollenspiele wurden immer mehr neue Beispiele herangezogen, die wiederum auf neue und bisher nicht ge-
äußerte Konfliktlinien verwiesen: „Wir sind doch nur nur 'ne Aufbe-
wahranstalt für streunende Kids", „im Training müssen die deutsch
reden", „die jubeln doch gar nicht als Mannschaft, sondern da die
Türken, da die Jugos und da die Deutschen", „die nehmen mich
doch gar nicht ernst und verstehen kann ich sie sowieso nicht",
„wie sollen wir denn die Eltern ansprechen, die interessieren sich
für nischt".

Bei den Schlussrunden war für die TeilnehmerInnen der wichtigste
Punkt, dass sie sich nach langer Zeit endlich wieder einmal austau-
schen konnten und etwas *zusammen* unternommen hatten. Die
Mediationsrollenspiele waren dafür der Auslöser. Das ursprünglich im
Mittelpunkt stehende Verhaltenstraining wurde kaum erwähnt. Die
vorherige Zuschreibung, dass die Gewalt von außen käme, wich dem
Interesse an dem inneren Zustand des Vereins. Es war eine Bewegung
und eine Kommunikation in Gang gekommen, die sonst keinen Platz
fand, nach der aber offensichtlich ein starkes Bedürfnis bestand.

**Ergebnisse und
Perspektiven**

---

[65] *Hier ist ein Beispiel hilfreich: Ein gestandener Trainer will nicht, dass einer seiner
besten Spieler mit Basecap aufläuft. Dieser kann aber nicht darauf verzichten, weil
er sonst nicht so gut spielen könne. Der (junge) Mediator fragt den Trainer nach
dessen eigentlichem Problem. Der Trainer gibt nach langem Hin und Her zu, dass er
seine Autorität nicht infrage stellen lassen wolle und er einfach Gehorsam verlangt.*

Nochmals zur Erinnerung: Es ging nicht im eigentlichen Sinne um ein Mediationstraining. Die Demonstration der Methode und das Experimentieren mit ihr anhand von eigenen Konfliktskripten war der Auslöser für eine beginnende Selbstdiagnose über ihren eigenen Verein.[66] Diese Verschiebung im Laufe des Prozesses ist sicherlich kritisch zu betrachten, denn die vorherige Problembeschreibung wird damit nicht falsch. Andererseits gilt es aber gleichzeitig, zu überprüfen, inwieweit die ‚Veräußerung‘ des Konflikts nicht *auch* einen projektiven Anteil enthält, um den Zustand des eigenen Systems nicht betrachten zu müssen.[67]

**Reaktionen**  Der Jugendleiter reagierte ambivalent: Einerseits war er glücklich, dass so viel passiert war, andererseits war ihm deutlich geworden, dass es eine Menge gab, wovon er nichts wusste. Er ging aber das Risiko ein, jetzt genau wissen zu wollen, was eigentlich los sei. Dies war der Punkt, an dem er uns Externe wissen ließ, welche Schwierigkeiten bei der Vorstandsarbeit – eher verdeckt und personalisiert – immer wieder auftreten. Gemeinsam beschlossen wir einen ‚Tag der offenen Tür‘ zu veranstalten, zu dem alle Vereinsmitglieder eingeladen wurden, um über ‚Verein 2000‘ zu diskutieren. Es kamen ca. 50 Vereinsmitglieder, die einen Tag lang über die Fragen stritten:

◉ Was gefällt uns an unserem Verein?

◉ Was passt uns nicht?

◉ Was müssen wir wie ändern?

Die Ergebnisse wurden auf Plakate geschrieben und an zentralen Punkten des Vereinslebens ausgehängt und in der eigenen Zeitschrift abgedruckt, um Möglichkeiten der Kommentierung und Ergänzung zu geben.

Zusammengefasst spitzten sich die Ergebnisse der vorläufigen Diagnose aus den Workshops zu. Es bildeten sich immer stärker zwei Fraktionen heraus. Beiden gemeinsam war die Angst, dass es so nicht weitergehen könne ohne sich der Gefahr auszusetzen, als Verein zu verschwinden. Diese Angst führte aber zu ganz unterschiedlichen Wegen, ihr zu begegnen:

---

[66] *Diese Erfahrung habe ich auch in anderen Zusammenhängen machen können. Das Verfolgen der Bearbeitung eines konkreten Konflikts verweist nicht selten auf die äußeren Kontextbedingungen und macht deutlich, an welchen Stellen Konfliktparteien stellvertretend und entgegen ihren eigenen Überzeugungen agieren müssen.*

[67] *Intern gilt es, diesen Mechanismus ebenfalls zu beachten. Dort ist es in aller Regel ein ‚Sündenbock‘, jemand, an dem es liegt, dass es bei uns nicht läuft, um weitere Fragen nach dem eigenen Zustand des Systems nicht stellen zu müssen.*

1. Als Metapher möchte ich für die eine Position das Bild der *Sozialstaatler* verwenden. Sie möchten ihren Verein wieder als einen ‚Verein für die ganze Familie' sehen. Der Verein als sozialer Ort, der über seine sportliche Funktion hinaus soziale Arbeit für seine Mitglieder und für den Kiez verrichtet. Dazu gehört ebenso ein gemeinsamer Kegelausflug der BetreuerInnen wie Schularbeitenhilfe, Hilfe bei Jobsuche oder Ärger mit der Polizei oder die Solidarität mit dem Kick-Projekt.[68] Der Verein soll für alle offen sein, die aktiv mitgestalten wollen. Die Integration von Nicht-Deutschen ist für diese Fraktion keine Frage.

2. Für die zweite Position möchte ich das Bild der *Marktorientierten* verwenden. Sie haben deutlich weniger Interesse an der sozialen Arbeit. Ihnen geht es eher um eine leistungsorientierte Verkleinerung des Vereins, um sportlich mehr Erfolge zu erzielen.[69] Denn nur diese helfen bei der Findung von Sponsoren und schaffen eine Basis für die Identifikation mit dem Verein. Statt der sozialen Zuwendung würden sie eher mit finanziellen Anreizen der Motivationskrise der Ehrenamtlichen begegnen.

Diese Positionierung scheint wohl vertraut, wenngleich sie mit dem Ausgangspunkt überhaupt nichts mehr zu tun zu haben scheint. Es handelt sich bei dieser Stufe um einen intrakulturellen Konflikt innerhalb des Kreuzberger Vereins. Es geht darum, gemeinsam zu definieren, was dieser Verein *heute* ist. Dabei stehen sich Sozialstaatler und *Marktorientierte* gegenüber. Die Konflikttransformation macht deutlich, wie genau Konflikte den gesellschaftlichen Kontext, innerhalb dessen sie auftreten, widerspiegeln. Denn auch für den Bezirk Kreuzberg lässt sich sagen, dass die drastische Kürzung der sozialen Arbeit zu einer Destabilisierung geführt hat, auf den die Kreuzberger mit Verunsicherung und ‚Rette sich wer kann'-Tendenzen reagieren.

---

[68] *Jugendliche Delinquenten werden von Sozialarbeitern betreut. Sie hatten eine lange Platzsuche hinter sich, bis sie jetzt auf dem AMA-Platz kicken dürfen. Übrigens ohne dass der Verein irgendetwas dafür erhält.*
[69] *Der Verein verfügt über eine lange Warteliste von Jugendlichen, die gerne eintreten möchten. Die Jugendabteilung ist in den letzten Jahren beständig gewachsen und die Aufnahmefähigkeit erschöpft, weil es keine zusätzlichen Trainingsmöglichkeiten gibt. Für die einen ist dies ein Beleg der guten Jugendarbeit, für die anderen ist das ein Ärgernis, weil nach Warteliste und nicht nach sportlichen Kriterien ausgewählt wird.*

**Ein intrakultureller Konflikt** Ich möchte den Konflikt als noch intrakulturell bezeichnen, denn bis jetzt gilt die Betrachtung, dass die Vereinsmitglieder völlig ungeachtet ihrer ethnischen Herkunft als gleichberechtigt und gleichwertig angesehen werden.[70] Der Konflikt beinhaltet aber einen interkulturellen Sprengstoff, der sich an zwei Fakten knüpft:

◎ Ein Grund für den Mangel an ehrenamtlichen Trainern besteht darin, dass die vereinsinterne Ressource für diese Tätigkeit nicht mehr ausreichend genutzt werden kann. Die deutschen Männer, die normalerweise das Training der Jungendmannschaften übernehmen, haben immer weniger Lust die nicht-deutschen Mannschaften zu trainieren (aus der Sicht des ‚sozialstaatlichen' Vorstands). Dies ist im Übrigen *auch* ein Grund dafür, warum in den letzten Jahren so viele (aus Männersicht) Frauen Trainerinnen wurden.

◎ Es gibt eine Tendenz bei den nicht-deutschen Spielern, mit zunehmendem Alter den Verein zu verlassen, um in ‚ihren' kulturell homogenen Vereinen zu spielen.

Beides bedingt sich und führt zu einer sich verstärkenden Tendenz zur Trennung. In dieser Perspektive vereinheitlicht sich der intrakulturelle Konflikt. Aus der Sicht der Externen gesprochen hätten weder Sozialstaatler noch Marktorientierte etwas dagegen, wenn es zu einer gewissen Reethnisierung des Vereins käme. In diesem Wunsch unterscheiden sie sich lediglich in ihrer Explizität. Die Sozialstaatler verbleiben in ihrem Bild von einem Verein in mentalen Strukturen, das mit der gegebenen Mitgliederstruktur nicht wiederherstellbar ist. Die marktorientierte ‚Verkleinerung' verschleiert nur ansatzweise den Versuch, problematische Jugendliche schneller loswerden zu wollen. Und dies sind aus ihrer Sicht eher die Nicht-Deutschen.

**Realistische Lösungen** Beide vom Verein selbst formulierten Antworten lassen eine Lösung für ihr Problem sehr wahrscheinlich nicht zu. Sie verbleiben innerhalb des bisherigen Systems, indem sie die Konflikte, die am Anfang standen, umdefinieren. Weder wird es in fünf Jahren einen Verein für die ganze Familie geben, weil nicht klar ist, was Verein und Familie eigentlich für ihren Kontext meint, noch wird es ein deutsches Superteam mitten in Kreuzberg geben.

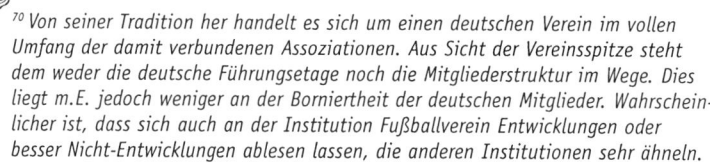

[70] *Von seiner Tradition her handelt es sich um einen deutschen Verein im vollen Umfang der damit verbundenen Assoziationen. Aus Sicht der Vereinsspitze steht dem weder die deutsche Führungsetage noch die Mitgliederstruktur im Wege. Dies liegt m.E. jedoch weniger an der Borniertheit der deutschen Mitglieder. Wahrscheinlicher ist, dass sich auch an der Institution Fußballverein Entwicklungen oder besser Nicht-Entwicklungen ablesen lassen, die anderen Institutionen sehr ähneln.*

**Zusammenfassung**

Die Darstellung dieser Konflikttransformation lehrt uns einiges über die Komplexität interkultureller Konflikte und illustriert den sehr eingängigen Satz von Glasl, wonach nicht wir einen Konflikt haben, sondern der Konflikt uns hat:[71]

☺ Ursprünglich ging es darum, einer äußeren Gefahr entgegenzuwirken. Die rassistischen Beschimpfungen trafen einen deutschen Verein, der solidarisch mit seinen Mitgliedern versucht dem etwas entgegenzusetzen.

☺ Die Auseinandersetzung mit dieser Situation führte zu einer Beschäftigung mit dem Selbstbild des Vereins. Über diesen Weg wurden Unzufriedenheiten und Unstimmigkeiten innerhalb des Vereins deutlich.

☺ Bei der Thematisierung dieser Unzufriedenheiten polarisieren sich die ‚Herrrschenden' und tragen einen intrakulturellen Machtkonflikt aus.[72] Sowohl Sozialstaatler als auch Marktorientierte streiten sich über die richtige Vision des Vereins.

☺ Beide Visionen thematisieren die eigenen Ängste vor dem möglichen Verschwinden des Vereins und wollen Veränderungen in Gang setzen. Dabei gehen sie davon aus, dass ein Verein eine bestimmte Kultur *hat*, die sich aber verändern kann. Es werden unterschiedliche strategische Erfolgsorientierungen benannt, die dem Verein eine neue, Erfolg versprechende, spezifische Ausprägung geben sollen.

☺ Unerkannt bleibt dabei, dass der Verein eine bestimmte Kultur *ist*, die sich auch nicht ohne weiteres verändern lässt, weil sie ein langsam gewordenes, nicht zufällig so organisiertes Sozialsystem und eine Sozialordnung darstellt. Damit verbindet sich ein ganzes Geflecht von persönlichen Handlungsroutinen, die aus der Bewältigung der jeweiligen Aufgaben erwachsen sind.

☺ Sozialstaatler wie Marktorientierte suchen nach einer Veränderung von oben, die völlig von der Realität des Vereins und seiner Eingebundenheit in einen bestimmten Kontext abstrahiert. Beide Visionen nehmen auf ihre Art die aktuellen Vereinsmitglieder und den gegebenen Kontext des Vereins nicht mehr wahr. Beide Visionen übernehmen – zweifelsfrei unbemerkt und sicherlich auch ungewollt – zunächst das Bild von dem von außen kommenden Problem. Sie wollen wieder mehr ein deutscher Verein sein, bei dem sie darauf hoffen, dass es diese Probleme dann nicht mehr gibt.

---

[71] Vgl. Friedrich Glasl: Selbsthilfe in Konflikten. Bern 1998.
[72] Dieser drückt sich auch auf der Personalebene aus. Gerüchte um Rücktrittsankündigungen und Lobbyarbeit um eventuell neu zu besetzende Vorstandsposten begleiten diesen Prozess.

◎ Es geht also nicht um einen Wunsch nach einer Veränderung im Sinne einer organisatorischen Anpassung an sich verändernde Rahmenbedingungen, sondern um die Suche nach der Möglichkeit, mögliche Auslöser für den Veränderungsdruck zu entfernen, indem von oben ‚Verein' neu definiert wird. Oder in klareren Worten: Es wird der Versuch unternommen, den Verein von seinem äußeren Umfeld zu entkoppeln, um keine Konflikte mehr zu haben.

**Soziale Systeme und die Arbeit mit Konflikten**

Die Fallbeschreibung liefert zwei wichtige Punkte für die praktische Arbeit mit Konflikten:

1. Wird der Verein als ein soziales System verstanden, bedurfte es nur weniger Anstöße zu einer Beschäftigung mit den Konflikten, um dieses System in den Zustand einer heftigen Unruhe zu bringen. Dies verdeutlicht die oben angesprochenen Risiken, die sich mit einer Konfliktbearbeitung verbinden. Die Anstöße haben etwas zum Vorschein gebracht, was schon lange da war, aber so in der Form nicht unbedingt zur Kenntnis genommen wurde.

2. Ist aber erst einmal etwas angestoßen worden, dann ist es zu Beginn sehr schwer zu prognostizieren, wie sich der Prozess entwickelt. Als Selbstkritik sei hier die Naivität der Externen angeführt. Einzelne punktuelle Maßnahmen und Angebote sind relativ leicht zu konzeptualisieren und in sich vielleicht auch stimmig. Es ist aber unklar, wie das System auf sie reagiert. Bezogen auf das Fallbeispiel lässt sich sagen, dass die Idee der Konfliktlotsen theoretisch sicherlich hilfreich war, aber zu diesem Zeitpunkt mussten das System und die entsprechenden Akteure dieses Angebot einfach anders verstehen und für ihre Zwecke umfunktionieren. Es soll also festgehalten werden, dass es bei der Bearbeitung von Konflikten viel Goodwill und Aktionismus gibt, der u.U. die ursprünglichen Intentionen in ihr Gegenteil verkehrt. Es erscheint ratsam, Konfliktinterventionen mit Systemdiagnosen zu verbinden. Dies könnte man auch Risikoabschätzung nennen. Ferner sollte vorab geklärt werden, wie viel Veränderungspotenzial das System gewillt ist bereitzustellen und wie u.U. notwendig werdende Folgeinterventionen prozessbegleitend installiert werden können.

**Die Diagnose**

Da es sich bei dem Fallbeispiel um ein relativ überschaubares soziales System handelt, an dem die Folgewirkungen einzelner Interventionen deutlich werden, ergaben die Entwicklungen eine Konfliktdiagnose, die Ausgangspunkt für eine aktuell stattfindende Organisationsentwicklung wurde, die sich auf die Jugendabteilung bezieht.

Mit dieser Diagnose verbindet sich die Frage an den Jugendvorstand als Auftraggeber, ob sie sich auf die Suche nach anderen Alternativen machen wollen. Folgende Voraussetzungen mussten dabei berücksichtigt werden:

- Es gilt, die gewordene Kultur des Vereins in seiner Heterogenität als die gemeinsame Perspektive für organisatorische Veränderungen anzuerkennen.
- Dies schließt mit ein: Die Betrachtung des Sozialsystems und sein Gewebe der Interaktionsbezüge ist zu trennen von einem bestimmten (ideologischen) und festen Begriff des Vereins. Der Verein ist der Ausdruck, ein Name, ein Begriff des bestehenden Sozialsystems. Er kann dieses aber nicht definieren und dadurch mit Sinn füllen.
- Die Betrachtung des Sozialsystems schließt ein, die persönlichen Handlungsroutinen, die Arbeitskultur zu hinterfragen:
- Gewebe von Interaktionen
- Gewebe von Erwartungen
- Gewebe von Interpretationen
- Gewebe von Wahrnehmungen
- Dies kann nur dann Erfolg versprechend sein, wenn alle relevanten Teile des Vereins an diesem Prozess beteiligt werden.
- Prozessbeteiligung, Partizipation meint, durch Interaktionen den gemeinsamen Sinn versuchen zu klären.
- Es muss davon ausgegangen werden, dass die aus diesem Prozess hervorgehenden Vorschläge für Veränderungen aufgegriffen und umgesetzt werden können.
- Dies setzt aber voraus, dass sich die deutsche Bestimmerkultur von einem starren Begriff und einer starren Vorstellung darüber, was ein Verein ist, löst.
- Es muss zumindest die Bereitschaft bestehen, die Machtfrage zu entideologisieren. Ziel ist es nicht, den Verein von oben neu zu definieren, sondern das Sozialsystem und sein Potenzial an Veränderungsressourcen zu nutzen um zu einem neuen Verständnis über den gemeinsamen Verein zu kommen. Dies kann durchaus auch organisatorische Konsequenzen nach sich ziehen und bedingen.

Die Konflikte führten einerseits zu einer Krise des Vereins, andererseits schärfte diese Krise das Problembewusstsein derart, dass den Repräsentanten des Vereins in weiten Teilen deutlich wurde, dass sich etwas Grundsätzlicheres verändern müsse. Einzelmaßnahmen, punktuelle Workshops, klärende Gespräche, Betreuersitzungen allein vergrößern nur die vorhandene Polarisation und verschärfen die Auseinandersetzungen. Stattdessen wird nun versucht einen Veränderungsprozess unter Einbeziehung aller Bestandteile des Vereins zu initiieren. Dies ist gewissermaßen das Gegenmodell zu den bisher diskutierten Modellen des neuen Vereins von oben. Es wird mit kommunikativen Methoden versucht die gemeinsame Sinnfrage interaktiv zu ermitteln, und nicht ein neuer Sinn gegeben. Einfach gesagt wird ein Aushandlungsverfahren installiert, bei dem alle Mitglieder der Jugendabteilung mit einbezogen werden und gemeinsam darüber verhandelt wird, wie sich die Jugendabteilung zukünftig entwickeln muss. Diese Erprobung wird sicherlich zu neuen, aber konkreteren Konflikten mit dem Gesamtverein führen. Innerhalb dieser umfassenderen Maßnahme jedoch lassen sich Verfahren wie das der Mediation oder der Arbeit mit Peer-Mediatoren wesentlich plausibler und anschaulicher verankern. Ob dieses Experiment gelingt, wird letztlich davon abhängen, ob die zweifellos vorhandene interkulturelle Problematik kontextualisiert werden kann. Dies bedeutet lediglich, die gewordene Kultur des Vereins zum Ausgangspunkt von Veränderungen zu machen und nicht die (ethnischen) kulturellen Unterschiede innerhalb des Vereins als Bedrohung und als das ursächliche Problem zu verstehen.

**Schlussbemerkung**  Mit diesem letzten Kapitel und der etwas ausführlicheren Schilderung von Umsetzungen von Methoden wollten wir nochmals für Verständnis werben, warum wir uns bei der Darstellung der Materialien so viel Mühe gemacht haben ihren Entstehungs- und Erprobungskontext mitzuvermitteln. Interkulturelle Konflikte gerade auch innerhalb einer Gesellschaft stellen eine Gemengelage dar, die es schwer macht, sie eindeutig festmachen zu können. Die Einbeziehung und das Verstehen des Kontextes sind für diese hochsensiblen und deshalb leider auch hochexplosiven sozialen Phänomene unerlässlich. Vielen Ähnlichkeiten stehen immer auch typische Besonderheiten entgegen, die jeden Konflikt zu einem Einzelfall werden lassen, der sich einer schematischen Bearbeitung entzieht. Aus diesem Grunde sind die hier vorgestellten Methoden viel mehr Anregungen als eine Empfehlung zu einer direkten Verwertung.

# 7. Interkulturelles Training für die Polizei

Auch offizielle und staatliche Einrichtungen sind sich der interkulturellen Unterschiede innerhalb der Gesellschaft bewusst. Unabhängig vom Forschungsprojekt der AutorInnen wird hier ein Beispiel vorgestellt, wie die konkrete Umsetzung einer interkulturellen Sensibilisierung im Alltag aussehen kann:

**Interkulturelles Training für die Polizei**
*– aus polizeilicher Sicht –*
*Polizeipräsidium Bonn – Arbeitsgruppe „Ausländer und Polizei"*
*(Polizeioberrat Tom Sanders)*

Das Pilotprojekt „Grüne gehen fremd, Fremde sehen grün" war ein erster richtiger Schritt, um kulturelle Krisensituationen zwischen Polizisten und Ausländern zu vermindern. In dem einwöchigen Zusammenleben von PolizistInnen mit AusländerInnen in ihren Familien wurde eine Chance wahrgenommen, Kulturen hautnah zu erfahren.
In vielen Situationen hatten die TeilnehmerInnen die kritischen Begegnungen im Alltag erkannt und Erklärungsansätze gefunden.
Das Gefühl der ausländischen Bürger, öfter im Straßenverkehr angehalten, intensiver von der Polizei kontrolliert oder einfach „anders" behandelt zu werden, erklärten die multinationalen Teilnehmer der Polizei sehr authentisch. Die Polizisten stellten ebenso realistisch ihre Situation und ihre Gefühle bei Einsätzen und Kontrollen dar.

Warum aber „sind Ausländer so laut", „gestikulieren wild mit den Armen", „sprechen nicht mit Polizistinnen" oder „reagieren so eigenartig, wenn man sie direkt und ohne Umschweife auf einen Sachverhalt anspricht"?
Es gibt Erklärungsansätze für solche kulturellen Irritationen. Durch verschiedene Gespräche zeichnete sich für Professor Dr. Leenen und den Leiter des Pilotprojektes, Polizeioberrat Tom Sanders, ab, dass kulturelle Irritationen bei „Grüne gehen fremd, Fremde sehen grün"

nur angerissen worden waren. Fragen blieben noch unbeantwortet. Aus vergleichbaren Trainings der Fachoberschule für Sozialpädagogik mit anderen Zielgruppen wurde deutlich, dass interkulturelle Kompetenz vermittelt werden kann. Mit diesem Ansatz startete die Kooperation zwischen Sozialpädagogik und Polizei Anfang 1997.

Dieses Kooperationsprojekt zwischen den Polizeibehörden Bonn, Köln und der Fachhochschule für Sozialpädagogik Köln (Fachbereich 13) bringt Praxis und wissenschaftliche Erfahrungswerte zusammen.
In Bonn begleiten das Projekt Polizisten der seit 1993 bestehenden Arbeitsgruppe „Polizei und Ausländer" mit ihrer besonderen Erfahrung aus dem Pilotprojekt „Grüne gehen fremd, Fremde sehen grün" und ihrer allgemeinen Erfahrung in dem Themengebiet. Aus Köln nehmen TrainerInnen der „Integrierten Fortbildung" mit ihrer reichen Erfahrung aus landes- und behördenweiter polizeilicher Fortbildung daran teil.
Prof. Dr. Leenen und seine Mitarbeiter der Fachhochschule bringen ihre Erfahrungen im interkulturellen Training mit Deutschen und Ausländern, u.a. mit den Zielgruppen Lehrern, Justizvollzugsmitarbeitern, Aussiedlern und türkischen Migranten in die Seminare ein.
In zahlreichen Workshops ergänzen sich die unterschiedlichen Fachbereiche der Kooperationspartner.

Vom 24.-26. Juni 1998 fand das erste Seminar für PolizistInnen der Behörden Köln und Bonn statt.
Die 15 TeilnehmerInnen aus dem Streifendienst meldeten sich auf die Ausschreibung zum „Seminar zur Vermittlung interkultureller Kompetenz".
Schwerpunkt des Seminars war die Sensibilisierung für den eigenen und fremden – oft unbewussten – kulturellen Hintergrund der Teilnehmer. Ein besonderer Aspekt war die Teilnahme der Polizistin, deren Eltern aus Polen stammen, sowie zweier Polizeibeamter, deren Familien aus Griechenland und der Türkei kommen. Insgesamt handelte es sich um 11 Teilnehmer und vier Teilnehmerinnen aus Köln und Bonn im Alter zwischen 21 und 41 Jahren. Beim Einstieg, einer Simulation, spielten die Teilnehmer einfach ein Kartenspiel. Einfach war dieses Spiel (Barnga) aber nur so lange, wie man an einem der vier Tische sitzen bleiben konnte. Nach jeder Runde wechselten sowohl die Zusammensetzung der Spieler an den Tischen als auch die Regeln. Wenn die Teilnehmer, ohne ein Wort wechseln zu dürfen, plötzlich mit Menschen konfrontiert wurden, die die anscheinend doch so einfachen Regeln des Spiels nicht verstanden hatten, stutzten sie. Wilde Gesten, verdrossene Mienen, schiere Verzweiflung, wenn man

den vermeintlich falsch Spielenden auf Regelverstöße hinweisen wollte. Und derjenige fühlte sich auch noch im Recht, weil er ja „seine"
Spielregeln weiterspielte.

Unterschiedliche Regelwerke treffen auch bei unterschiedlichen Kulturen aufeinander. Und jeder meint, dass „die anderen" etwas „falsch"
machen.
Polizeibeamtinnen und Polizeibeamte berichteten Erlebnisse mit ausländischen Bürgern, so genannte kritische Ereignisse. Warum spricht
beispielsweise ein Sinti an der Polizistin vorbei mit ihrem männli-
chen Kollegen? Wie kann man damit umgehen, eine streng islami-
sche Wohnung auch mit Schuhen zu betreten? Warum wird erst eine
langatmige Gesprächsbeziehung über die Geschichte von Neffen und
Tanten aufgebaut und nicht sofort über „die Sache" gesprochen?
Solche und ähnliche Fragen sensibilisierten die Teilnehmer für ihren
eigenen und den fremden Kulturkreis sowie dessen spezifische Verhaltensweisen und Sitten.
Am Beispiel der „türkischen Entführung" wurde deutlich, dass dieser
übliche Weg, einer versprochenen Heirat zu entgehen, bei der deutschen Polizei schnell zu großen Missverständnissen führen kann ...
und umfangreiche Fahndungen etc. auslöst.
Dieser erste Seminarbaustein ist auf Kultursensibilisierung ausgerichtet.
Weitere Bausteine können speziell bestimmte Kulturen zum Inhalt
haben. So ist neben der türkischen Kultur in vielen Polizeibehörden
der Kontakt zur russischen Kultur durch Aussiedler gegeben. Darüber
hinaus sind in verschiedenen Regionen unterschiedlichste Kulturkreise
stärker vertreten und bergen wiederum Konfliktpotenzial, wenn Polizisten ungeschriebene Kulturregeln verletzen.

Ein ganzheitlicher, vernetzter Ansatz der folgenden Punkte wäre sich
daraus entwickelnd denkbar:
◎ *Kultursensibilisierung*
◎ *Wissen über spezielle Kulturen*
◎ *Befragungen ausländischer Bürger*
◎ *Teilnahme an kulturellen Ereignissen*
◎ *Persönliche Gespräche ohne Einsatzsituation*
◎ *Gemeinsame Kulturerlebnisse*
◎ *Themenbezogene Internet-Gesprächskreise*
◎ *Personal- und Organisationsentwicklung der Polizei*

*Quelle: Pressemappe des Polizeipräsidium Bonn für die Eröffnung der
Präsentation zum „Interkulturellen Sensibilisierungstraining für
Polizeibeamtinnen und -beamte" am 13. November 1998.*

# Literaturhinweise und Internetadressen zum Thema

## ◉ Literatur

**Avruch, Kevin:** *Culture & Conflict Resolution.*
Washington DC, 1998. ISBN: 1-878379-82-8

**Beck, Ulrich:** *Was ist Globalisierung?* Frankfurt/M., 1997.
ISBN: 3-518-40944-1

**Besemer, Christoph:** *Mediation. Vermittlung in Konflikten.*
Veröffentlicht von der Stiftung Gewaltfreies Leben (Königsfeld) und
der Werkstatt für gewaltfreie Aktion, Baden (Heidelberg, Freiburg), 1993.

**Besemer, Christoph:** *Mediation in der Praxis. Erfahrungen aus den USA.*
Veröffentlicht von der Werkstatt für gewaltfreie Aktion, Baden

**Demorgon, Jaques:** *Interkulturelle Erkundungen.*
Frankfurt/M., 1999. ISBN: 3-593-36130-2

**Dollase, Rainer:** *Die Asozialität der Gefühle;* in: Wilhelm Heitmeyer und
Rainer Dollase (Hg.): *Die bedrängte Toleranz.* Frankfurt/M., 1996.
S. 120-141, ISBN: 3-518-11979-6

**Dulabaum, Nina L.:** *Mediation. Das Abc. Die Kunst, in Konflikten erfolgreich
zu vermitteln.* Weinheim, Basel, 1998. ISBN: 3-407-36345-1

**Faller, Kurt, Wilfried Kerntke und Maria Wackmann:** *Konflikte selber lösen.
Mediation für Schule und Jugendarbeit.* Mülheim/R., 1996.
ISBN: 3-86072-220-4

**Faller, Kurt:** *Mediation in der pädagogischen Arbeit,* Mülheim/R., 1998.
ISBN: 3-86072-341-3

**Fisher, Roger; Ury, William; Patton, Bruce M.:** *Das Harvard-Konzept.*
Frankfurt/M., New York. 17. Aufl. 1998. ISBN: 3-593-34804-7

**Giddens, Anthony:** *Jenseits von Links und Rechts.* Frankfurt/M., 1997.
ISBN: 3-518-40864-X

**Glasl, Friedrich:** *Konfliktmanagement.* Bern, 1994. ISBN: 3-7725-0954-1

**Glasl, Friedrich:** *Selbsthilfe in Konflikten.* Bern, 1999. ISBN: 3-7725-1590-8

**Hagedorn, Ortrud:** *Konfliktlotsen.*
Stuttgart, Düsseldorf, Berlin, Leipzig, 1994. ISBN: 3-12-196106-3

**Haumersen, Petra und Frank Liebe:**
*Interkulturelle Konflikte der harmlosen Art – und warum es so schwierig ist,*
*mit ihnen umzugehen*; in: Martina Fischer (Hg.): *Fluchtpunkt Europa.*
*Migration und Multikultur*. Frankfurt/M. 1998.
ISBN: 3-518-12062-X

**Hirschman, Albert O.:** *Leidenschaften und Interessen*. Frankfurt/M., 1987.
ISBN: 3-518-28270-0

**Huntigton, Samuel Paul:** *Kampf der Kulturen*. München, Wien, 1998.
ISBN: 3-442-75506-9

**Lederach, John Paul:** *Preparing for Peace: Conflict Transformation across*
*Cultures*. Syracuse, 1995. ISBN: 0-8156-2725-4

**Liebe, Frank:** *Interkulturelle Mediation – eine schwierige Vermittlung.*
*Eine empirisch-analytische Annäherung zur Bedeutung von kulturellen*
*Unterschieden*. Veröffentlicht vom Berghof Forschungszentrum für
konstruktive Konfliktbearbeitung als Berghof-Report Nr. 2, Berlin, 1996.

**Marfurt-Gerber, Edith:** *Konfliktlösungsstrategien in Bürgerkriegen.*
Zürich, 1998. ISBN: 3-7253-0614-1

**Maringer, Eva und Reiner Steinweg:** *Konstruktive Haltungen und Verhaltens-*
*weisen in institutionellen Konflikten. Erfahrungen, Begriffe, Fähigkeiten.*
Veröffentlicht vom Berghof Forschungszentrum für konstruktive Konfliktbearbeitung als Berghof-Report Nr. 3, Berlin, 1997.

**Münch, Richard:** *Globale Dynamik, lokale Lebenswelten*. Frankfurt/M., 1998.
ISBN: 3-518-28942-X

**Pieterse, J.N.:** *Der Melange-Effekt*; in: Ulrich Beck (Hg.): *Perspektiven der*
*Weltgesellschaft*. Frankfurt/M., 1997. ISBN: 3-518-40916-6

**Rademacher, Helmolt:** *Spielend interkulturell lernen? Wirkungsanalyse von*
*Spielen zum interkulturellen Lernen bei internationalen Jugendbegegnungen.*
Berlin, 1991. ISBN: 3-927408-70-0

**Ropers, Norbert:** *Friedliche Einmischung. Strukturen, Prozesse und Strategien*
*zur konstruktiven Bearbeitung ethnopolitischer Konflikte*. Veröffentlicht vom
Berghof Forschungszentrum für konstruktive Konfliktbearbeitung als
Berghof-Report Nr. 1. Berlin, 1995.

**Rorty, Richard:** *Kontingenz, Ironie und Solidarität.*
Frankfurt/M., 5. Aufl. 1999. ISBN: 3-518-28581-5

**Sennett, Richard:** *Der flexible Mensch*. Berlin, 1998. ISBN: 3-8270-0031-9

**Thomas, Alexander (Hg.):** *Kulturvergleichende Psychologie*. Göttingen, 1993.
ISBN: 3-8017-0408-4

## Internetadressen ◎

**Verein für Friedenspädagogik Tübingen e.V.**
http://www.global-lernen.de

**Berghof Forschungszentrum für konstruktive Konfliktbearbeitung**
http://www.b.shuttle.de/berghof/index.htm

**Institut für interkulturelle Didaktik der Universität Göttingen**
http://www.gwdg.de/~kflechs